CHANO POZO

LA VIDA (1915-1948)

CHANO POZO

LA VIDA

(1915-1948)

UNOSOTROS

Rosa Marquetti Torres

Library of Congress Control Number: 2019938105

© 2019 Rosa Marquetti Torres

©De la presente edición: Unos&OtrosEdiciones, 2019
Chano Pozo: La vida (1915-1948)
ISBN 10: 1-950424-00-6
ISBN13: 978-1-950424-00-9
©Rosa Marquetti Torres

Edición ampliada
Maquetación: Armando Nuviola
Diseño de portada: Armando Nuviola

infoeditorialunosotros@gmail.com
Made in USA, 2019

A Romelia e Israel, mis padres

A Israel y Roberto, mis hermanos

Agradecimientos

La investigación que sustenta este libro no habría podido realizarse sin la colaboración grande, entusiasta y sin descanso de amigos de diversos lugares. El estímulo de ellos y de otros también ha sido necesario y permanente. Por ello hay mucho que agradecer:

A Lía Rodríguez Nieto, por la idea y el apoyo incondicional;

a Leonardo Padura, Leonardo Acosta, José Reyes Fortún, Rebeca Chávez, Max Salazar, Jordi Pujol y Ciro Bianchi Ross, genuinos precursores en los avatares de desentrañar la historia de Chano Pozo;

a Cristóbal Díaz Ayala, por permitir con generosidad el acceso a su proverbial sabiduría;

a Jaime Jaramillo, colaborador incondicional, quien desde Colombia proporcionó el acceso a documentos originales relacionados con los viajes de Chano Pozo y por articular una red de contactos, de nuevos y viejos amigos, comprometidos todos con la preservación de nuestra música y la historia de nuestros músicos;

a Alejandra Fierro Eleta, Tommy Meini, a la Colección Gladys Palmera por abrir con generosidad sus puertas para encontrar y utilizar tesoros;

al anticuario y coleccionista Ing. Luis Díaz Mijares, a la librería de antigüedades Memorias, a su propietaria Alina Díaz Massino y a la especialista Yadira Olivera Rodríguez, quienes en La Habana se involucraron con cariño y desinterés, y permitieron el acceso a importantes y desconocidas fotos y a raras fuentes informativas, adquiridas por ellos especialmente para esta investigación;

a Patrick Dalmace, quien desde París no escatimó esfuerzos para encontrar y facilitar el acceso a fuentes valiosas sobre la presencia de Chano Pozo en los conciertos de Francia y Bélgica, y otros momentos de su vida;

a Richard Blondet, quien desde Nueva York sugirió fuentes, acopió y aportó información, datos e interpretaciones importantes sobre los meses de Chano Pozo en Estados Unidos;

a Iván Giroud, por su inapreciable contribución en el proceso investigativo, aportando fuentes, encontrando datos e imágenes y razones para explicar ciertos procesos;

al Maestro Louis Aguirre, quien desde Copenhague ayudó a desandar los pasos sobre las escasas horas en que Chano Pozo estuvo en esa ciudad;

a los coleccionistas Rigoberto Ferrer Corral y Rafael Valdivia Nicolau, por poner a disposición de la investigación sus colecciones personales y enrolarse con entusiasmo hasta en la búsqueda de lo imposible;

a Darsi Fernández Maceira, por apoyar, estimular y valorar desde el cariño;

a Aimara Vera, por sus valiosos consejos y su incomparable fe en este proyecto;

a los investigadores y coleccionistas Sergio Santana Archbold, de Medellín, y Jaime Suárez, de Cali;

a Miguel Barnet, Radamés Giro, Jesús Gómez Cairo y Roberto Valera por su invaluable apoyo;

a Ángel Alderete, Roberto Marquetti Torres y Antonio De Erbiti, por su ayuda en el rescate y digitalización de las imágenes;

a los especialistas de la Hemeroteca de la Biblioteca Nacional José Martí y de la Colección Fondos Raros y Hemeroteca de la Biblioteca Provincial Rubén Martínez Villena;

a Yainira Machado Donis y Alexis Alfonso Ascanio, en el Registro Provincial (Tomos y Duplicados) y a la Dirección Provincial de Justicia de La Habana;

a Ricardo Díaz y Evelyn Pérez, en el Dpto. de Museología y Gestión del Patrimonio; a Osmany Morrell, jefe del Archivo de la Necrópolis Cristóbal Colón;

a Rafael Bassi Labarrera, Ramón Fajardo Estrada, Mats Lundhal, Raúl Fernández, José Arteaga, Gilberto Valdés Zequeira, María del Carmen Mestas y Diana Díaz Korda; Judy Cantor-Navas, Maxine Gordon, Robert Téllez, Elmer González, Mario García Hudson, Leonel Elías Perna, Pedro de la Hoz; a los maestros Enrique Pla y Jorge Reyes; a Iris Ortiz y Alberto Font, a todos por su valiosa ayuda;

a Armando Nuviola y a la Editorial Unos & Otros, por acoger con entusiasmo la presente edición;

y muy especialmente a mi editor Alejandro Arango, por su excelente trabajo y por implicarse en esta aventura con pasión y complicidad.

ROSA MARQUETTI TORRES

ÍNDICE

Por el tambor de Chano hablaban sus abuelos,
pero también hablaba toda Cuba.

FERNANDO ORTIZ

Prólogo

Rara vez se encuentra el nombre de Chano Pozo sin la palabra *legendario* pegada a su lado. Fue, y es, como Rosa Marquetti describe en esta definitiva biografía: «uno de los cubanos más universalmente conocidos de todos los tiempos».

Pero a pesar de la fama que lleva su nombre, lo que mayoritariamente se sabe de la historia de Chano Pozo se resume fácilmente en dos hechos: fue el conguero de Dizzy Gillespie y murió tiroteado en un bar de mala calaña, en el barrio de Harlem en la ciudad Nueva York.

Chano Pozo. La Vida es el relevador relato de un hombre negro, «bajito y feo», que abrió camino para la percusión afrocubana en los escenarios del mundo y creó las bases rítmicas para lo que hoy se llama *jazz* latino. El niño travieso del solar miserablemente pobre de La Habana, quien de adolescente enviara décimas a su familia desde un reformatorio, se convirtió en un *dandy* de las calles de Nueva York, donde durante el período antes de su muerte fue, en las palabras de su biógrafa, «la encarnación del éxito de un Latino».

Este necesario y completo libro rescata la historia de Chano de la mera anécdota, devolviéndole vida después de setenta años de su desaparición. Con meticuloso y rico detalle, retrata la corta, pero inmensamente transcendente carrera de un compositor prolífico y un gran *showman*, hoy reconocido por muchos como el más grande tamborero de la historia.

Musicógrafa con causa e investigadora sin fronteras, Rosa Marquetti ha asegurado con este libro el reconocimiento de Chano Pozo, más allá del de genial *sideman* cubano de Dizzy. Abarcando toda la breve, pero muy activa vida artística de Chano, este libro revisionista deja clara su contribución a la música cubana, tanto como a la evolución del *jazz*. Rosa ofrece una mirada profunda a la relación entre Chano y Dizzy, dentro del contexto de la vinculación del gigante del *jazz* americano a la música africana y afrocubana. También documenta las relaciones de Chano con Miguelito Valdés, Machito, Mario Bauza y Rita Montaner, Katherine Dunham y otros.

Chano Pozo representa un momento en la historia musical cuando el intercambio entre Cuba y los Estados Unidos estaba en su cumbre. La investigación para este libro también ha traspasado los límites, tanto físicos como del tiempo. La autora recurrió a documentos de la época, testimonios y trabajos previos de investigación sobre Chano, abarcando todas las fuentes de información posibles en Cuba, los Estados Unidos, y más allá. Además de documentar la relación musical entre ambos países, el libro crea un retrato de la vida y la cultura afrocubana en La Habana, en las primeras décadas del siglo xx. De la misma manera, recuerda el racismo que esperaba a los músicos negros de gira en el sur de los Estados Unidos en los años cuarenta. Es apropiado, e importante, que este libro, publicado en Cuba en 2018, tenga ahora su primera edición en los Estados Unidos.

Mi primer contacto con Rosa fue por su *blog, Desmemoriados*, donde escribe incansablemente y con un detalle poco común, sobre grandes, pero muchas veces olvidados talentos de la música cubana. Desde entonces, he tenido la suerte de mantener correspondencia con ella y conocerla personalmente, compartiendo su pasión por la música y su contexto.

Como sería de esperar de Rosa Marquetti, *Chano Pozo. La Vida (1915-1948)* cuenta con una narrativa absorbente que es el resultado de una asombrosa investigación musical. Esta edición incluye una completa y relevante discografía de Chano Pazo, que ahora, gracias a este libro, escucharemos con nuevos oídos.

JUDY CANTOR-NAVAS

(Periodista, curadora y productora conocida por sus trabajos sobre la música cubana, corresponsal en Barcelona para la revista Billboard, *co-productora de la caja de discos recopilatoria* The Complete Cuban Jam Sessions, *y becaria de la Fundación Cultural Latin Grammy para su proyecto de investigación sobre el sello Cubano Panart).*

*Murió estrepitosamente, llevando hasta lo trágico
su querella con el silencio.*

Ibrahim Urbino

Ni la menor idea tenía de quién era el fotógrafo con quien
le habían concertado una sesión en un estudio aquella tarde de 1948 en Nueva York. ¿O habrá sido él mismo, con aquella aplicada prestanciaególatra que afloraba de vez en vez, quien
quiso posar ante la cámara? Y lo peor es que nunca llegó a saber
que aquel tipo que alistaba luces, sugería posturas y enfocaba el
objetivo para detener el tiempo en la dureza de sus facciones y su
cuerpo, en la tumbadora a la que sus manos como piedras saca-
ban los más increíbles sonidos, se llamaba Allan Grant[1] y se haría
con su poco de fama no solo por las fotos que esa tarde le haría a
él, sino también porque catorce años después tomaría la última
instantánea de Marilyn Monroe con vida. ¡Quién lo diría! ¡Chano
Pozo, el rumbero, entre las miles de personalidades fotografiadas
por Grant, de igual a igual, como correspondía, con John Wayne,
Grace Kelly, Spencer Tracy, Audrey Hepburn! El cubano nunca
llegó a saberlo. Ni lo imaginaba siquiera cuando frente al espejo
del estudio se acicalaba hasta provocarle caricias a su rostro duro
de fealdad amenazante, desprovisto de cualquier signo de ternu-
ra, con la marca indeleble de la violencia y del desafío perenne, y
comprobaba cuán bien le sentaba aquel atuendo de corte preciso,
la fina camisa blanca donde, sí, quizás un poco, desentonaba aquel
lazo inexplicable que le habían endilgado por corbata. Mientras
esperaba, atendía al correcto alisado de su pelo recién desrizado y
al perfilado del bigote que a duras penas intentaba contener aquellos labios desbordadamente gruesos, por donde peleaban por salir, cuando había que sonreír o amenazar, unos dientes enormes
y blancos. El parche de piel de chivo, entre opaco y abrillantado,
estaba seguro y bien tensado con remaches metálicos en cantidad

1. Allan Grant (Nueva York, 23 de octubre de 1919-Brentwood, California, 1 de
febrero de 2008). Para ampliar, véase <*http://time.com/3683932/allan-grant-li-
fe-magazines-great-chronicler-of-hollywood*>.

mayor de lo común para fijarlo en el sobrio cuerpo de madera de la tumbadora. Chano Pozo había elegido una de las mejores para posar en aquella su primera, y al parecer única, sesión de fotos en Estados Unidos.

Chano adoraba la cámara, la buscaba y cuando la encontraba le regalaba su mirada más penetrante y, siempre, su más exagerada sonrisa. Esta era otra de sus características: el sentido de la oportunidad fotográfica. En La Habana, cuando ya era popular, había posado para los fotógrafos más famosos en el mundo artístico: Ruibal, aquel que tenía el estudio en Reina entre Manrique y San Nicolás, y el gran Armand,[2] conocido como El Fotógrafo de las Estrellas, en imágenes excelentes, aunque poco conocidas, que transpiran alegría y triunfalismo, brazos y maracas en alto, y aquella tumbadora con las iniciales de RHC Cadena Azul marcadas en su cuerpo de madera noble.

Todo parece indicar que Allan Grant había recibido un encargo de la redacción de la revista norteamericana *Life* para ilustrar, junto a otras fotos, el artículo dedicado al entonces controversial Dizzy Gillespie, quien estremecía con su trompeta, su orquesta y su estampa los escenarios jazzísticos, sobre todo en Nueva York, en medio de la ardiente polémica en torno al *bebop*. Grant había tomado varias fotos, icónicas y excelentes, del trompetista y su banda, donde ya tocaba Chano, como aquella en la que Gillespie y Johnny Hartmann, mientras esperaban en el camerino, parecían escuchar divertidos al carismático cubano, de pie y gozando, sacar maravillas de su tambor.[3] No se sabe si fue fina intuición o mero trámite lo que motivó a Grant a hacer entrar a Chano Pozo a su estudio: el fotógrafo ya había visto mucho en materia de escenarios y personajes fotografiables, pero probablemente sabía en ese momento que lo que tenía delante no era un tipo común: había en él, junto a la simpatía espontánea, algo de misterio inaccesible y por momentos amenazante, aumentado por lo grotesco de sus rasgos y gestos, que contrastaban con una voz inesperadamente normal, nada bronca o grave, y un carisma que, seguramente, el

2. Armando Hernández López: Fue un afamado fotógrafo cubano. Cubrió una época importante del mundo artístico cubano en las décadas de los cuarenta y cincuenta del siglo XX.

3. «Bebop: *New Jazz School is led by trumpeter who is hot, cool and gone*» *Life*, Nueva York, octubre de 1948: 138-142.

fotógrafo alcanzó a percibir. Lo del misterio se acrecentaba por la incomunicación idiomática, y de inmediato surgía una sensación contradictoria: el cubano tamborero era, a la vez, interesante y llamativo al punto de demostrar que con aquel tambor que colgaba de su hombro derecho era capaz de comunicarse y establecer un inesperado diálogo sin palabras con cualquiera que fuera capaz de escucharle y verle tocar. Lo que no pudo imaginar Grant, sin embargo, era que ese día iba a retratar a un hombre condenado a morir muy pronto y a vivir para siempre en la leyenda.

Hermann Leonard, otro de los grandes fotógrafos norteamericanos del *jazz*, también en fecha cercana fijó su lente en el carismático cubano, pero esta vez lo captó en trance de entrega. Si las imágenes de Leonard transmiten toda la fuerza que supuso el toque y el espectáculo del tamborero, las fotos de Grant en 1948 en Nueva York reflejan el gran estilo, la soltura y la decisión de Chano, pero también la contenura del triunfador, del que sabía que «llegó», que lo miraban con admiración: era un hombre de éxito incluso fuera de su propio país. Ese fue, probablemente, el estado de ánimo del famoso cubano a menos de dos meses de su encuentro con la muerte, y a poco más de un año de haber arribado por segunda vez a Nueva York, cuando ya podía gozar de ese estado de complacencia y exhibición pública que había hecho suyo antes, en su tierra, por más de una razón, no todas musicales.

Mientras posaba para Allan Grant, probablemente los pensamientos de Chano recorrieron con rapidez la distancia temporal transcurrida entre esos días actuales en que vivía el frenesí de las noches en Harlem, y el momento en que lo trajeron a este mundo, y aquellos azarosos y misérrimos inicios de su andar por la vida, que lo recibió con una bienvenida nada amable.

Chano Pozo. Década del treinta, La Habana, Cuba.
Foto: Cortesía Colección Gladys Palmera.

Primeros años (1915-1941)

Orígenes

A todas luces no fue como Petrona Pozo, su hermana menor, contó alguna vez, quizás por no haber tenido tiempo para contrastar tal información con sus mayores, ni memoria clara y consciente al momento de contarlo varias décadas después: para desdicha de los moradores del habanero barrio de La Timba —quienes llevan años ufanándose de ello— Chano Pozo no nació en el entonces famoso solar Pan con Timba, en la calle 33 de aquella barriada de la periferia de El Vedado. Al menos eso no es lo que dice el libro amarillento, de caligrafía impecable y tinta resistente, en el que se asentó el nacimiento del niño Luciano Pozo González ante el Registro Civil del Sur en La Habana (hoy correspondiente al habanero municipio de Centro Habana). El «lugar de nacimiento» del pequeño Luciano aparece ubicado donde mismo residía la familia en el momento en que Cecilio y Encarnación acudieron a inscribirlo: la calle Sitios número 56,[4] donde se diluía la frontera del barrio Pueblo Nuevo. Según consta en el tomo 50, folio 434, de este registro, Luciano Pozo González nació el 7 de enero de 1915, hijo de Cecilio Pozo Milián, de oficio tabaquero y natural de Consolación del Sur, en la provincia de Pinar del Río, y de Encarnación González Arana, ama de casa y natural de La Habana; por la línea paterna el recién nacido era nieto de Agapito y Eustaquia, naturales de Consolación del Sur, y por la materna, de Idelfonso y Epifania, naturales de Guanabacoa. Los padres no lo inscribieron de inmediato, sino dos años, ocho meses y diez días después de producirse el nacimiento, es decir, el 27 de septiembre de 1917, algo que era común en esa época debido a la gran cantidad de partos no hospitalarios, sino caseros, asistidos por comadronas o simples parteras, que ocurrían y que no exigían el reconocimiento inmediato del alumbramiento. Como testigos en el acto de inscripción del nacimiento del niño Luciano, ante el Juez Municipal Segundo Suplente del Sur, Dr. Eduardo Gunlin y González, firma-

---

4. Numeración corresponde al antiguo ordenamiento urbanístico de Centro Habana.

ron Ángel Yenza y Raúl Rodríguez.[5] La certidumbre del nacimiento de Chano Pozo en el barrio de Los Sitios, en la dirección indicada en su partida de nacimiento, se refuerza con un elemento de carácter religioso-fraternal que acaecerá años después, ya en plena juventud: su iniciación en el ñañiguismo, o fraternidad abakuá. Chano nació en un solar, lo único posible para una familia negra, descendiente de esclavos. Ese fue su comienzo, su primer contacto

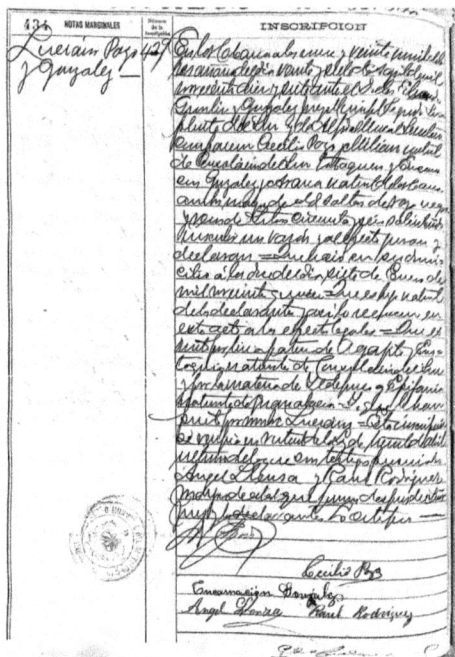

Facsimilar de la Partida de Nacimiento de Chano Pozo (Registro de Tomos y Duplicados del Registro Civil, Dirección Provincial de Justicia de La Habana). Foto 2.

con el mundo, las únicas cuatro paredes que conoció cuando abrió los ojos y trató de entender a dónde había llegado. El solar fue un «hábitat» originario y privativo de la capital cubana, que proliferó en casonas abandonadas y espacios no reconocidos dentro del perímetro citadino. A pesar de su inocultable presencia, pocos han tratado de comprender lo suficiente el fenómeno del solar habanero, ni mucho menos explicar su existencia e intentar erradicarlos. Al buscar en la prensa y la literatura de la primera mitad del siglo XX, se encuentran pocos escritos que aborden el tema de los solares, y en ellos es frecuente la mirada ajena, superficial y folclorizante. Algunos acusan una soberana ignorancia, desde el irrespeto,[6] sobre las terribles condiciones en que debieron vivir los habitantes de los solares en esos años, como si la divina

5. La inscripción de nacimiento fue consultada en el Registro de Tomos y Duplicados adscrito a la Dirección Provincial de Justicia de La Habana, dependencia del Ministerio de Justicia de la República de Cuba.

6. Para un ejemplo de este tipo de tratamiento, véase Edmundo del Vals: «Esos solares habaneros». El Heraldo de Cuba, La Habana, 11 de diciembre de 1919, pp. 1 y 12.

providencia así lo hubiese establecido *per secula seculorum*. Esos espacios horrorosos se repartían por toda el área que ocupaba la ciudad de La Habana como realidad única para la abundante población empobrecida que, tras la conquista de la independencia de España y la proclamación de la enclenque república, no tenía modos ni medios para regresar a los campos, ni para mejorar la situación de sus viviendas aquellos que ya mal vivían en la ciudad. El hacinamiento, las pésimas condiciones de higiene, la colectivización de las vidas que debían ser individuales, y la inseguridad estructural de la mayoría de los solares eran denominadores comunes de estas viviendas que acogían sin distingo a blancos y negros igualados por la pobreza extrema, pero que recordaban a los segundos —algunos de avanzada edad que aún sobrevivían, mambises muchos de ellos— el rigor y el horror de los barracones de la esclavitud de ellos mismos o sus mayores.

En la leyenda de Chano Pozo, El África es el solar más mencionado, casi un signo identitario, pero no fue el único solar donde vivió el tamborero. Según los recuerdos de su hermana Petrona: «nosotros nos mudamos para El África cuando ya éramos grandecitos, después que murió mamá».[7] Encarnación, la madre, murió cuando Chano apenas alcanzaba los ocho años de edad; hay escasa información sobre esa época en que la orfandad le abrazó y probablemente marcó su vida. Al quedar los niños a su cuidado, Cecilio buscó el sustento como limpiabotas, un trabajo que aportaba escasos recursos. En Natalia[8] encontró el apoyo para criar a los niños, y se unió a ella como pareja. Este hecho emparentó a Chano Pozo con los hijos de Natalia, en particular con el que llegaría a ser uno de los trompetistas cubanos más extraordinarios de todos los tiempos: Félix Chappottín Lage. Los hijos de Cecilio y Natalia vivieron niñez y adolescencia en El África, un solar bravo donde los hubiere, y conocido en todo el barrio de Pueblo Nuevo, donde alzaba su arquitectura de pobreza, sordidez y marginación en la manzana comprendida entre las calles Zanja, San José, Soledad y Oquendo, con entrada principal por esta última. Tenía dos pisos y cerca de treinta habitaciones y, según recuerdan algunos, en cada calle se ubicaba una puerta por la que, una vez adentro, cualquiera

---

7. Leonardo Padura Fuentes: «Chano Pozo, la cumbre y el abismo» *El viaje más largo*. La Habana: Ediciones Unión (1994): 209.

8. Los apellidos de Natalia no han podido ser confirmados, aunque al ser la madre de Félix Chappottín Lage suponemos que pudo haber sido uno de estos.

podía evadir cualquier control. Otros refirieron que tenía cinco puertas, en lugar de cuatro, con idénticas posibilidades. Contó Herminio Sánchez a Leonardo Padura, con su aval de conocer la vida y milagros del barrio de Cayo Hueso:

> Fue aquí donde pasó su miseria más grande. Por aquí andaba él, hecho un alpargatú, con su hermano mayor, Mamadeo, y sus socios Armando El Mono y Francisco El Africano. Por cierto, Mamadeo fue el que, en una bronca que tuvo Chano, mató a un hombre de una puñalada, y el pobre Mamadeo se murió en la cárcel. [...] Y de otra cosa que estoy seguro es de que vivió ahí, en la otra esquina, en el solar El África. Y El África era un solar de ampanga, mi compadre. Por las noches se alumbraba con un solo bombillo y las tendederas y guindalejos daban más oscuridad todavía. Aquello era una jungla y de contra allí vivían como doscientos negros... ¿Se le podía llamar de otra forma mejor? Era el África misma. Y fíjate si era malo, que allí no entraba la policía. No se atrevían. Pero lo mejor que tenía era sus cinco salidas: uno entraba por una puerta y podía salir por donde quiera.[9]

El África existía desde mucho antes: era uno de los 1048 solares que, según el censo de 1919, se hallaban en la zona de La Habana propiamente dicha, sin contar los enclavados en el Cerro, Jesús del Monte, El Vedado y Casa Blanca. A inicios de la década de los cuarenta el joven estudiante de Derecho Juan M. Chailloux Carmona acometió uno de los pocos estudios serios que se hicieran entonces acerca de los solares o casas de vecindad, con énfasis en el impacto negativo de estas edificaciones y conglomerados humanos sobre las condiciones de vida y el propio trazado de la ciudad. Acerca de la precariedad de El África, y como resultado de su apreciación in situ, Chailloux tomó estos apuntes:

> Oquendo 424 El África, entre Zanja y San José. No hay agua más que tres veces al mes, y eso, hasta las 12 meridiano. Hay un gran tanque del que se raciona el agua a los vecinos, aquél nunca se lava, por lo que está lleno de gusarapos. Los vecinos tienen que comprar el agua para beber. Falta de higiene. Un grupo de habitaciones se encuentra en un entresuelo en que casi alcanzamos el techo con las manos.[10]

---

9. Leonardo Padura Fuentes: «Chano Pozo, la cumbre y el abismo» *El viaje más largo*. La Habana: Ediciones Unión (1994): 209.

10. Juan M. Chailloux Carmona: *Los horrores del solar habanero*. La Habana: Editorial Ciencias Sociales, segunda edición (2005):130.

En adición a lo anterior, Chailloux destacaba que en El África, «como en otros numerosos solares, la ausencia de moradores blancos tiene categoría de tradición. El solar tiene un nombre ajustado a esa tradición».[11]

Chailloux aseguraba que:

> [...] no hay barrio de La Habana, por aristocrático que sea, que se encuentre libre de la presencia de solares que semejan zocos marroquíes por su lamentable estado antihigiénico y el hacinamiento que los caracterizan. En los lugares más céntricos aparecen como llagas pustulentas que merman el prestigio del conjunto urbano y son una amenaza para la salud pública. Con mayor profusión, están en los barrios pobres y más densamente poblados, en los suburbios de La Habana, como Belén, Santa Teresa, Jesús María, Los Sitios, Atarés, etc.[12]

Los solares primero, y los barrios marginales después, participaron de algún modo en la responsabilidad sobre el trazado de la ciudad desde inicios del siglo XX. Sobre esto, en el prólogo al citado libro de Chailloux, el historiador cubano Eduardo Torres-Cuevas escribió:

> [...] en la capital se produjo siempre una escapada de las clases altas hacia nuevas zonas sin la presencia de los sectores marginales; pero allí donde creían que felizmente escaparían de la sucia mirada, los alcanzaba el solar. La Habana no tuvo Harlem. Al lado de un palacete en breve tiempo surgía un solar; y el solar habanero procreó su subcultura. [...] De La Habana Vieja al Cerro, a la Víbora, al Vedado, a Miramar, al Country Club, se trasladaba la vivienda palacete, pero detrás iba su sombra oscura, el solar habanero.[13]

En todo caso, más allá del aspecto demográfico y constructivo, el solar habanero se convirtió en un espacio de resistencia cultural donde han pervivido por más de un siglo las religiones y la herencia vivencial y musical traídas desde tierras africanas. La sucesión y el relevo no se han detenido nunca en este ámbito y ha sido este, acaso, el elemento más positivo en la historia vergonzante de estos «hábitats» citadinos.

11. Ibídem, p. 148.

12. Ibídem, pp. 115-116.

13. Eduardo Torres-Cuevas: Prólogo en Juan M. Chailloux Carmona: ob. cit.: XV-XVI.

Difícil resulta reconstruir y documentar la infancia y adolescencia de Chano Pozo; no existen otras fuentes que no sean los testimonios recopilados a tiempo por quienes antecedieron a este trabajo. En esos años, si la orfandad agravó la situación familiar y volvió incontrolable a Chano, el solar, como sitio de vida y socialización, marcó a hierro y fuego su derrotero. Fue ese el contexto inmediato de su niñez y adolescencia, donde estuvieron las raíces del conocimiento de las religiones afrocubanas; sin duda, fue aquí donde se encontró la génesis de su carácter violento, personalista e intransigente, que solo necesitaba un breve empujón, una chispa fugaz, para explayarse con todas las consecuencias. Ni Cecilio, quien a duras penas lograba llevar el sustento a la casa desde su sillón de limpiabotas ubicado en la esquina de Zanja y Belascoaín, podía controlar a su hijo. Chano vagaba por las calles de los colindantes barrios de Pueblo Nuevo y Cayo Hueso, lo mismo buscando camorra que guaracheando. Como era de esperar, esto trajo consecuencias negativas. El jueves 26 de abril de 1928, el *Diario de la Marina*, en la sección que dedicaba a las noticias de la ciudad, incluidos los hechos policiales y de justicia, publicó la siguiente nota: «*A Guanajay. Ha comunicado la Jefatura de Policía el traslado al Reformatorio de Guanajay del menor Luciano Pozo y González*».[14]

Ocho días después, el mismo periódico aportó más detalles:

> Menores delincuentes. El Juez Correccional de la Sección Tercera envió ayer a la Alcaldía certificaciones de las sentencias sdictadas [sic] y por las cuales se dispone la reclusión en la Escuela Reformatoria de Guanajay del menor Luciano Pozo.[15]

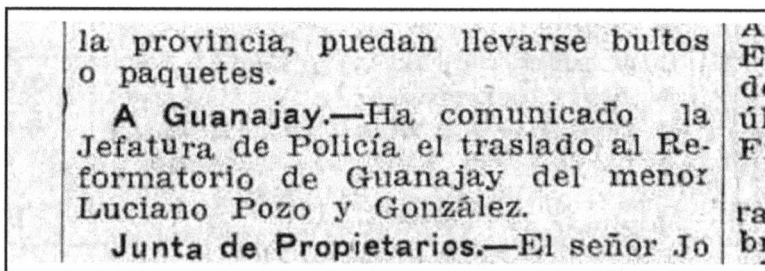

la provincia, puedan llevarse bultos o paquetes.

A Guanajay.—Ha comunicado la Jefatura de Policía el traslado al Reformatorio de Guanajay del menor Luciano Pozo y González.

Junta de Propietarios.—El señor Jo

Diario de la Marina. 26 de abril de 1928. Foto: Archivo de la autora.

---

14. «Noticias e informaciones del Municipio de La Habana». *Diario de la Marina*, año XCVI, no. 117, La Habana, 26 de abril de 1928, p. 3.

15. «Noticias e informaciones del Municipio de La Habana». *Diario de la Marina*, año XCVI, no. 124, La Habana, 4 de mayo de 1928, p. 3.

Las escuetas notas no aportaron detalles acerca de la causa de tal sanción. Chano tenía entonces trece años.

Arturo Ramírez, el cronista de la revista *Carteles*, en su artículo «Compositores cubanos de hoy: Chano Pozo» omitió este capítulo de la adolescencia de Chano, al que se refirió su amigo Roberto Cortés Ibáñez al ser entrevistado por Leonardo Padura, cuando afirmó que Chano estuvo recluido hasta los dieciséis en el Reformatorio de Menores de Guanajay y fue allí donde aprendió a leer y a escribir.[16] Este no fue un elemento de importancia menor en la vida y la construcción de la personalidad del futuro tamborero. Bajo el eufemístico nombre de Campamento de Orientación Infantil, el gobierno de Alfredo Zayas instaló el centro en las barracas que dominaban una de las colinas cercanas al poblado de Guanajay y que habían sido construidas por el ejército norteamericano de ocupación, y luego abandonadas tras la retirada, al ser proclamada la República en 1902. Allí recluían a niños y adolescentes con problemas conductuales, sorprendidos por las autoridades policiales en situaciones de poca envergadura a las que les obligaban las paupérrimas circunstancias en las que vivían, en estado de total indefensión: riñas callejeras, deambulando por las calles de modo sospechoso, permaneciendo en los andenes de las estaciones de ómnibus o ferrocarriles, penetrando en patios ajenos en la búsqueda de cualquier cosa que pudiera paliar el hambre y las carencias.[17] La detención de Chano pudo clasificar en cualquiera de estos parámetros, o en todos.

Allí Chano aprendió el oficio de chapista, pero aprendió más, para mal: como todo lugar de reclusión, este hizo germinar en aquellos adolescentes la semilla de la intolerancia y la violencia. En Chano se acentuaron rasgos que ya traía de su infancia humilde y hostil, quizás carente de expresiones de amor filial. Su experiencia en Guanajay tuvo una importancia crucial en la formación de su carácter y en su muy personal percepción del mundo, al que se tuvo que enfrentar en la medida en la que se fue haciendo adulto. Los testimonios de los que le conocieron en Cuba coincidieron en señalar que Chano era muy impulsivo y no le tenía miedo a nada ni a nadie.

La violencia y la intolerancia derivadas de su sentido de la hombría se convirtieron para siempre en rasgos distintivos de su

---

16. Leonardo Padura Fuentes. Ob. cit. 210.

17. Lic. Rebeca Figueredo (Historiadora del municipio Guanajay). Entrevista. La Habana, 19 de junio de 2017.

carácter y su *psiquis*, por los que pagó tan caro como con su propia vida. Estos rasgos, al parecer, marcaron también su relación con las mujeres desde un patrón machista y posesivo. En el logro de los favores femeninos vio siempre un reto, y no importaba el estado civil o sentimental de la elegida: la que quería, la tenía que tener. Una vez consumada la conquista, el ciclo podía comenzar de nuevo con otra —y esto debía ser acatado por la preferida hasta ese momento—. Alberto Iznaga, uno de los primeros músicos cubanos en asentarse en Nueva York y, por tanto, una especie de consejero o «cacique» —según sus propias palabras— para todo el colega que quisiera abrirse camino en esa ciudad, recordó negativas escenas que él mismo presenció, que involucraban a varias mujeres, bailarinas por más señas, a las que Chano quiso someter en diferentes momentos no por amor sino a través de la violencia, el golpe, el miedo.[18]

Otro rasgo proverbial, no menos importante pero en cierto modo contradictorio, en sus relaciones interpersonales, fue su simpatía natural y llamativa. Para Rafael Ortiz Mañungo[19] este era uno de los rasgos más distintivos y recordados de Chano, junto a su virtuosismo como tamborero y compositor.[20]

Petrona Pozo, en conversación con la periodista María del Carmen Mestas, dijo:

> Mi hermano era muy revoltoso; nos criamos en un barrio de muchas fajazones; una vez mi abuela lo metió en un reformatorio, porque no le gustaban las compañías con las que andaba. Él improvisaba, y le mandó en una hoja de cartucho esta décima:
>
> *Ahora cuando recibes*
> *La carta de mi prisión*
> *Guárdala en el corazón*
> *Consérvala mientras vivas*
> *Ya que la suerte me priva*

18. Alberto Iznaga. Entrevista por Cristóbal Díaz Ayala y Jaime Jaramillo. Bayamón, Puerto Rico, el 4 de noviembre de 1990. En casete no. 1478, Fondo Colección Cristóbal Díaz Ayala, Florida International University.

19. Rafael Ortiz Rodríguez Mañungo (Cienfuegos, 20 de junio de 1908-La Habana, 29 de diciembre de 1994) es uno de los nombres sobresalientes del son cubano. Guitarrista y compositor, en su prolífica obra autoral destaca la conga «Uno, dos y tres, qué paso más chévere».

20. Rafael Ortiz Rodríguez en documental *Buscando a Chano Pozo*. ICAIC, Cuba, 1987.

De gozar la libertad
Si alguno de mi amistad
Pregunta por mi salud
Entonces contesta tú
Preso en Guanajay está.[21]

Cuando salió del Reformatorio de Menores de Guanajay, donde no debió pasar un período mayor de cuatro años, según las evidencias, ya Chano había cumplido los dieciocho años y debía buscar trabajo. En ese trance fue que Alfredo Hornedo apareció en su camino y, según testimonios, le dio empleo en la venta de periódicos. Aunque Petrona Pozo aseguró:

> La verdad es que Hornedo fue muy bueno con él [Chano]. Gracias a él Chano no tuvo que vender periódicos ni limpiar zapatos como mi padre, que estuvo de limpiabotas, hasta que se murió, ahí en la esquina de Zanja y Belascoaín.[22]

Con la pobreza en sus orígenes, Alfredo Hornedo Suárez había sabido aprovechar el golpe de suerte que supuso el amor de Blanca Maruri, la hija de los señores para los cuales trabajaba como cochero y, lejos de dilapidar la fortuna recién adquirida por matrimonio, el audaz inversionista logró multiplicarla con una sagacidad nata y una acusada propensión al establecimiento de interesadas alianzas que terminaron redundando siempre a su favor. Había ascendido rápidamente en la escala social y económica desde las oscuras filas de la política, a partir de la fuerte incidencia que logró tener dentro del Partido Liberal. De concejal del Ayuntamiento de La Habana en 1914, en dos años se convirtió en su presidente; desde 1918, Representante a la Cámara, y entre 1925 y 1933, durante el gobierno de Gerardo Machado, fue presidente de la Comisión de Relaciones Exteriores de la Cámara. Llegó a Senador de la República y a presidir el Partido Liberal de 1939 a 1947.[23] Con una abultada cartera de propiedades e inversiones, fue dueño del Mercado General de Abasto y Consumo (hoy conocido como el Mercado Único de Cuatro Caminos), que cubre la manzana delimitada por las calles Cristina, Arroyo, Monte y Matadero; del antiguo Teatro

---

21. María del Carmen Mestas: *Pasión de rumbero*. La Habana. Ed. Pablo de la Torriente, 2004: 42-43.

22. Leonardo Padura Fuentes. Ob. cit. 210.

23. Guillermo Jiménez Soler: *Las empresas de Cuba 1958*. La Habana: Editorial Ciencias Sociales (2008) 288-289.

Blanquita (hoy Karl Marx); y del hotel Rosita de Hornedo. Además, en las décadas del treinta y cuarenta el magnate centraba en sus manos una buena parte del poder mediático, al ser el principal propietario de los diarios *El País* y *Excelsior* y controlar desde su puesto en la junta directiva el diario *El Crisol*. A pesar de amasar una inmensa fortuna, por su condición de mulato le fue prohibido ingresar en los exclusivos Havana Biltmore Yacht & Country Club y Havana Yacht Club, ante lo cual, iracundo, decidió construir su propio y lujoso club privado con sistema de asociación y al nivel de aquellos que le habían sido negados: el Casino Deportivo de La Habana donde, paradójicamente, tampoco permitió la entrada de sus iguales, mestizos y negros.[24]

En la esquina de las calles Carlos III y Castillejo, muy cerca de Zanja, donde alzaba su tremebunda sordidez el solar El África, Alfredo Hornedo, siempre enfundado en finas guayaberas de hilo y costosos trajes, se hizo construir su palacete familiar. En esta tenaz proximidad de dos espacios contrapuestos pudo hallarse, quizás, una explicación posible al nebuloso y estrafalario vínculo entre Pozo y Alfredo Hornedo, el primero de los benefactores que influyó en la buena ventura de Chano. Afirmó categórico Herminio Sánchez a Leonardo Padura:

> Chano era un tipo, vaya, así, chistoso y jodedor, y era el único aquí que tocaba el tambor, cantaba y bailaba, y lo que tocaba era inventado por él. Y ná, cosas de la vida, le cayó bien a Hornedo y entraba y salía de su casa cada vez que le daba la gana. Y Hornedo fue el que lo levantó.[25]

En la única entrevista —hallada— realizada en Cuba a Chano Pozo, el periodista Arturo Ramírez escribió:

> En una "fajazón" de los tiempos revueltos de rompe y rasga revolucionario [Chano Pozo] fue herido en una pierna. El señor Hornedo, jefe de la empresa a la que servía, lo protegió desde entonces. Al cabo de tres años, Pozo cayó en la política en el barrio de Dragones. La política lo hizo auxiliar en el departamento de Extranjeros de Gobernación por cuatro meses, al cabo de los cuales pasó como ayudante de albañil a las obras del Casino Deportivo.[26]

---

24. Ídem.

25. Leonardo Padura Fuentes: «Chano Pozo, la cumbre y el abismo» *El viaje más largo*. La Habana: Ediciones Unión (1994): 209.

26. Arturo Ramírez: «Compositores cubanos de hoy: Chano Pozo». *Carteles*, año

Es evidente que Ramírez hacía referencia a los álgidos momentos vividos en la Isla después del período conocido como «machadato», que culminó tras masivas y ardientes muestras de descontento popular en 1933 al abandonar el poder y la Isla el presidente Gerardo Machado. Estos sucesos desembocaron en la llamada Revolución de los Sargentos, encabezada por el aún muy joven sargento taquígrafo Fulgencio Batista, en el establecimiento de un gobierno colegiado que denominaron la Pentarquía, y en la fugaz aparición en ese escenario de la figura esperanzadora y rotunda de Antonio Guiteras Holmes, tempranamente sacrificado, mientras Batista ascendía vertiginosamente en el panorama político, controlando en las sombras los sucesivos gobiernos que tuvo la Isla en lo que restó de la década de los treinta.

La mitificación de Alfredo Hornedo como primer protector de importancia para Chano y, en resumen, el vínculo entre ellos, pudo tener causas diversas, fortuitas, o quizás simplemente Hornedo vio en Chano el recuerdo de lo que él mismo había sido alguna vez. Pero también caben otras interpretaciones que han alimentado el mito acerca de la guapería y arrojo personal del tamborero: un hombre con el expediente y fortuna de Hornedo no acostumbraría a andar a expensas de las casualidades, y se ha hablado del posible rol de Chano como guardaespaldas del magnate, a cierta distancia, dentro de un incipiente esquema delincuencial de ajuste de cuentas y matonismo, incentivado por la proclividad de Chano a dirimir querellas a cualquier precio y sin pensarlo mucho. Roberto Cortés Ibáñez, un hermano de religión de Chano, advirtió a Leonardo Padura:

> No vaya a estar creyéndose lo de Hornedo. Hornedo no era tan bueno ni quería tanto a Chano como dice la gente. La verdad... no sé si debo decírtelo, pero bueno, de eso hace mucho tiempo. La verdad es que Chano era uno de los guapos de Hornedo, que como político al fin tenía su piquete de matones. Fíjate, era una época muy dura y no había forma de ganarse cuatro pesos, así que Chano, después que salió del Reformatorio, no tuvo más remedio que trabajar para Hornedo.[27]

23, no. 24. La Habana, 14 de junio de 1942: 9.

27. Leonardo Padura Fuentes. Ob. cit. 210.

Chano continuó manteniendo una vida adolescente marginal, cuando no abiertamente delictiva, siempre al borde de la legalidad. Lo único que parecía apartarle de las malas compañías era su afición por los ritmos y la liturgia afrocubana.

Por esos años lo conoció el tamborero Pablo Arenal, quien muchas décadas después, cuando ya los años hacían mella en su memoria, relató a María del Carmen Mestas:

> Yo trabé amistad con Chano cuando éramos muchachos. Vivía en un solar que le decían El Palomar, y tenía dos pisos de madera. Eso fue allá por 1933. Él y su familia pasaron muchas necesidades, porque la situación no era buena.[28]

Con sus alpargatas como único calzado posible, Chano reincidía en su costumbre de deambular por las calles, pendenciero, presto a enrolarse en cualquier bronca que ameritara su peculiar y temprano sentido de la hombría en incidentes que eran considerados actos delincuenciales de menor cuantía y que lo llevaban a enfrentarse con frecuencia a la justicia. En su edición del 6 de octubre de 1932, el *Diario de la Marina* informó:

> Dictó ayer sentencia la Sala Segunda de lo Criminal [...]. Luciano Pozo González, para quien el fiscal pidió tres años, seis meses y veintiún días de prisión por lesiones graves y Guillermo Varona, para el que instó dos años, once meses y once días, por el mismo delito, han sido absueltos también. Fueron ambos defendidos por el doctor Carlos M. Palma. [29]

En su deambular por Pueblo Nuevo, Cayo Hueso, y otros barrios de La Habana, un buen día Chano coincidió con un muchachón poco más de dos años mayor que él, un mulato claro y bien plantado, rebelde e inclinado lo mismo a la música que al boxeo —quizás los caminos que más a mano tenía para «subir» en la escala social—. Se llamaba Miguel Ángel Eugenio Lázaro Zaca-

---

28. María del Carmen Mestas. Ob. cit., p. 44.

29. «Sentencias dictadas ayer, en lo criminal». *Diario de la Marina*, año C, no. 279, La Habana, 6 de octubre de 1932, p. 11. El abogado defensor Carlos M. Palma, Palmita, fue un destacado abogado criminalista que tuvo en su haber la defensa de casos connotados, como el de la prostituta francesa Rachel y el de la acusación de los jesuitas del Colegio de Belén contra los dueños del cabaret Tropicana en 1941, que se verá más adelante. Palma tuvo importantes vínculos entre los políticos y el empresariado en Cuba.

rías Izquierdo Valdés, le decían Miguelito, y había nacido el 6 de septiembre de 1912 en el barrio Belén, pero desde los diez años vivía en el Pasaje Aurora, en Cayo Hueso, a pocos metros del solar El África. En las calles de Pueblo Nuevo y Cayo Hueso nació una hermandad entre Chano y Miguelito Valdés que solo la muerte del primero pudo interrumpir. Entre tantas historias de músicos cubanos sobre triunfos y fracasos, ayudas, olvidos y traiciones, la de ellos fue un canto proverbial a la amistad.

En esos años un ídolo había surgido, probablemente el único paradigma del éxito para todos los muchachos muertos de hambre, negros o mestizos, el único que hasta ese momento había «llegado»: Eligio Sardiñas Montalvo,[30] aquel negrito flaco, de ojos grandes y fajador, con el cinturón de campeón ceñido todas las veces posibles, para siempre conocido como Kid Chocolate. Miguelito lo seguía, y boxeaba como aficionado por esos años iniciales, con su visión de encontrar el camino para mejorar. Pero lo de Chano, aunque con fama de fajarín y admirador de Kid Chocolate, no eran ni el cuadrilátero ni los guantes de boxeo: en todo caso fueron sus propias manos bastas y desnudas las que estuvieron prestas siempre a defender lo que él consideraba honor y hombría. Kid Chocolate, cuya vida de triunfos con escasísimos reveses transcurrió entre 1928 y 1938, se convirtió luego en uno de los mejores amigos de Chano Pozo, quien escuchaba atento y asombrado las mil y una anécdotas del Kid en «el norte», donde llegó a ser ídolo de multitudes y a ganar dinero en sumas inimaginables para Chano hasta entonces.

Miguelito y Chano salían a rumbear por las calles de Cayo Hueso, el primero cantando y el otro respaldándole con el tambor. Este binomio empírico y adolescente quedó trunco cuando a Miguelito se le ocurrió crear un sexteto con otro amigo: Domingo Vargas. El son arrasaba en La Habana. Ya los sextetos Habanero y Nacional habían realizado grabaciones para los sellos Victor y Columbia, y los muchachos se subieron a ese carro y nombraron a su incipiente agrupación Jóvenes del Cayo —en clara referencia a su barrio, Cayo Hueso—. Miguelito despegó como cantante. Tenía muy claras sus metas y, aunque se sentía mulato, su piel muy clara

---

30. Eligio Sardiñas Montalvo: La Habana, 28 de octubre de 1910 - 8 de agosto de 1988, célebre boxeador cubano que se coronó Campeón Mundial de Boxeo en 1931 y 1932. Está considerado uno de los diez mejores boxeadores de peso pluma de todos los tiempos.

y su pelo lacio le facilitaron «pasar por blanco». Por eso, y luego de pasar por varias agrupaciones, en junio de 1937, junto a Anselmo Sacasas, Walfredo de los Reyes y otros, abandonó la agrupación de los hermanos Castro para fundar una orquesta con estructura de cooperativa musical que poco después se conoció como la gran Casino de la Playa, de la que luego fue director el violinista Guillermo Portela, y Miguelito, su administrador y cantante. Desde la Casino de la Playa, y para siempre, Miguelito Valdés fue el precursor de la inclusión en el repertorio de la orquesta de temas con ritmos, lenguaje y letras con raíz en lo ancestral africano, especialmente lamentos y rumbas de Arsenio Rodríguez y Chano Pozo, quien, estaba seguro, era un prometedor compositor.

En El África vivía también otro aspirante a cantante: un mulatico achinado y delgado, de nombre Juan Antonio Jo Ramírez,[31] a quien luego todos conocerían en el mundo artístico como El Fantasmita. Se había mudado a la edad de tres años con su familia al solar El África, y dijo siempre que desde que se conocieron allí su amistad con Chano fue entrañable: compartieron rumbas, guarachas y sones a medida que crecían y se hacían hombres. Eran los años treinta —recordó El Fantasmita—, porque Chano tenía quince y él trece años. Los dos deambulaban por los Aires Libres de Prado[32] en un dúo donde El Fantasmita cantaba y Chano acompañaba con la percusión. Después «pasaban el cepillo», es decir, ponían delante de los asistentes una latica para que quien quisiera les diera unas monedas, y así contribuir al sustento de la familia. A Chano, amigo de sus amigos, años después agradeció El Fantasmita haber entrado como cantante en la orquesta Hermanos Palau, pues fue él quien lo recomendó.[33]

Por esos años, a mediados de la década, Chano solía desplazarse hasta los cabaretuchos de la famosa Playa de Marianao, potencias del son, la rumba y la guaracha en la capital cubana. Allí lo vio Andrés Echevarría, Niño Rivera cuando llegó en 1935 a La

---

31. Juan Antonio Jo Ramírez, El Fantasmita: La Habana, 23 de marzo de 1920 - ?, fue cantante de la orquesta Cubaney en la década de los cuarenta, y luego de otras orquestas y conjuntos.

32. Así eran conocidos en los años treinta los cafés situados en portales y aceras entre las calles Monte y San José del Paseo del Prado.

33. Dolores Rodríguez Cordero: «Breve encuentro con un "fantasma" habanero». *Revista Música Cubana*, no. 1, La Habana, 1998: 10.

Habana formando parte del Sexteto Caridad y la impresión no se le borró nunca:

> Choricera era el mejor timbalero, pero Chano... ¡Chano era el mejor rumbero! Por sus condiciones... un individuo con un sentido creativo. Chano a veces llegaba a un lugar, un bar, y se ponía a tocar, a dar palmadas y ahí mismo inventaba una rumba. Lo mismo tocaba, cantaba que bailaba.[34]

Cuando aún vivía en El África, Chano participó en un estrafalario incidente. Así lo publicó el *Diario de la Marina* en su edición del 24 de marzo de 1937, bajo el titular:

«Envían al Castillo del Príncipe a un vendedor de drogas. Había comparecido ante el Juez como acusador y le salió al revés su proyecto»:

> La policía de la Sexta Estación procedió al arresto de Luciano Pozo González, de 20 años y vecino de Zanja 72, por acusarlo Joaquín Guillerma Calderín, vecino de Salud 112, de los delitos de robo y amenazas de muerte. A su vez, Pozo González acusó a Joaquín Guillerma Calderín de ser un expendedor de drogas heroicas, extremos [sic] éste que comprobó el capitán Miguel Ángel Rodríguez, por lo que Calderín fue enviado al Vivac por el Juez de Instrucción de la Sección Cuarta, que conoció de estos hechos.[35]

Seis días después, Chano volvió a ser objeto de atención en las páginas dedicadas a crímenes y hechos judiciales, cuando se informaba que el 29 de marzo se presentó ante el Tribunal de Urgencias para enfrentar cargos por tenencia de arma, juicio del que salió absuelto, tras ser defendido por el letrado doctor Armando Rabell.[36]

---

34. *Buscando a Chano Pozo* «Niño Rivera». Dir. Rebeca Chávez. Documental, ICAIC. Cuba, 1987.

35. «Envían al Castillo del Príncipe a un vendedor de drogas». *Diario de la Marina*, año CV, no. 71, La Habana, 24 de marzo de 1937, p. 2. El Castillo del Príncipe, enclavado en la Loma de Aróstegui, en La Habana, es una fortificación militar que tuvo diferentes usos, entre ellos la de cárcel desde 1926 hasta el Triunfo de la Revolución en 1959.

36. «Los casos resueltos por Urgencia ayer. Los casos para hoy». *Diario de la Marina*, año CV, no. 76, La Habana, 30 de marzo de 1937, p. 9, y «Los casos de Urgencia ayer. Los señalados para hoy». *Diario de la Marina*, año CV, no. 77. La Habana, 31 de marzo de 1937, p. 2.

La década de los treinta mostró abundantes consecuencias del carácter violento e intransigente de Chano. Algunas fuentes, pocas y raras, pero pródigas en resaltar los rasgos negativos de la conducta y la personalidad de Chano, dijeron que tan temprano como entonces ya había dado muerte a un turista foráneo, aunque de esto nunca han podido hallarse pruebas o referencias escritas.

El 4 de abril de 1939 el *Diario de la Marina* publicó, bajo el título «**Detenido por lesiones**», la siguiente noticia. Fue, acaso, la primera vez que apareció en los medios el sobrenombre que inmortalizó al tamborero:

> El capitán Campos, de la Cuarta Estación, arrestó a Luciano Pozo González, más conocido por "Chano", vecino de Salud número 562, por aparecer acusado del delito de lesiones graves, inferidas a Julio Hernández Rodríguez, residente en Oficios número 158.
> El detenido fue presentado ante el Juez de Instrucción de la Tercera.[37]

Dos días después la misma fuente publicó otra noticia, al parecer vinculada a la anterior y relacionada con las consecuencias del robo de trescientos cincuenta pesos de la caja contadora en la bodega establecida en la esquina de Colina y Delicias, en Jesús del Monte, propiedad de Manuel Vigil Álvarez, y la búsqueda y captura de los presuntos delincuentes por parte del capitán Álvaro Miranda, al mando de la Oncena Estación, y un grupo de sus agentes:

> [...] logrando saber que los autores del hecho habían sido Cecilio Pozo González o Virgilio Pozo González, de 25 años, conocido por "Chicho", vecino de Salud 562; Luciano, de los mismos apellidos, hermano del anterior (a), "Chano"; Julio Hernández Rodríguez, o Pedro Valdés Valdés; y otro cuyas generales se desconocen. También supo el capitán Miranda que Cecilio sostuvo una riña con el Hernández Rodríguez en la esquina de San José y Gervasio, en la que resultó herido de gravedad con una navaja el último, encontrándose recluido en el Hospital Municipal. La reyerta se originó al jugarse entre ellos, en una casa de la calle Sitios, el dinero producto del robo.
> La policía detuvo como autor de las heridas producidas a Hernández, a Luciano, que, como se ha visto, es hermano de Cecilio y es inocente de la agresión. [...]

---

37. «Detenido por lesiones». *Diario de la Marina*, año CVII, no. 80. La Habana, 4 de abril de 1939, p. 17.

Esta madrugada la policía continuaba practicando investigaciones para localizar al cuarto acusado. El capitán Miranda estima que Luciano Pozo no ha tenido intervención en el aludido asalto y robo, pues todos los datos que tiene le permiten asegurar que los autores son los otros tres acusados.[38]

¿Sería este incidente criminal el mismo que Herminio Sánchez contó a Leonardo Padura relacionado con Chano y un hermano suyo a quien conocían como Mamadeo?

Las comparsas del carnaval habanero

La década de los treinta del pasado siglo vio surgir los carnavales habaneros con el concepto que ha llegado hasta hoy. Desde finales del siglo XIX los cabildos de nación habían comenzado a sacar sus comparsas, con un criterio de pertenencia a cada barrio, por la zona habanera que hoy constituye Centro Habana y La Habana Vieja principalmente. Los enfrentamientos violentos que solían producirse entre los diferentes barrios motivaron la suspensión de los paseos de las comparsas en más de una ocasión. Asumiéndolas como una manifestación cultural importante, don Fernando Ortiz, en su condición de Presidente de la Sociedad de Estudios Afrocubanos, y apoyado por un importante grupo de intelectuales y figuras notables, llevó a debate público e institucional el problema de las comparsas habaneras, el cual quedó resuelto de modo satisfactorio en febrero de 1937, cuando volvieron a la calle las populares y auténticas comparsas, que eran una verdadera fiesta para la gente de los barrios más humildes.[39]

Chano se movía principalmente entre los colindantes barrios Pueblo Nuevo y Cayo Hueso, donde rumbeaba, cantaba, tocaba y bailaba lo mismo en una esquina que en fiestas de santo. Pronto pudo probar sus condiciones como tamborero y bailador, desfilando en los carnavales con El Barracón, la comparsa de su barrio.

38 «Captura el Capitán A. Miranda a los autores de un robo». *Diario de la Marina*, año CVII, no. 82. La Habana, 6 de abril de 1939, p. 14.

39. «Las comparsas populares del carnaval habanero, cuestión resuelta» Informe de Fernando Ortiz, Presidente de la Sociedad de Estudios Afrocubanos, aprobado por la junta directiva de dicha sociedad, pronunciándose a favor del resurgimiento

Jordi Pujol contó los recuerdos de Juan Antonio Jo Ramírez, El Fantasmita, amigo de Chano:

> Él era uno de los quintos, el que iba repicando con el tambor más chiquito. Esa comparsa dio mucho de qué hablar. Me acuerdo que en los golpes de quintos estaban Teclo,[40] Alambre[41] y Chano, todos ya fallecidos, unos repicadores violentos, pero Chano era el rey.[42]

Su virtuosismo y carisma merecían elogios que corrían de boca en boca, de barrio en barrio. Lo llamaban desde otras comparsas que también querían tenerlo: dicen que bailó y quinteó en La Mexicana, La Colombiana, La Sultana, Las Jardineras y Los Dandys de Belén.[43] No solo tocó y bailó, sino que creó congas y temas para esas comparsas, piezas que se distinguían por su simpleza, y a la vez por su pegadiza musicalidad a partir también del texto mismo; estas piezas alcanzaron una tremenda popularidad y fue esa y no otra la primera estación por donde comenzaron la fama y el mito de Chano Pozo. Según Jordi Pujol, Los Dandys tuvieron un significado adicional y no menos importante en la vida de Chano: fue ahí donde conoció a su novia eterna, la hermosa mulata Caridad *Cacha* Martínez, famosa rumbera del barrio de Belén y de la comparsa, cuya belleza cautivó a Chano; fue este el punto de toque para que el tamborero decidiera desfilar ese año con Los Dandys, comparsa formada en 1938 por Julio Lastra y Miguel Chappottín (hermano del famoso trompetista Félix Chappottín y también hermano de crianza de Chano).[44] Los preparativos comenzaron con mucha antelación al inicio de los festejos carnavalescos; ensayaron dentro del barrio, en

de las comparsas populares habaneras, La Habana, 1937. Consultado en el Departamento de Fondos Raros y Valiosos de la Biblioteca Municipal Rubén Martínez Villena, La Habana Vieja.

40. No se encontró información sobre él.

41. Alambre fue un notable rumbero de Jovellanos y fiel exponente de la llamada rumba de cajón, de aquellas que se armaban en el solar Rancho Grande (San José y Marqués González, Cayo Hueso, Centro Habana). Participó junto a Chano en el espectáculo *Congo pantera en Tropicana* en 1941 y también en la RHC Cadena Azul. Se desconoce su nombre real.

42. Jordi Pujol. Ob. cit., p. 27.

43 Radamés Giro: *Diccionario Enciclopédico de la Música Cubana*. Tomo III: 255. La Habana: Editorial Letras Cubanas, 2007.

44. María del Carmen Mestas. Ob. cit. pp. 126 -128.

un recorrido que comenzaba en el Arco de Belén, en la confluencia de las calles Acosta y Compostela.

Chano Pozo. Revista Ecos RHC. Nov. 1942. Foto: Archivo de la autora.

Cuando inició el desfile de Los Dandys de Belén, dicen que al frente iba Chano, ataviado de impecable blanco con *frac*, chistera y bastón. Quizás por la difusión de una foto suya acompañado de una elegante mulata, a quien muchos han confundido con Rita Montaner y también con Cacha, vive en el recuerdo popular con particular destaque la figura del tamborero del solar El África vinculada a la comparsa Los Dandys.

A escasos días de la muerte del gran tamborero, el periodista, productor y locutor radial Ibrahim Urbino, quien le conoció muy bien, ofreció importantes datos de primera mano y una interesante interpretación acerca del rol de Chano en Los Dandys y lo que representó en su tiempo el concepto musical y performático que desarrolló en esta comparsa, que muchos interpretaron como una provocación de enfrentamiento clasista:

> [Chano] Tuvo en su vida cosas originales. Por ejemplo, irrumpió en la fama, que la tuvo larga y productiva, montado sobre una comparsa: "Los Dandys". Cuando nadie lo esperaba, cuando languidecía la original institución tradicional, irrumpió por las calles de La Habana vestido de frac, cantando y bailando una conga, sometiendo la prosopopeya infatuada del traje a la delicia sandunguera de una rumba. Eso hizo explosión. Eso tenía dinamita popular. Es posible que él, que cultivaba el snobismo del ropero exhibicionista, no alcanzara el sentido democrático de lo que hacía, el carácter de insubordinación popular de su comparsa. Tal vez lo hubiera hecho por defecto y no por virtud. Pero lo hizo. Sin saber cómo hacía muchas cosas, lo hizo. Que yo recuerde, esa fue su primera exhibición

exitosa, el punto de partida de sus triunfos posteriores. Su originalidad fue polémica e insurgente. Se discutió la corrección de su comparsa. "Que si estaba bien que se vistieran de fraques", "que si no hubiera sido mejor una exacta autoctonía escenográfica". Políticamente se seguirá discutiendo eso. Pero "Los Dandys" están ahí: creación de Chano. Pero además, ¿quién es el frac para que con él no se pueda bailar conga? La insurgencia es evidente: lo grave hubiera sido que se lo hubieran puesto para bailar minuetos o valses.[45]

Chano Pozo desfilando con la comparsa Los Dandys de Belén (pareja no identificada). Foto: Cortesía Colección Gladys Palmera.

Siento un bombo, mamita, me está llamando.
Siento un bombo, mamita, me está llamando.
Sí, sí, son Los Dandys.
Sí, sí, son Los Dandys.

La «Conga de Los Dandys» se convirtió en tema emblemático de la mítica comparsa de Belén y uno de los más sublimes en su género, asociado para siempre a la identidad del cubano, porque na-

45. Ibrahim Urbino. «Un cubano rítmico y sonoro». *Bohemia*, año 41, no. 1. La Habana, 2 de enero de 1949, p. 44.

die podía resistirse al llamado del bombo de Los Dandys de Belén. Aunque muchos afirman que sus creadores fueron Chano y Félix Chappottín (otros dicen que fue Chano solo), lo cierto es que aparece registrada a nombre de Miguelito Valdés, a pesar de que como autor, dicho sea, Mr. Babalú no se caracterizó por ser un compositor de obras destacables de arraigo popular. Los que adjudican la coautoría a Chano hallan en la composición elementos atribuibles al estilo del tamborero y a su notable capacidad para captar en pocas y expresivas palabras la esencia del fenómeno al que quiere cantar... ¡y tocar! El proverbial sentido de la amistad que caracterizó a Miguelito Valdés, y su sentimientos de hermandad hacia Chano, podrían contradecir el hecho de su atribuida autoría de «La Conga de Los Dandys», pero será difícil a estas alturas probar otra verdad más allá de lo que quedó consignado en su registro autoral.

La «Conga de Los Dandys» fue grabada en Nueva York por Miguelito con la orquesta de Xavier Cugat el 21 de julio de 1941 bajo el título «Son los Dandis»;[46] ese mismo año en La Habana la grabó la Orquesta del Hotel Nacional, dirigida por Osvaldo Estivil, en la voz de un joven llamado Pepe Tenreiro, quien luego sería el gran Tito Gómez, cantante de la Orquesta Riverside. El sello estadounidense Musicraft había enviado a sus técnicos a La Habana para realizar unas grabaciones a la Orquesta del Hotel Nacional,[47] entre las que se incluyeron otra famosa conga: «Tumbando caña» (Santos Ramírez y Julio Blanco Leonard), popularizada por la comparsa El Alacrán como su tema insignia, y dos temas de Chano Pozo: el guaguancó «Blen blen blen»[48] y la rumba «Timbero, la timba es mía».[49] Según Jordi Pujol, estas históricas grabaciones se realizaron en los estudios de la emisora radial CMCJ en la habanera calle San Miguel; Alberto *Platanito* Jiménez tuvo a su cargo la trompeta, mientras que Gustavo López El Chino asumió el piano.[50] Algunas fuentes aseguraron que Chano Pozo participó en estas grabaciones con su tumbadora, pero no se han encontrado evidencias que lo confirmen.

43

46. Referencia: Columbia Co-36387.

47. Cristóbal Díaz Ayala: «Orquesta Hotel Nacional». *Cuba canta y baila. Enciclopedia discográfica de la música cubana,* consultado en <http://latinpop.fiu.edu/SECCION02H.pdf>.

48. Referencia: Musicraft MFT-15007. Véase anexo II de esta edición.

49. Referencia: Musicraft MFT-15006. Véase anexo II de esta edición.

50. Jordi Pujol. Ob. cit., pp. 42-43.

Los Dandys, estudio de RHC. Foto: Cortesía Colección Tommy Meini.

Años más tarde, Chano siguió siendo una de las figuras que animaban las comparsas carnavalescas y, estando ya en la RHC Cadena Azul, como veremos más adelante, promovió estrafalarias iniciativas que lo destacaron en el ámbito de las comparsas.

El carnaval habanero, como crisol de las manifestaciones musicales y danzarias a nivel popular, fue elemento primigenio en el ámbito creativo de Chano Pozo. Su propio rol en los festejos fue central, y se le reconoció inspirador y figura emblemática de comparsas, al tiempo que estas también lo fueron para el acto creativo del tumbador y compositor. Sin duda, desde entonces gracias a Chano Pozo, Silvestre Méndez[51] y Santos Ramírez El Niño,[52] rumberos de ley, los cantos y toques de las comparsas del carnaval habanero influyeron de manera decisiva y creciente en el desarrollo de la música popular cubana.

---

51. Silvestre Méndez López: La Habana, 31 de diciembre de 1926-México, 8 de enero de 1997. Percusionista, rumbero, cantante, bailarín y compositor, se destacó en la época de oro del cine mexicano de rumberas, como contraparte de las más famosas. Fue autor de temas muy populares como «Consuélate como yo», «El telefonito», «Mambeando», «Mi bombo arrollador», «Sonerito».

52. Eulogio Santos Ramírez, El Niño: La Habana, 1903-1975, músico y folclorista. Se inició en el sexteto Lira Rendención y luego, en 1936, fundó el Septeto Afrocubano. Fue una figura significativa en el carnaval habanero. Fundó la comparsa El Alacrán, de la barriada de El Cerro. Cantó en coros de claves y guaguancó. Compuso temas muy populares como «Tumbando caña» y «Llora como yo lloré».

Creencias y certezas

[...] Creo que donde se equivocó fue metiéndose a abakuá, porque la religión no tiene nada que ver con la guapería y, además, nosotros no tenemos que andar pregonando por ahí que pertenecemos a esa hermandad. Incluso, Chano murió expulsado de su juego, no por un problema de hombría, no, su lío fue que grabó para Radio Cadena Azul unos cantos secretos y su juego lo expulsó por 120 años.[53]

Así se expresó, crítico, Roberto Cortés Ibáñez: su condición de cófrade de Chano le permitió emitir tal juicio.

Cerca de 1934, Chano se había mudado con su familia al solar El Palomar, en el barrio Cayo Hueso. Fue en esa época cuando el tamborero fue aceptado en la Sociedad Secreta Abakuá, en la potencia Muñanga Efó, que le pertenecía de acuerdo a su lugar de nacimiento. Según Ivor Miller, investigador de las relaciones entre la Sociedad Abakuá y la cultura popular cubana, el *status* de Chano era Obonékue (iniciado).

Conocidos también como ñáñigos, los abakuá conforman una cofradía exclusivamente masculina que tiene sus orígenes en la región del Calabar y en las creencias religiosas africanas de origen animista. Para los abakuá tienen preeminencia electiva valores tales como la hermandad, la condición de buen hijo y la valentía personal. Sus manifestaciones musicales y danzarias forman, por derecho propio, parte de la cultura cubana. Desde su trasplante y adecuación a las condiciones de Cuba en el siglo XIX, el ñañiguismo transgredió los límites de las razas, y en su historia se han destacado nombres de blancos de origen español quienes, al ser aceptados en la cofradía, abrazaron el compromiso que marca tal condición. Su carácter secreto y cerrado no impidió que los abakuá se ganaran el derecho a figurar en la historia por la independencia cubana de España: es conocida su participación en la protesta pública y armada contra el fusilamiento de los ocho estudiantes de medicina por edicto del Gobernador español en la Isla, uno de los hechos más bochornosos de la etapa colonial.[54] Muchos luchadores y patriotas pertenecieron en secreto a esta hermandad.

---

53. Leonardo Padura Fuentes: *Chano Pozo, la cumbre y el abismo.* Ed. cit., p. 210.

54. Para ampliar, véase Tato Quiñones: «Historia y tradición oral en los sucesos del 27 de noviembre de 1871». *La Gaceta de Cuba*, no. 5. La Habana, septiembre de 1998.

Es útil remarcar, en relación con el testimonio de Cortés Ibáñez, que elementos relacionados con la sociedad Abakuá estuvieron presentes en la creación musical cubana y, en particular, en la fonografía, antes de que Chano se vinculara a la emisora radial RHC Cadena Azul y realizara esas supuestas grabaciones. Durante los años 1926 y 1927 en las composiciones de Ignacio Piñeiro[55] fueron frecuentes las expresiones abakuá, y en particular destacó la polémica en torno a la clave ñáñiga «En la alta sociedad», en la que se vio involucrada su intérprete María Teresa Vera.[56] Ella misma, con Rafael Zequeira, grabó tan temprano como cerca de 1920 «Los cantares del abacuá»,[57] con profusión de expresiones y términos ñáñigos y patrones rítmicos tomados de los cantos litúrgicos. Con Miguelito García registró en 1926 «Clavel carabalí»,[58]clasificado como género *ñáñigo* en el propio fonograma publicado.

El 18 de marzo de 1940 Cheo Marquetti —también abakuá— con el Septeto Cauto de Manuel Mozo Borgellá grabó «Efí Embemoro», cuya autoría se le adjudicó erróneamente a Marquetti (el autor fue Ignacio Piñeiro). En el título de este son estuva asumida sin cambios la denominación de la potencia o juego abakuá Efí Embemoro.[59]

Si en esa época Chano grabó o no cantos secretos abakuá, ya no podremos saberlo con certeza, a juzgar por lo devastador del incendio que asoló las instalaciones de la RHC Cadena Azul años

---

55. Según el investigador Raúl Martínez Rodríguez, las claves ñáñigas creadas por Ignacio Piñeiro «parecen ser una variante de rumbas y sones urbanos, son cadencias que este músico mezcló y realizó una fusión a la manera de nuestra música actual. Las primeras de que se tienen referencias están en las cantadas por los coros de clave y rumbas a los que Piñeiro pertenecía». Cfr. Raúl Martínez Rodríguez: "Ignacio Piñeiro: creador de sones, rumbas y claves ñáñigas". *La Jiribilla*, año IV, no. 216, La Habana, julio de 2015. Claves ñáñigas aparecieron también cantadas por famosos dúos de la época como Adolfo Colombo y Claudio García, los trovadores Alberto Villalón y Juan de la Cruz Hermida, pero sin duda el más relevante fue el dúo de María Teresa Vera y Rafael Zequeira.

56. Ivor Miller: «A Secret Society Goes Public: The Relationship Between Abakua and Cuba Popular Culture». *African Studies Review*, vol. 43, no. 1, Jackson, Mississippi, abril de 2000, p. 161.

57. Referencia: Columbia CO-2070, 78 rpm, y Tumbao TCD-090, CD. Véase anexo II de esta edición.

58. Referencia: Columbia CO-2944, 78 rpm.

59. Cristóbal Díaz Ayala: «Septeto Cauto». *Cuba canta y baila. Enciclopedia discográfica de la música cubana*, consultado en <http://latinpop.fiu.edu/SECCION01Cpt1.pdf>.

después y que redujo a cenizas casi la totalidad del archivo de placas radiales donde se conservaba el sonido de muchos de sus programas y de las voces y los instrumentos de importantes músicos que pasaron por sus micrófonos.

Lo que sí quedó para la posteridad, y para mayor relevancia como un verdadero hito, fue la grabación que hizo Chano Pozo en 1947 en Nueva York del tema «Abasí», con toda probabilidad el primer registro discográfico de toques y cantos en lengua abakuá, tocados y cantados por el propio Chano.[60]

La relación de Chano con los atributos de la religiosidad afrocubana y de la sociedad Abakuá ha sido siempre un elemento central en su leyenda. Según el juicio de personas próximas a él, fue una relación de temor y respeto ante situaciones de peligro, en las que se aferró a sus creencias y a su protectora Santa Bárbara. Pero también de desobediencia: Chano reveló secretos abakuá a través de cantos y toques, pospuso el asentamiento de Changó en su cabeza antes de cruzar el mar a Estados Unidos; de esto, el curso de su vida fue pródigo en constataciones y, para muchos, tuvo previsibles trágicas consecuencias.

Creación autoral y primeras grabaciones

El acto creativo en Chano pudo haber sido inconsciente en sus inicios, más bien una exteriorización personal de su mundo de creencias religiosas y peculiares presupuestos éticos, de sus vivencias dentro de aquel mundo, aún limitado en extensión y experiencias, pero asumido. Para Chano ese era el camino, y aunque sus piezas estaban condicionadas por una aparente simpleza con economía de texto y sin complicaciones armónicas, en el ritmo se encontraba la riqueza y su elemento de conexión para colmar las expectativas de quienes escuchan, bailan y gozan la mayoría de sus temas.

Si algo ha quedado explícito, como se ha dicho, es el lugar que las religiones afrocubanas ocuparon en el ámbito vital y creativo de Chano Pozo. Basta una somera revisión de los títulos de sus composiciones y sus contenidos temáticos y fraseológicos para entender cuán cerca —o dentro— estaba Chano de las manifestaciones re-

60. Véase anexo III de esta edición.

ligiosas africanas, que en los años de su niñez y adolescencia permanecían muy vivas y en estado casi originario en la praxis cotidiana de quienes habían llegado a Cuba desde África, arrancados a la fuerza de sus tierras y convertidos sin quererlo en centro del más ominoso e inhumano de los negocios: la esclavitud. Aquellos africanos ya ancianos, asentados en Cuba sin la más remota posibilidad de regreso a sus naciones, eran focos vivos de resistencia cultural y religiosa y, por lógica, sus descendientes representaron la continuidad y el apego a cultos, cantos, toques, ceremonias; tal pudo ser el caso de Encarnación y Cecilio, los padres de Chano. No cabe duda de que el mundo y la cosmovisión de Chano, durante su años vividos en Cuba, estuvieron enraizados en lo yoruba, lo congo y lo abakuá, no solo desde la liturgia interior de manifestaciones sociorreligiosas —testimonios afirman que era también palero—,[61] sino también desde los elementos musicales que los ritmos de sus toques rituales asentaron como patrones en otras manifestaciones extrarreligiosas que fueron penetrando —edulcoradas, sí— la vida cotidiana del cubano más simple y también los refinados salones de las clases pudientes.

El son se escuchaba más y ganaba espacios mayores desde la década de los 20, cuando fue beneficiado por el interés de sellos discográficos foráneos —Columbia, Victor, Brunswick— que dejaron registros de los sextetos Habanero, Nacional, Boloña, Occidente, y otros. Ya desde finales de la década de los treinta el son evolucionó en cuanto a su estructura y formato instrumental, traspasó las fronteras y comenzó su expansión geográfica. Se supo que estaba llegando a Estados Unidos, pero que le llamaban con un nombre diferente: había comenzado la fiebre de la *rhumba*; a miles de kilómetros de distancia, en la Ciudad Luz, hizo furor el paso de Julio Cueva, Don Azpiazu, Rita Montaner; el son también llegó a España de manera triunfal con el Septeto Nacional de Ignacio Piñeiro en la Feria de Sevilla de 1929, y muchos otros músicos siguieron esa estela prometedora de triunfos.

Chano se involucró en el ámbito de los sextetos y septetos. En 1939, en la que parece ser su primera inserción en una agrupación profesional, se le vio como bongosero en el popular septeto Carabina de Ases. *El Diario de la Marina* lo reflejó así:

El famoso septeto "Carabina de Ases", cuya especialidad

_____

61. Palero es el individuo iniciado en la denominación religiosa africana de palo o congo, de origen bantú, con derivaciones o ramas como el palo mayombe, briyumba, kimbisa, palo monte y palo congo.

es la música afrocubana, es uno de los doce conjuntos musicales contratados para la "Verbena de la Paloma", que a beneficio del Retiro de Periodistas se celebrará el 18 de este mes en todos los jardines y stadiums de La Polar.

Forman el septeto los señores Nilo Alfonso Cárdenas, director; Mariano José Méndez, delegado; Ramón Cisneros, tres; Félix Chappotin [sic], trompeta; Luciano Pozo, bongosero; Leonardo Bernabeu, maraquero; Joseíto Núñez, cantante.[62]

El septeto Carabina de Ases había sido fundado ese mismo año por el guitarrista Mariano Oxamendi en la calle San Miguel, en la zona donde vivía y se movía Chano. Bienvenido Granda fue uno de sus cantantes fundadores, pero enseguida abandonó la agrupación y fue sustituido por Leonardo Bernabeu. En La Carabina —como solían llamar a la afamada agrupación— los hermanos de crianza Chappottín y Chano hicieron valer su categoría de ases en sus respectivos instrumentos.[63]

La intención creativa de Chano se nutrió de su ámbito de referencia, y ello quedó plasmado en rumbas, guarachas, sones, congas. Aunque no tuvo estudios musicales, al decir del Dr. Cristóbal Díaz Ayala vivir en Pueblo Nuevo podía considerarse estudiar en un conservatorio de música popular, al ser ese barrio un verdadero laboratorio de creación espontánea, un hervidero musical en todo su universo.[64]

A finales de los años treinta, Miguelito —quien ya había triunfado como cantante de la orquesta Casino de la Playa— confiaba en el talento musical de Chano como compositor, y en la fuerza de algunos de sus temas para «pegarse» en el gusto popular, pero entendió que debían organizarse con rapidez: ni Chano ni él escribían música, así que el único modo era pedir ayuda. Miguelito instó a Chano a que le acompañara a casa de Anselmo Sacasas,[65] amigo y

62. «Tendrán intérpretes en «La Verbena de la Paloma» los ritmos afrocubanos». *Diario de la Marina*, año CVII, no. 268, La Habana, 9 de noviembre de 1939, p. 10.

63. Jesús Blanco: *80 años del son y soneros en el Caribe*. Fondo Editorial Tropykos, Caracas, 1992: 75-76. Mariano José Méndez y Mariano Oxamendi podrían ser la misma persona.

64. Cristóbal. Díaz Ayala: «Chano Pozo». *Cuba canta y baila. Enciclopedia discográfica de la música cubana*, consultado en <http://latinpop.fiu.edu/Seccion05PQ.pdf>.

65. Anselmo Sacasas: Manzanillo, 23 de noviembre de 1912-Miami, 22 de enero de 1998, fue pianista, compositor y arreglista. Tras su paso por las orquestas de

entonces pianista y arreglista de la Casino de la Playa. Fue Sacasas quien realizó las primeras transcripciones de piezas compuestas por Chano Pozo. Con los papeles pautados en mano, Miguelito

Diario de la Marina. 9 de noviembre de 1939.

TENDRAN INTERPRETES EN «LA VERBENA DE LA PALOMA» LOS RITMOS AFRO-CUBANOS

El famoso septeto «Carabina de Ases», cuya especialidad es la música afrocubana, es uno de los doce conjuntos musicales contratados para la «Verbena de la Paloma», que a beneficio del Retiro de Periodistas se celebrará el 18 de este mes en todos los jardines y stadiums de La Polar.

Forman el septeto los señores Nilo Alfonso Cárdenas, director; Mariano José Méndez, delegado; Ramón Cisneros. tres; Félix Chappotín, trompeta; Luciano Pozo, bongosero; Leonardo Bernabeu, maraquero; Joseíto Núñez, cantante.

Por segunda vez, y en el mismo lugar, se celebrará la famosa Verbena de la Paloma, la fiesta inolvidable que a pesar del tiempo transcurrido se menciona todavía como uno de los acontecimientos bailables más sensacionales. La primera vez actuaron once conjuntos; ahora estará amenizada por doce, que son la flor y nata en popularidad.

Se regalarán tantas cosas, que ya casi se pierde la cuenta: pares de zapatos para señora y caballero, radios, relojes, lámparas, juegos de tocador, billetes, mantones de Manila, etc. Sólo costará sesenta centavos a los caballeros; las damas tienen entrada gratis a esta verbena grandiosa, la única que se celebrará el 18 en La Habana.

llevó a Chano a entrevistarse con Ernesto Roca, entonces representante en La Habana de la casa editorial norteamericana Peer Music, quien, a instancias de Miguelito, accedió a extender un contrato editorial a Chano, que este firmó, donde se recogía el compromiso de Peer Music a remunerarle con el 50% de las sumas percibidas por la reproducción e interpretación de sus obras y el compromiso verbal para firmar lo que Chano fuera escribiendo en el futuro, a cambio de diez dólares de anticipo en concepto de *royalties*.[66]

A la pregunta de cuándo hizo su primera composición, Chano Pozo respondió a Arturo Ramírez en la entrevista de *Carteles* en 1942: "Hace tres años. Fue un motivo afro que titulé 'Guagüina Yerabo' ".[67]

Efectivamente, el 16 de junio de 1939 Chano Pozo inscribió en el Registro de la Propiedad Intelectual una obra bajo el título «Guaguena Yambo», que parece corresponder a «Guagüina Yerabo». El motivo de inspiración de esta pieza, explicó, fue haber escuchado la frase, que le impresionó, en una fiesta de santo. "Me salió sola la canción con ese tema", diría. «Le seguirían «Ariñáñara», «Ana-

---

Tata Pereira y Hermanos Castro, fue pianista fundador de la Casino de la Playa, y grabó muchos de sus éxitos. La mayor parte de su carrera como director de orquestas transcurrió en Estados Unidos.

66. Jordi Pujol . Ob. cit., p. 31.

67. Arturo Ramírez. Ob. cit., p. 9.

na boroco tinde», «Blen blen blen», «Choron Bo Etié».[68] De estas, «Anana Barocotinde» [sic] y «Blen blen» [sic] también aparecen registradas el mismo día. Conviene apuntar que en el registro autoral otras dos obras de la autoría de Chano Pozo antecedieron a la inscripción de las anteriores: «San Julián María Bombo» (8 de mayo de 1939, con Evasio Zerquera Rodríguez como coautor, de quien no se han encontrado datos), y «Suana Boroco» (5 de junio de 1939).[69] Estas tempranas creaciones de Chano tuvieron títulos que, de acuerdo con lo investigado, parecen responder más a la onomatopeya y menos a vocablos relacionados con los ritos afrocubanos.

El sello Victor, representado en Cuba por la firma comercial Humara y Lastra, decidió grabar a Miguelito Valdés con las primeras obras del carismático tamborero. Así, la primera grabación de un tema de Chano Pozo la realizó Miguelito Valdés con la orquesta Casino de la Playa, según Cristóbal Díaz Ayala, el 15 de enero de 1940 para el sello Victor: «Blen blen blen»,[70] una rumba afro, con arreglo de Anselmo Sacasas, que tuvo un éxito inmediato. Si nos atenemos a lo declarado por Chano al periodista Arturo Ramírez al afirmar que creó su primera obra —«Guagüina Yerabo»— en 1939, y a la sucesión de hechos que desembocaron en la firma del contrato con Peer Music, la fecha de grabación indicada por Cristóbal Díaz Ayala en su *Enciclopedia discográfica de la música cubana* parece ser la más ajustada a la realidad.

Miguelito Valdés siguió siendo quien más hizo por difundir las obras de Chano y quien más se preocupó por que el talento del tamborero y compositor aflorara y lo compensara. Durante el año 1940 Miguelito grabó además otros tres temas de Chano Pozo: «Ariñáñara» (25 de marzo); «Muna sangafimba» (16 de octubre) y «Guagüina Yerabo» (21 de octubre).[71] La revista *Radio-Guía* anunció la salida al mercado del disco con la rumba «Ariñáña-

---

68. Ídem.

69. Datos aportados por la Agencia Cubana de Derecho de Autor Musical (ACDAM), tomados del registro autoral (décadas de los 30 y 40 del siglo XX). «Suana Boroco», por fonética, parece referirse a «Anana Barocotinde».

70. Referencia: RCA Victor V-82977. Véase anexo II de esta edición. Jordi Pujol indicó como fecha de grabación octubre de 1939 en los créditos de *Chano Pozo. El Tambor de Cuba* (vol. 1), ed. cit.

71. Referencia: RCA Victor V-83031. Véase anexo II de esta edición. Jordi Pujol indicó como fecha de grabación enero de 1940 en los créditos de *Chano Pozo. El Tambor de Cuba* (vol. 1), ed. cit.

ra»[72] en junio.[73] La orquesta Casino de la Playa, con el cantante Alfredito Valdés, grabó el 13 de septiembre del mismo año el afro «Tun tun ¿quién son?». Ese año Miguelito registró otro tema de Chano, pero ahora con la orquesta Havana Riverside bajo la dirección de Enrique González Mantici: «Anana boroco tinde».[74] En las semanas siguientes, Miguelito Valdés y Anselmo Sacasas dejaron la Casino de la Playa para viajar a Nueva York con la intención de establecerse y abrirse camino en tierras promisorias.

Así comenzó para Miguelito la extraordinaria temporada con la orquesta de Xavier Cugat, que tuvo como centro el exclusivo hotel Waldorf Astoria, donde se le permitió incluir temas de Chano en el repertorio, aunque ajustados al estilo *society*, ligero y edulcorado —muy lejos del estilo original, sandunguero y rítmico—, que caracterizaba a la banda del catalán y con el que, en definitiva, triunfó en los salones neoyorquinos. Meses después Miguelito estuvo de nuevo en La Habana y fue entrevistado para la revista *Radio-Guía*, que publicó sus declaraciones en el número de octubre de ese año, en el cual fue portada y donde transparentó sus intenciones:

> La música cubana, especialmente la rumba, que fue lo primero que prendió en Norteamérica, constituye un éxito, pero yo quiero, ahora que la conga y el estilo afrocubano arrebata, introducir la música ñáñiga y la lucumí, logrando de esta forma que se mantenga latente, sin decaer, el interés por esa música de nuestra tierra. Voy a imponer –o trataré de hacerlo– nuevos modismos en este género, ahora cuando comience el recorrido por la Unión [se refiere a Estados Unidos], para ello llevo nuevas composiciones, especialmente de Chano Pozo, cuya obra "Blen blen" [sic] ha causado furor inusitado allá". Al decir esto, frente a nosotros está sentado Chano Pozo, su mirada es, ciertamente, triste, se pierde en ansias que no se realizan. Miguelito le señala y nos dice: "Ahí tienes a Chano Pozo, autor de 'Blen blen', ¿quién le ayuda?... ¡Nadie! ¡Esa es una de las tantas injusticias que tenemos por aquí! [75]

72. Referencia: RCA Victor V-83031. Véase anexo II de esta edición.

73. *Radio-Guía*, año VII, no. 72, La Habana, junio de 1940, p. 37.

74. Referencia: RCA Victor V-83210. véase anexo II de esta edición. Jordi Pujol indicó como fecha de grabación marzo de 1940 en los créditos de *Chano Pozo. El Tambor de Cuba* (vol. 1), ed. cit.

75. *Radio-Guía*, año VII, no. 76, octubre de 1940, p. 13.

Aún no había comenzado la que sería la etapa de mayor éxito de Chano en Cuba: la de la RHC Cadena Azul.

Miguelito realizó grabaciones en Nueva York con Cugat y su orquesta, y registró la rumba afro «Blen blen blen» el 27 de mayo de 1940.[76] El 28 de marzo de 1941 tocó el turno a la rumba «Anana boroco tinde», en la que fue la segunda fijación discográfica de esta canción en menos de dos años.[77]

Inesperadamente el tema que arrasó en la popularidad en Cuba fue «Parampampín», grabado en La Habana por primera vez en la voz de Antonio *Cheché* de la Cruz con la orquesta Casino de la Playa para la Victor el 17 de junio de 1941.[78] Se puso de moda la frase «tu cara de parampampín» para referirse a alguien feo, poco agraciado, a juzgar por lo que comentó Arturo Ramírez en la revista *Carteles*, y que corroboró Chano en la misma entrevista.

> Iba por la calle y me encontré con un conocido. Él iba por una acera, yo por la otra. La frase me subió a los labios al verlo tan feo. Dije bajito: "Mira a ese, tan feo, con su cara de parampampín". Me quedó aquello resonando: "cara de parampampín... cara de parampampín...". Llegué al tambor y salió enseguida: "Con tu cara de parampampín..."[79]

Ramírez dejó constancia de la inmensa popularidad que tenía el tema en esos momentos:

> Poco después los cantadores de septetos y orquestas "de bailable" se desgañitaban –del Casino Nacional a los muelles, pasando por los Aires Libres– lanzando a los pies de los bailadores y a los oídos de los amantes del ritmo, "puro ritmo", la composición de Chano Pozo. La ciudad se llenó de parampampines.[80]

---

76. Referencia: Victor V-26625. Cristóbal Díaz Ayala *(Cuba canta y baila. Enciclopedia discográfica de la música cubana)* y Jordi Pujol (ob. cit.) coinciden en la fecha de grabación.

77. Referencia: Columbia CO-36096. Cfr. Cristóbal Díaz Ayala: *Cuba canta y baila. Enciclopedia discográfica de la música cubana*, consultado en <latinpop.fiu.edu/SECCION06V.pdf>. Véase anexo II de esta edición.

78. Cristóbal Díaz Ayala: «Orquesta Casino de la Playa», *Cuba canta y baila. Enciclopedia discográfica de la música cubana*, consultado en <http://latinpop.fiu.edu/SECCION01Cpt1.pdf>.

79. Arturo Ramírez. Ob. cit., p. 6.

80. Ídem.

Mas resulta que «Parampampín» había tenido su primera grabación mes y medio antes de la realizada en La Habana por Cheché de la Cruz y la Casino de la Playa: en Nueva York, por el Cuarteto Caney de Fernando Storch,[81] quienes lo registraron para el sello Decca el 25 de abril de 1941.[82]

Cuando el periodista Arturo Ramírez entrevistó a Chano Pozo para su sección «Compositores cubanos de hoy» en la revista *Carteles*, de amplia circulación nacional, ya Chano había *pegado* la guaracha «Parampampín». La inclusión de esa entrevista en el número del 16 de junio de 1942 es una prueba incontestable de la popularidad alcanzada ya en ese momento por Chano como compositor. El periodista subrayó, como parte de la decoración que colgaba en las paredes de la habitación del solar, la presencia de partituras impresas de seis piezas de la autoría de Chano, que ya en 1942 estaban editadas por Robbins Music Corporation. Sobre la posición de esta editora musical norteamericana en Cuba, Bobby Collazo comentó:

> [...] este otro pulpo editorial ya tiene contratados en 1940 a varios compositores criollos, entre ellos, Gilberto Valdés (Ecó), René Touzet (No te importe saber), Eliseo Grenet (Rica pulpa), Jorge González Allué (Amorosa guajira) y a [Emilio] Neno Grenet (Drume negrita).[83]

Daba por sentado Collazo que ya se sabía que, en su opinión, había un primer pulpo editorial: Peer Music Corporation, también norteamericano como Robbins. Entre ambos controlaban una parte amplia y significativa de la creación autoral de los mejores compositores cubanos.

---

81. El Cuarteto Caney fue creado a principios de los años treinta en el Barrio Latino de Nueva York por Fernando Storch (La Habana, 30 de mayo de 1904-Jacksonville Beach, 24 de diciembre de 2001), junto con Elio Osakar (bajo); Tilde (guitarra) y Johnny López (cantante). En grabaciones adicionaron ocasionalmente una trompeta y un bongó, sin perder la denominación de cuarteto. Con sones, guarachas y boleros en su repertorio, por esta agrupación pasaron los cantantes cubanos Panchito Riset, Machito, y los boricuas Payo Flores, Polito Galíndez y Bobby Capó.

82. Según Jordi Pujol, en los créditos del disco, el cantante es Panchito Riset. Cristóbal Díaz Ayala indica a Machito (*Enciclopedia discográfica de la música cubana*, consultado en <latinpop.fiu.edu/SECCION01Cpt1.pdf>). Una audición de la pieza hace pensar que se trata de Panchito Riset.

83. Bobby Collazo: *La última noche que pasé contigo. 40 años de farándula cubana*. Fundación Musicalia, Santurce, Puerto Rico, 1987: 213.

La entrevista con Chano Pozo, a dos páginas y con varias fotos, había sido precedida la semana anterior, en la misma sección de *Carteles*, por una entrevista similar a Margarita Lecuona, y la semana siguiente estuvo dedicada a Eusebio Delfín, dos autores de relevante y reconocida obra. Esto habla alto de la popularidad alcanzada por Chano como compositor en ese momento, máxime si se tiene en cuenta el perfil discriminatorio y clasista que caracterizaba a las páginas culturales en esa revista semanal. En sí misma, la entrevista tiene el inapreciable valor de ser, hasta el momento de escribir este texto, como se dijo, la única que se ha encontrado concedida por Chano Pozo a algún periodista de cualquier parte del mundo. La revista *Carteles* publicó en ese mismo número, además, la letra de varias canciones de Pozo: «Nagüe», «La mundo se 'ta 'cabá» y «Parampampín», y también la partitura de la rumba «Sonó el clarín».

Revista Carteles. Entrevista por Arturo Ramírez, junio 1942.

En esta entrevista, de junio de 1942, Chano reconoció haber creado otras composiciones fuera del lenguaje estrictamente afro, entre ellas: «La mundo se' ta 'cabá», «Enfermedad», «Nagüe», «Sonó el clarín», «Tun tun ¿quién es?».[84] Sobre su catálogo de obras en esa fecha afirmó: «Ya he hecho unas cuarenta. En discos tengo unas diez. Impresas, una docena».[85] En efecto, Chano no se equivocaba: al momento de aquella entrevista tenía inscritas en el registro autoral treinta y una obras y ya se habían realizado las grabaciones que hemos mencionado con anterioridad y que llegan a la decena, si a las ocho grabadas en La Habana sumamos las realizadas en Nueva York de «Blen blen blen» por Miguelito Valdés y «Parampampín» por el Cuarteto Caney.

55

---

84. Debió referirse a la obra «Tun tun ¿quién son?».

85. Arturo Ramírez. Ob. cit., p. 7.

Pero había más: en 1940 el boricua Grupo Marcano[86] grabó en Nueva York su «Blen blen blen»,[87] en registro que se fijó el 29 de enero de ese año. Los integrantes del Grupo, encabezados por su director Piquito Marcano, visitaron Cuba en febrero de 1941, hicieron grabaciones y se encontraron con Chano. Un año después, como Conjunto Marcano con Tito Rodríguez como cantante principal, grabaron en Nueva York dos temas de Chano: el pregón-guaracha «Rómpete»[88] y «Bang, qué choque»,[89] registrados ambos el 19 de mayo de 1942.[90] Los arreglos de estos temas de Chano fueron realizados por el puertorriqueño Ramón *Moncho* Usera, quien por esos años hacía lo mismo con piezas para Daniel Santos y Pedro Flores. El 10 de julio de ese mismo año Machito grabó con el sello Decca la rumba «Nagüe»,[91] que alcanzó gran popularidad en Nueva York.

En Cuba, obras de Chano fueron interpretadas por populares cantantes y conjuntos. Al finalizar 1943, en su edición de diciembre, la revista *Ecos de la RHC Cadena Azul* hizo una selección de las canciones más populares, que habían sido *hits* durante ese año en los programas de la cadena radial. No se indicaron los criterios de selección, ni tampoco si el orden en que aparecieron iba de mayor a menor popularidad, pero la primera en mencionarse fue «Ampárame», de Chano, interpretada por la guarachera y rumbera Olga Negueruela, muy famosa entonces. Chano se midió en esta selección con Margarita Lecuona («Eclipse»), Orlando de la Rosa («Angustia»), Facundo Rivero («Llegó Dieguito»), Juan Bruno Tarraza («Besar»), Arsenio Rodríguez («Triste lucha», con letra de Amado Trinidad), Bobby Collazo («Luna de Varadero»); Julio Cueva («Pobrecitas las mujeres»); Julio Blanco Leonard («Amor-

---

86. El Cuarteto, luego Grupo Marcano, fue fundado en Nueva York por Piquito Marcano (Bayamón, 1902-1966), los guitarristas y cantantes Claudio Ferrer y Lalo Martínez, y Vitín Mercado en la trompeta. Como Grupo Marcano su cantante fue Tito Rodríguez. Viajaron varias veces a Cuba y se presentaron en la RHC Cadena Azul. En su repertorio de grabaciones abundan composiciones cubanas.

87. Referencia: Decca DE-21075. Véase anexo II de esta edición.

88. Referencia: RCA Victor V-83940.

89. Referencia: RCA Victor V-83923. Véase anexo II de esta edición.

90. Cristóbal Díaz Ayala: «Cuarteto Marcano». *Cuba canta y baila. Enciclopedia discográfica de la música cubana*, consultado en <http://latinpop.fiu.edu/SECCION04Mpt1.pdf>.

91. Referencia: Decca DE-21285. Véase anexo II de esta edición.

cito»), ¡¡¡y nadie más y nadie menos que Osvaldo Farrés («A eso llegarás») y Ernesto Lecuona («Siempre en mi corazón»).[92]

Del mismo modo, en el «Índice de los compositores más destacados durante el año 1943», publicado por la misma revista, el nombre de Chano Pozo apareció junto a los antes citados además de Rodrigo Prats, Adolfo Guzmán, Alfredo y Julio Brito, Armando Valdespí, Antonio Mata, Rafael Blanco Suazo, Leonardo Timor.[93]

Mientras lo usual era servirse del piano o la guitarra para componer, Chano, singular y carente de recursos musicales académicos, utilizaba la tumbadora. En la entrevista publicada en la revista *Carteles*, escribió Arturo Ramírez:

> El tambor sirve de piano a Chano, exactamente. Cuando Chano Pozo tiene un motivo cualquiera –ya por el "Parampampín" sabemos cómo le surgen los motivos– va al tambor y sus manos hábiles en el repiqueteo fijan sobre el cuero un aire: bolero, guaracha, son. [...] Por lo gráfico, por lo sonoro, nos demuestra su técnica. Con agilidad, limpiamente, el autor de "Nagüe" arranca al cuero retumbante amplia variedad de ritmos, en ligera sucesión. Así compone Chano Pozo.[94]

Chano completó la idea acerca de cuál es su técnica de composición, en clara alusión al papel que desempeñaba la tumbadora: "Aquí encaja todo... Aquí encaja todo... Canto el motivo y lo 'entro' en el ritmo. ¡No hay piano mejor!".[95]

La constatación de sus contemporáneos es crucial para entender y conocer al Chano compositor, y también para saber cómo era percibido tanto por enterados como por neófitos. Ibrahim Urbino descalificó un tanto el proceso creativo mismo y la calidad de las obras, pero no ocultó su perplejidad por los asombrosos resultados:

> Chano no era un compositor propiamente dicho. Ni impropiamente. Era, en lo esencial, un cubano rítmico y sonoro. Sobre todo rítmico. Sobre una elemental línea melódica, estallaba siempre en sus composiciones un

---

92. «Intérpretes que estrenaron las canciones *hits* de 1943». *Ecos de la RHC Cadena Azul*, año 3, no. 32, La Habana, diciembre de 1943, pp. 71-74.

93. «Índice de los compositores más destacados durante el año 1943», en Ecos de la RHC Cadena Azul, año 3, no. 32, La Habana, diciembre 1943, pp. 76-77.

94. Arturo Ramírez. Ob. cit., p. 6.

95. Ídem.

diseño rítmico obsesionante y fundamental. Algunas letras de sus composiciones son meras frases articuladas sobre un fondo de claves y de bongoes. "Blem-blem-blem" [sic] es eso: una clave que canta con onomatopeyas que escrituran sus toques. Los labios formulaban con elementales palabras o combinaciones de sonidos articulados las frases de la madera. Y en eso radicaba su encanto. La gente repetía fácilmente: "Blem-blem-blem", sin más esfuerzo de la memoria, sin necesidad de comulgar con unos refranes poéticos que suelen dificultar la memoria musical. Quien lo cantara, tocaba las claves sin proponérselo. En eso tuvo Chano fino instinto, musical astucia. Supo conocer a su auditorio. Y lo conocía bien.[96]

Y continuó Urbino:

Sus composiciones son más superficiales que las de la mayoría de los autores populares. Pero hablaban muy a lo hondo al sentido rítmico de nuestro pueblo. Componía sobre el bongó o sobre la tumba. No es metafórico. Eso es una verdad concluyente. Los otros, los más, posiblemente la totalidad de los restantes compositores populares, crean pensando en la guitarra o sirviéndose de ella. Y hasta se auxilian por pianistas. Chano componía sobre el cuero. Era el único instrumento que dominaba y lo que a él le salían eran manojos de ritmos. Lo único que puede salir de un bongó, salvo el misterio de los toques sagrados que pudiera producir un iniciado. Pero eso sería también combinación de ritmos, ruidos de parches. Entonces, y si era así, ¿por qué tan extraordinaria popularidad? Siendo, como fue, un agrupador de ritmos en pequeñas composiciones musicales, lógico es que fuera elemental. No exigía ni razonamiento, ni detención alguna ante su música. Lo que más pedía era baile. Agitaba al mulato cubano, bongosero y sandunguero, que todos llevamos adentro. Todos, en Cuba, desde luego. Y esa tan sencilla exigencia suya era correspondida por el pueblo.[97]

---

96. Ibrahim Urbino. «Un cubano rítmico y sonoro». *Bohemia*, año 41, no. 1. La Habana, 2 de enero de 1949, p. 44.

97. Ibrahim Urbino. Ob. cit., p. 66.

The Pedro Piquito Marcano Papers. Grupo Marcano en visita a Cuba. Febrero de 1941. Chano Pozo en el extremo derecho, de pie con traje oscuro. Los primeros a la izquierda: Siro Rodríguez y Miguel Matamoros (del Trío Matamoros). El cuarto a la derecha es Otilio Portal, integrante del Trío Servando Díaz y con espejuelos, el compositor y director Julio Gutiérrez. En la fila de abajo, de izquierda a derecha: Claudio Ferrer, Lydio Fuentes, Victor Vitín Mercado, Pedro Piquito Marcano y Lalo Martínez. Foto: Cortesía de Richard Blondet y Centro de Estudios de Puerto Rico. Hunter College, Nueva York.

Este razonamiento de Urbino, si bien acertó al explicar las limitaciones formales de las composiciones de Chano, está lastrado por la subestimación a la que, en aquellos años, era sometida la percusión afrocubana como conjunto de instrumentos musicales, entendida más por su rol de atributo e instrumento de la religiosidad africana y, aunque percibida como instrumento musical, se le adjudicaban limitaciones no solo rítmicas, sino también expresivas y hasta melódicas, llegado el caso. Pero Urbino no dudó a la hora de describir el modo en el que las composiciones de Chano Pozo salían del pueblo y volvían al pueblo, que las recibía agradecido y les brindaba su apoyo al convertirlas en éxitos que iban de boca en boca y pasaban a los repertorios de cantantes y orquestas populares en ese momento. En todo caso, desde su empirismo Chano sabía la importancia del ritmo, y desde su economía de recursos expresivos sabía también que en tal minimalismo podía radicar el éxito de su aceptación.

Cabaret y cine

El propio Chano habló de su debut artístico en el cabaret Afrocubano: [98]

> Yo bailaba rumba como aficionado y fui llamado a ser el bailarín del cabaret Afrocubano. Estuve nueve meses. Un día unos americanos me contrataron junto con Mercy Varona para una película que tomaron en el Hotel Presidente... ¡Con sonido y todo...! No sé para qué era. Tomaron muchas escenas de rumba. [99]

Por ese tiempo, a finales de los treinta, Obdulio Morales dirigió Los Melódicos, una *jazz band* de once músicos que solía tocar en el Hotel Presidente, y decidió llevar a su espectáculo algunos de los congueros que tocaban en las comparsas del carnaval, Chano entre ellos, para que tocaran y quintearan[100] en algunas de sus más recientes creaciones. El espectáculo resultó muy controversial por la inclusión directa y nada edulcorada de sonoridades y lenguaje afro en su expresión raigal, lo cual a la larga se convirtió en antecedente de la revista musical *Batamú*, de carácter eminentemente afrocubano en todo su sentido, y que subió a la escena del Teatro Martí en 1938 para asombrar al público. Obdulio Morales ratificó con esto su vocación permanente por destacar el componente afro de la cultura musical cubana.[101]

En esos años el Edén Concert era el cabaret más popular y conocido por el turismo norteamericano, que prácticamente asaltaba esa zona de La Habana Vieja, en la hoy calle Monserrate, frente al Edificio Bacardí, sobre las ruinas de la antigua sede del Círculo del Partido Liberal que fue destruido por un incendio el 20 de mayo de 1925. La orquesta del Edén Concert, dirigida por Alfredo

---

98. El *Diario de la Marina* en sus ediciones del 6 de febrero de 1938 (año CVI, no. 32, La Habana, p. 13) y 10 de marzo de 1939 (año CVI, no. 59, p. 7) incluyó sendas notas que hacían referencia al cabaret Afrocubano, que en 1938 se situaba en el *roof* (azotea) del Club San Carlos, situado en las calles Correa y Serrano en la barriada de La Víbora.

99. Arturo Ramírez. Ob. cit., pp. 6-7.

100. Quintear: En el *argot* de los percusionistas: para referirse al acto de tocar el quinto, una modalidad de la tumbadora, de formato más pequeño que esta.

101. Ned Sublette: *Cuba and Its Music. From the First Drums to the Mambo*, Chicago Review Press, Chicago, 2004, p. 447.

Brito, reunía a muchos de los mejores músicos de esos años para respaldar la concepción escénica y coreográfica de un precursor injustamente olvidado y subestimado: Sergio Orta, cuyas creaciones nunca ocultaron la influencia de la atracción que sentía por los elementos africanos perceptibles en la cultura vivencial cubana. Sus espectáculos en el Edén Concert dieron empleo a bailarines negros y mestizos, únicos para llevar esos ritmos a escena, ya como solistas, o como integrantes de los cuerpos de baile que acompañaban a aquellas revistas musicales. Para 1937, el coreógrafo había concebido una fabulosa revista musical donde pretendía dar su personal versión acerca del nacimiento de la rumba —en una visión reduccionista, errónea y escasamente documentada, en favor de una historia de previsible aceptación— en la que mostraba los diferentes ritmos afrocubanos hasta cerrar con una conga encendida que ponía a bailar a todos los asistentes al Edén Concert. Este *show* motivó sobremanera al realizador y productor cubano Ernesto Caparrós, y fue la génesis del cortometraje *Tam tam. El origen de la rumba*, producido por Royal News (Cuba) y filmado en 1938 con los coros, cuerpo de baile, vestuario y decorados del famoso cabaret habanero y su orquesta de respaldo bajo la batuta de su titular Alfredo Brito, además de contar con numerosos extras. En el elenco, encabezado por la bailarina y cantante Chela Castro, destacaron La Sonora Matancera, el Conjunto Edén Concert, el bailarín Pablo Duarte y la Orquesta de Alfredo Brito. Arturo Agramonte y Luciano Castillo, en su *Cronología del cine cubano*, apuntaron:

> La orquesta fue ampliada y se incorporaron los más reconocidos tocadores de tambor afrocubano existentes en Cuba; entre ellos estaban Chano Pozo y su primo Chino,[102] otro admirado percusionista, que poco después del corto se trasladó para Estados Unidos.[103]

Sin embargo, en la citada entrevista con Arturo Ramírez, posterior al estreno de *Tam tam. El origen de la rumba*, Chano no hizo referencia a su participación en este filme, aunque sí habló de otra película del mismo director que en esos momentos se encontraba

---

102. Francisco *Chino* Pozo (La Habana, 4 de octubre de 1915-Las Vegas, [1977]). Nunca se ha podido verificar el parentesco supuesto entre Chano y Chino Pozo.

103. Arturo Agramonte y Luciano Castillo: *Cronología del cine cubano (1937-1944)*, t. II, Ediciones ICAIC, La Habana, 2012, pp. 88-89.

en fase de producción: "Para la película que está haciendo Caparrós, titulada 'Fantasmas del Caribe', una conga mía triunfó sobre varias".[104] Se trató, presumiblemente, de «La conga fantasma».[105] El filme *Fantasmas del Caribe* tuvo su estreno el 27 de septiembre de 1943 en premier de gala en el Teatro Nacional, y resultó tristemente célebre por su desastrosa calidad y factura final. Chano también mencionó a Arturo Ramírez su participación, como ya hemos señalado, en el rodaje de otra película, cuyo título ignoraba y de la que no tenía muchos más datos.[106]

Al iniciar la década de los cuarenta, tres músicos de formación académica se destacaron con revolucionadoras incursiones en el legado de África a la formación de la nación cubana y su cultura, a través de los esclavos traídos a Cuba y sus descendientes. Si Ernesto Lecuona se destacó en sus obras para piano y formatos vocales y escénicos, Amadeo Roldán, Alejandro García Caturla y Gilberto Valdés hicieron nuevos aportes en este camino, y trascendieron visiones románticas e idealistas, al asumir, sobre todo los dos primeros, las mayores y más novedosas influencias foráneas, en el caso de García Caturla derivadas de sus estudios en París, pero experimentando a fondo con los elementos afrocubanos, con resultados de excelencia inigualable. Gilberto Valdés venía trabajando la herencia africana en nuestra música en una dimensión más popular que Amadeo Roldán y Alejandro García Caturla, y probablemente haya introducido cambios más rápidamente perceptibles en el panorama de la música popular cubana, en comparación con aquellos. El 25 de julio de 1940 presentó en el Anfiteatro de La Habana su obra *Tambó en negro mayor*, con el respaldo de la Orquesta Sinfónica conducida por Gonzalo Roig, con la diva Rita Montaner en el rol central interpretando «Tambó» y «Sangre africana» —ambas de la autoría de Gilberto Valdés—, además de un pregón especialmente escrito por Valdés para ella y que provocó una de las mayores ovaciones de la noche: «Ecó». A la Orquesta

---

104. Arturo Ramírez. Ob. cit., p. 7.

105. Arturo Agramonte y Luciano Castillo. Ob. cit., p. 342. Indican que el autor de la conga fue «E. Pozo», cuando en realidad debió decir «L. Pozo».

106. Arturo Ramírez. Ob. cit., p. 7. El filme cubano *Fantasmas del Caribe*, dirigido por el productor y director cubano Ernesto Caparrós en 1942, contó con la producción de Amado Trinidad, según la revista *Ecos de la RHC Cadena Azul*, año 3, no. 25, La Habana, mayo de 1943, pp. 40-41. Los *masters* se encuentran desaparecidos al momento de escribir este texto.

Sinfónica en su formación tradicional se unió un verdadero *all stars* de rumberos que Valdés fue encontrando y localizando en sus reiteradas y febriles expediciones a todos los barrios habaneros.[107] Uno de los protagonistas, Silvestre Méndez —otro gran conguero cubano— así recordó aquella experiencia:

Ernesto Lecuona con un grupo de compositores cubanos. Chano a su izquierda junto a Silvestre Méndez. Entre otros, Alfredo Boloña y Joseíto Núñez. Foto: Cortesía Colección Gladys Palmera.

> [...] él [Gilberto Valdés] llegaba, por ejemplo, a una barra, entonces se ponía a escuchar a ver quiénes eran los rumberos famosos para invitarlos al concierto ese que organizó. A mí por Jesús María me tocó ir, porque él llegó a una barrita que había en las calles de Águila y Vives, este señor llegó a Jesús María y empezó a oír y entonces le preguntó al que lo atendía: "Oiga, ¿y aquí quiénes son la gente que canta rumba, los famosos?". Y le dio el nombre mío, entonces me fueron a buscar a dos cuadras, a la calle de Diaria y Águila, me localizaron [...] el señor era Gilberto Valdés, que me invitó a tocar en aquel concierto "Tambó en negro mayor", donde estaban casi todos los buenos rumberos de cada barrio; en cada barrio había uno o dos, ahí estaban Chano Pozo, Roncona, Manuela Alonso Cara de Caballo, una santera rumbera muy famosa [...] entonces me citó para el día que íbamos a ensayar en la calle de Zulueta y Corrales.

107. Ramón Fajardo Estrada: *Rita Montaner. Testimonio de una época.* La Habana: Ministerio de Cultura de Colombia/Casa de las Américas, 1997, p. 202.

[...[Estuvimos ensayando muchos días, los ensayos eran de dos a seis de la tarde y te imaginas qué cosa tan guapachosa y tan contentosa, mi hermano, cuando nos juntábamos en los ensayos, nos encontrábamos gente que éramos de distintos barrios ¡y era una cosa fantástica entonces, la cosa del tambor! [108]

Benito González, conocido como Roncona,[109] era uno de los personajes más carismáticos del ambiente rumbero, con fama de improvisador sin igual en la columbia y uno de los nombres que prestigia el panteón rumbero de su pueblo natal, Jovellanos, en la provincia Matanzas. Manuela Alonso,[110] quien no se disgustaba cuando la llamaban Cara'e Caballo, pues su reputación como rumbera de ley la hacía sentirse reina, hizo con Chano una de las parejas de rumberos más memorables de aquellos años.[111] Al decir de Silvestre Méndez, Chano ostentaba entonces un alto prestigio como rumbero. Ya en 1940 estaba en la realeza de la rumba junto con Roncona y Manuela Cara'e Caballo.

El espectáculo ideado y producido por Gilberto Valdés, en iniciativa meritoria e inclusiva, hizo que tamboreros de barrio se codearan y compartieran escenario con cantantes líricos establecidos como Hortensia Coalla, Hortensia de Castroverde y la diva, La Única, Rita Montaner, con los grandes maestros de la Sinfónica, todo esto en momentos en los que aún la música sacada a los cueros de las tumbadoras y el bongó sonaba en ciertos oídos como algo despreciable, menor, por su origen y por ser quienes eran sus auténticos portadores. Cabe suponer que en este espectáculo fue donde Chano conoció personalmente a la Montaner, quien probablemente alcanzó a apreciar alguna muestra del talento innato del tamborero y, con su proverbial desenfado y desapego a las convenciones sociales, decidió apoyar a Chano en su incipiente vínculo con el mundo artístico.

108. Gonzalo Martré: *Rumberos de ayer. Músicos cubanos en México (1930-1950)*. Veracruz: Instituto Veracruzano de Cultura, 1997, p. 46.

109. Benito González Roncona: Jovellanos, [finales del siglo XIX]-La Habana, [1950].

110. Manuela Alonso Valdés: La Habana, 17 de junio de 1915-La Habana, 7 de mayo de 1999, fue una de las bailarinas más famosas en la historia de la rumba, bailando guaguancó y yambú. Fue figura principal de comparsas como Las Bolleras y Los Componedores de Bateas. Participó en varios filmes y estuvo entre los fundadores del Conjunto Folclórico Nacional de Cuba.

111. María del Carmen Mestas. Ob. cit., pp. 186 y 221.

*Manuela Alonso Cara'e Caballo, la famosa rumbera pareja de Chano Pozo
en la RHC Cadena Azul, fotografiada en los años sesenta por Alberto Korda.
Foto: Cortesía de Diana Díaz Korda y María del Carmen Mestas.*

Silvestre Méndez y Chano Pozo ya se conocían de antes: el primero era novio de Petrona Pozo, la hermana menor y dicen que predilecta de Chano. Méndez se refirió a Chano como uno de los más grandes cantadores de columbia que él haya visto y, como tamborero, la inspiración para tocar con tres tumbadoras.

> Al ser novio de Petrona, entonces ella vivía en las calles San Rafael y Escobar, en Pueblo Nuevo, y vivía con su abuelita, yo iba todas las tardes y me sentaba con ella, con mi noviecita, a hacer romance, y venía Chano de visita a ver a su hermana y a su abuela, y así fue como conocí a Chano Pozo, el gran precursor, y así me nació la idea de tocar tres tambores simultáneamente.[112]

Para Silvestre Méndez, Chano Pozo era sin duda

> [...] el gran precursor en la difusión de las rumbas y de los cantos que nosotros componíamos para divertirnos

112. Gonzalo Martré. Ob. cit., p. 47.

y para gozar. Él se puso a introducirlo al ambiente profesional de las orquestas y que ya lo cantaran los cantantes con orquestas con arreglos de música.[113]

Por esas fechas Chano actuaba como rumbero en diferentes espacios y con diversas formaciones y parejas.[114] Cerca de 1940 lideró un grupo, y así se lo hizo saber al periodista Arturo Ramírez: "Formé un grupo de tambores con Agustín Gutiérrez,[115] Mario Carballo y Antonio Zamora, y como bailadoras cogí a Julia Díaz y Felicia Cortés. Después empecé en la Cadena Azul".[116]

En 1941, el brasileño Víctor Correa era aún el hombre fuerte de Villa Mina, la exuberante finca también conocida como Mansión Truffin y recién nombrada Tropicana, el cabaret que llegó a ser el más famoso de Cuba. Martin Fox, quien pronto reemplazó a Correa al mando, era aún un recién llegado, aunque cada vez más estaría al tanto del salón de juegos, que era, en definitiva, lo suyo, si se tiene en cuenta la procedencia de su todavía exigua fortuna. Tropicana no exhibía entonces el lujo y magnético esplendor que luego lo caracterizó, pero tras el ciclón de 1939, que arrasó con sus entonces simples instalaciones, y la sucesiva reconstrucción, Correa decidió dinamizar la imagen del cabaret con un nuevo concepto, concretado en *Congo Pantera*, un musical que en términos de guion pretendía recrear la aparición de una pantera a través de la selva africana. Al decir de Silvestre Méndez, uno de los que integraron el profuso elenco, el espectáculo era en cierto sentido

> [...] una copia de lo que había hecho ese Gilberto de reunir rumberos de distintos barrios: para esta revista también los buscaron y todo el mundo iba allí al Tropicana para la revista esa, y también nos reuníamos mucho todos los rumberos.[117]

---

113. Ibid, p. 48.

114. Como rumbero bailador, se ha encontrado documentación de que hizo pareja con Manuela Alonso Cara'e Caballo, Julia Díaz, Felicia Cortés, Caridad Martínez Cacha, e «Isora» (probablemente Isaura).

115. Agustín Gutiérrez Brito Manana: La Habana, 28 de agosto de 1900-5 de febrero de 1983, fue un famoso bongosero del ámbito de los sextetos y septetos. Tocó con el Sexteto Habanero y el Septeto Nacional, con los que, probablemente, introdujo el bongó en los Estados Unidos.

116. Arturo Ramírez. Ob. cit., pp. 6-7.

117. Gonzalo Martré. Ob. cit., p. 48.

En aquel momento parecía asombroso haber podido reunir en un *show* de esta naturaleza, en un inimaginable «ajiaco criollo», a artistas tan disímiles como la bailarina Tania Leskova y su pareja Paul Petrof del Ballet Ruso de Montecarlo; a la pareja de bailes que integraban los cubanos Julio Richards y Carmita Ortiz, ya con mucho rodaje internacional; a Rita Montaner y Bola de Nieve; y a unos jóvenes tamboreros que llegaron a ser mundialmente famosos: Mongo Santamaría, Silvestre Méndez y Chano Pozo. Pero fue que la casualidad actuó para bien, porque la Leskova, Petrof, el gran coreógrafo de los ballets clásicos rusos David Lichine[118] y el Ballet Ruso del Coronel Basil habían llegado a Cuba en medio de una quiebra económica que llevó a sus integrantes a arreglárselas cada uno por su cuenta.[119] Así, Correa se arriesgó y contrató a Lichine. Este, fascinado con el ambiente musical habanero y los estereotipos de cubanía con que tropezó de inmediato, y auxiliado por el bailarín Julio Richards, montó un espectáculo novedoso de total eclecticismo donde convivían en perfecta armonía los bailarines rusos con los tamboreros y rumberos cubanos y los numerosos figurantes «de color» y una música marcadamente afrocubana que lograba crear la atmósfera esperada por el turismo foráneo que iba a Tropicana. Uno de los tamboreros, Pablo Arenas, aseguró que había trabajado antes con Chano y que *Congo Pantera* fue el último espectáculo en el que estuvieron juntos.[120] Según la historia que contaba *Congo Pantera*, la Leskova asumió el rol de la pantera, mientras que Chano Pozo, el del cazador jefe de la tribu. El escenario central se extendía a los árboles y el follaje que los rodeaba, que hacía parte del *set* donde se ubicó un gran número de bailarines ataviados con exuberantes vestuarios, mientras los pequeños grupos de músicos y la gran orquesta se combinaban con las figuras principales.[121] Recordó Silvestre Méndez: "El número

---

118. David Lichine: Rostov del Don, 25 de noviembre de 1910-Los Ángeles, 26 de junio de 1972, bailarín y coreógrafo de origen ruso nacionalizado en Estados Unidos. Fue bailarín principal del Ballet Ruso de Montecarlo, fundado en 1932 por el Coronel Wassily de Basil.

119. Raúl Fernández: «Sonando en cubano: entrevista a Mongo Santamaría». *Hablando de música cubana*. Manizales: Editores S.A., 2008, pp. 23-24.

120. María del Carmen Mestas. Ob. cit., p. 45.

121. Rosa Lowinger y Ofelia Fox. *Tropicana Nights. The Life and Times of the Legendary Cuban Night Club*. A Havest Book-Harcourt, Inc., 2005, pp. 90-91.

original que se agarró para la revista fue un número de Chano que se llama 'Parampampín' [...]; se tocó mi 'Tambó'".[122]

Cuando fue contratado en 1941 para hacer este *show*, ya Chano Pozo era una figura de cierta relevancia en el medio musical cubano, como compositor de temas enraizados en la liturgia afrocubana, contrario a la matriz de opinión generalizada, que lo ha limitado a ser el rumbero y conguero del solar El África que tuvo la suerte de llegar a Tropicana. En la entrevista con Arturo Ramírez, Chano Pozo dijo de su primera aparición en el cabaret: "En *Congo Pantera*, la revista que montó en Tropicana ese famoso bailarín y coreógrafo ruso Lichine, la música era mía. La instrumentó Alfredo Brito. Además, yo fui el primer bailarín de lo negro".[123]

El musicólogo cubano Leonardo Acosta aportó una atendible valoración acerca de la trascendencia de *Congo Pantera* y la presencia de Chano:

> *Congo Pantera* resultó histórico por varias razones, que podemos sintetizar en el encuentro de tres figuras tan disímiles como David Lichine, Chano Pozo y un personaje, que participó como figurante y asistente de Lichine y Richards, llamado Roderico Neyra,[124] luego famoso internacionalmente como Rodney. Este encuentro Lichine-Rodney-Chano Pozo sería para el mundo del espectáculo en Cuba tan importante como lo fue el de Chano y Dizzy Gillespie para el jazz afrocubano o cubop unos años más tarde.[125]

No todo fue una panacea para *Congo Pantera*: Tropicana se encontraba muy cerca del Colegio de Belén, de la orden de los sacerdotes católicos jesuitas, quienes, secundados por los vecinos del lugar, protestaron en contra del espectáculo y, en general de la concepción del cabaret, y desde el poder incuestionable que detentaban amenazaron a Víctor Correa con hacerle perder el permiso si no cancelaban

---

122. Gonzalo Martré. Ob. cit., p. 48.

123. Arturo Ramírez. Ob. cit., pp. 6-7.

124. José Roderico Neyra Rodney: Santiago de Cuba, 11 de febrero de 1912-México, 1962, fue artífice del esplendor de los espectáculos de Tropicana en su época de oro. Fue el creador de Las Mulatas de Fuego, el célebre grupo de bailarinas cubanas, y coreógrafo del también mítico cabaret habanero Sans Souci, tras lo cual fue contratado para Tropicana, donde completó su historia.

125. Leonardo Acosta: *Un siglo de jazz en Cuba*. La Habana: Ediciones Museo de la Música, 2012, pp. 78-79.

el *show* que, por demás, no solo era ruidoso en la noche e impedía el descanso de los alumnos y vecinos, sino también atentaba contra las buenas costumbres y la moral. El abogado de Tropicana, Carlos Manuel Palma, Palmita, alegó que era tarde para recurrir contra la licencia del cabaret, recurso que debió presentarse antes de la apertura del *night club* y, como otro elemento contundente, alegó que Tropicana constituía la principal atracción turística de Cuba y su eventual cierre dejaría sin empleo a centenares de empleados. Los argumentos de Palmita impresionaron al juez, quien desestimó la demanda jesuita, pero alertó a su administración sobre la necesidad de llevarse bien con sus vecinos y tomar medidas para lograrlo.[126]

Chano Pozo en show Congo Pantera. Foto publicada en la revista Carteles, 14 de junio de 1942. Foto: Archivo de la autora.

126. Mats Lundahl: *Bebo de Cuba. Bebo Valdés y su mundo.* Barcelona. RBA Libros S.A., 2008, p. 100.

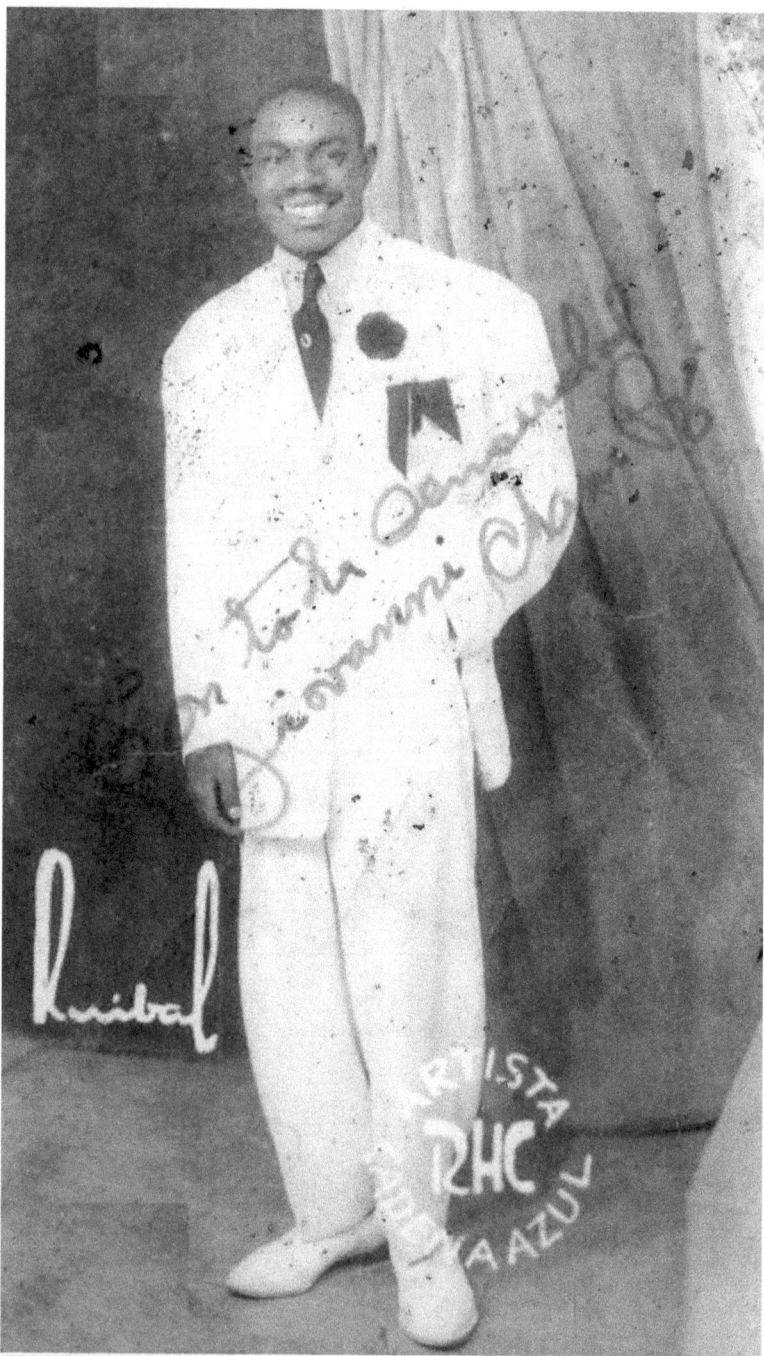

Foto oficial RHC Cadena Azul. Años 1941-1945. Foto: Cortesía Colección Gladys Palmera.

RHC Cadena Azul y Amado Trinidad (1941-1946)

Inicios en la radio

Mientras todo esto sucedía, un acaudalado guajiro de Ranchuelo, próspero productor de tabaco por más señas, y que respondía al nombre de Amado Trinidad Velazco,[127] descubrió los encantos de la radio y su entorno como negocio y plataforma de visibilidad. Con audacia y emprendimiento inauguró el 20 de mayo de 1939 en la ciudad Santa Clara, capital de Las Villas, cercana a La Habana, la emisora CMHI, el primer eslabón al que pronto sumó otras pequeñas radioemisoras a lo largo y ancho del país, para crear la famosa RHC Cadena Azul con la fusión del circuito recién formado y Radio Habana Cuba. Consiguió fuerte impacto dentro del medio al plantar feroz competencia a la emisora que parecía estar en la cima del éxito: la CMQ, de Miguel Gabriel y Ángel Cambó, entonces ubicada en las calles Monte y Prado. El 1 de abril de 1940 Amado Trinidad y su socio, el ingeniero Cristóbal Díaz González,[128] hasta entonces dueño de Radio Habana Cuba, crearon la única cadena nacional telefónica, con sede y estudios en los altos del edificio Packard, que ocupaba el número 53 del habanero Paseo del Prado, en la esquina con la calle Cárcel. Se plantearon como meta inmediata cinco postulados: «destacar la cubanidad, proteger al artista criollo, situar al músico cubano en el alto sitial que merece, llevar al oyente la mejor música y [...] lo mejor en Arte».[129]

Lo que siguió fue un período de auge de la radioemisora como rampa de lanzamiento y consolidación de la propia imagen empresarial de Amado Trinidad Velazco —quien descubrió que le seducía el reconocimiento—, y de músicos, cantantes y artistas

---

127. Amado Trinidad: Esperanza, Villa Clara, 20 de noviembre de 1893-Guanajay, 11 de agosto de 1955.

128. El ingeniero Cristóbal Díaz González era tío del investigador, discógrafo y coleccionista Dr. Cristóbal Díaz Ayala.

129. Oscar Luis López Fernández: *La radio en Cuba*. La Habana: Editorial Letras Cubanas, 1981, p. 168.

cuyo prestigio y nivel de vida Trinidad contribuyó a elevar.[130] Con audacia y soltura económica, Amado Trinidad logró llevar la RHC Cadena Azul a los mayores *ratings* de audiencia y a los primeros lugares en presencia mediática general, al conseguir articular en su catálogo a los mejores cantantes solistas, orquestas y músicos del momento: desde Rita Montaner, Hortensia Coalla, Panchito Naya, Miguel de Grandy, entre los cantantes líricos, hasta los nombres insignia del son y el danzón: el Conjunto Matamoros, las orquestas de Cheo Belén Puig, Belisario López, Arcaño y sus Maravillas, Hermanos Castro, los conjuntos de Arsenio Rodríguez, Modelo, Camacho y Siboney, sin olvidar a las orquestas de planta, como la Gran Orquesta (sinfónica) RHC Cadena Azul y la Havana Casino, dirigida por Leonardo Timor. Trinidad no pareció tener recelos discriminatorios ni de exclusión social en su avance empresarial, y fue tan intensa su labor que en corto tiempo logró el reconocimiento de la Asociación Cubana de Compositores y Editores de Música, que en 1941 le nombró Socio de Honor por acuerdo unánime de la directiva.[131]

La salida al aire por primera vez el 7 de enero de 1942 del legendario programa satírico-dramático *La tremenda corte* se convirtió en una de las mayores atracciones que, además de transmitirse por las ondas radiales, se presentaba en directo en teatro, lo cual convirtió en verdaderos ídolos populares a sus actores protagónicos Leopoldo Fernández, Mimí Cal, Aníbal de Mar y Adolfo Otero. Es lógico que la emisora de Trinidad, quien ya había logrado relegar a su competidora CMQ al segundo lugar, alcanzara repercusión internacional; así, el 19 de mayo de 1942 la Columbia Broadcasting System (CBS) inauguró la Cadena de las Américas, de la cual RHC Cadena Azul fue filial en Cuba.[132] Los músicos estaban encantados con Amado Trinidad, los sueldos pagados por el Guajiro de Ranchuelo no tenían precedentes en la historia de la música en Cuba. Si se quiere un ejemplo, baste este: a Miguelito Valdés le extendió un contrato, firmado el 2 de abril de 1943, por la cifra de 100 pesos

---

130. Ibidem, pp. 183-185.

131. Ibidem, p. 169.

132. Ibidem, p. 169-170.

diarios, ¡sueldo jamás pagado a un artista cubano por cantar ante un micrófono![133]

«Nunca los artistas cubanos vamos a poder pagarle a Amado lo que hizo por nosotros»,[134] dijo alguna vez la famosa cantante de música campesina Celina González. «Él fue quien comenzó a pagar decentemente a los músicos, a los blancos y a los negros, como a Chano Pozo, como a mí misma»,[135] afirmó también la compositora Isolina Carrillo, creadora del mundialmente famoso bolero «Dos gardenias».

La R.H.C. Cadena Azul en Prado y Cárcel (1945). Foto: Archivo de la autora.

Ciertamente fue así, y hasta se puede decir que, gracias a la actitud desprejuiciada de Amado Trinidad, en la RHC Cadena Azul Chano Pozo encontró el ámbito propicio para explayar con libertad todas sus facultades, ingenio y destreza interpretativa, y ser recibido con complacencia por quienes allí mandaban.

En 1940, el programa musical de mayor popularidad en la radioemisora era el patrocinado por la marca cigarrera Trinidad y

133. Ibidem, p. 176.

134. Sigfredo Ariel: «La página prestada. El rey guajiro», citado por Reynaldo González: El más humano de los autores. La Habana: Ediciones Unión, 2009, p. 136.

135. Reynaldo. González. Ob. cit., pp. 126-127.

Hno., que se transmitía todos los días de 11:30 a.m. a 12:30 p.m. La gran orquesta dirigida por Alfredo Brito —el mismo que conducía la del cabaret Edén Concert años antes— acompañó a un elenco donde figuraban las sopranos Hortensia Coalla, Tomasita Núñez y Hortensia de Castroverde, pero la estrella del espectáculo fue, por supuesto, Rita Montaner —quien en verdad era la gran figura del elenco vocal femenino de la Cadena Azul—.[136] A Rita agradeció siempre Chano haber entrado en la radioemisora, pues fue ella quien intercedió con Amado Trinidad para que lo empleara.

Chano había logrado algunos avances en su camino en la música, pero seguía sin trabajo fijo, y merodeaba por la zona, haciéndose notar a la entrada de la emisora, haciendo lo que hiciera falta. En esta época, a inicios de la década de los cuarenta, Chano vivía en el solar El Ataúd de la calle Genios no. 207, entre Consulado e Industria, en el barrio Colón, muy cerca de los estudios centrales de la RHC.[137] Se dice que Trinidad le asignó al rumbero el puesto de conserje y lo ubicó en la entrada del edificio donde, sin parar de percutir y cantar, con su innata y espontánea simpatía, Chano llamaba la atención de todos los que entraban por esa puerta. Algunas anécdotas que han trascendido ubican a Chano como limpiabotas a la entrada de la RHC Cadena Azul. Pero esto parece poco probable, o debió ser en los inicios mismos de esa cadena radial, en 1940, si se tiene en cuenta la posición que Chano ocupó con rapidez en el elenco de la emisora, y si se considera la siguiente evidencia: en febrero de 1941 lanzó a Amado Trinidad su idea de presentar las comparsas del carnaval... por radio. Esto, literalmente, estremeció el flamante edificio de la RHC.[138]

136. Sección «Radio-Gacetillas». *Radio-Guía*, año VII, no. 67, La Habana, enero de 1940, p. 84.

137. Bobby Collazo. Ob. cit., pp. 301-302.

138. El artículo «Las comparsas de La Habana desfilan ante los micrófonos de la RHC Cadena Azul por una cortesía de la firma 'Trinidad y Hermano» incluye fotos de las siguientes comparsas participantes en el programa ra-dial: Los Dandys de Belén, Los Mexicanos, El Barracón, Las Guaracheras, Las Bolleras, Los Mosqueteros del Rey, Los Gangas de Marianao, Las Jardineras, La Sultana, Los Guaracheros Modernos, Los Gitanos, El Príncipe Rajah. Se prometió publicar en el número siguiente las fotos de las restantes comparsas participantes: Los Jornaleros, Los Mambises, Los Botones, El Alacrán, Los Componedores [de Bateas], Los Bobitos de 1941, El Majá, Los Lucumíes, Los Afro-Cubanos, Las Arrolladoras, Las Maravillas (de Matanzas), La Infantil, Los Rumbe-ros de La Habana, Una Noche de Reyes en el siglo XX, La Perla del Caribe, Los Descamisados, Las Damas de 1830 y Los Muchachos de Chano Pozo. En *Ecos de la RHC Cadena Azul*, año 1, no. 1, La Habana, abril de 1941.

La caracterización de Chano Pozo que hizo Ibrahim Urbino, en retrospectiva, en enero de 1949, resulta de primera mano, y por ello de sumo interés, cuando valoró como algo digno de destaque lo ocurrido tras el polémico éxito de Chano con la comparsa Los Dandys de Belén:

> [...] su audacia y sentido de la publicidad lo conduce a proponer a una empresa radial "presentar las comparsas por radio", y es Amado Trinidad, con idéntico olfato popular, puente y guía para la realización musical que propugna. Lo logra. El espectáculo no tuvo nada de radiofónico. Las comparsas se presentaban mutiladas en su composición. Pero nadie se enteró. Al público llegaba el ruido insólito de los instrumentos y de las voces. Y la voz de Chano en primer término, destacadamente. Como líder y guía. Porque era esa su obra y era preciso que todo el mundo se enterara. Fue su segundo escándalo artístico y el más nacional de entonces.[139]

El 1º de abril de 1941 salió a la luz el primer número de la revista *Ecos de la RHC Cadena Azul*, en el que dos páginas y media fueron dedicadas a aquella trasmisión de las comparsas, con profusión de fotos, incluida una en la que Chano aparecía en lugar destacado, junto a la promesa editorial de dar continuidad sobre ese tema en el siguiente número. Del temprano vínculo de Chano Pozo con la radioemisora, Amado Trinidad, y sus monumentales proyectos, habló también ese número de la revista en el artículo «Miguelito Valdés triunfa rotundamente en un programa cumbre auspiciado por los cigarros Trinidad y Hno.». Se enfocaba la actuación de Mr. Babalú ante los micrófonos de la Cadena Azul, recién llegado de Estados Unidos, junto a Guillermo Portela con su orquesta Casino de la Playa, el Conjunto Vocal Siboney (dirigido por Facundo Rivero con Isolina Carrillo, Alfredito León, Joseíto Núñez y Marcelino Guerra Rapindey), Toty Lavernia, el bongosero Ramón Castro y Chano Pozo —a quien el periodista anónimo bautizó como El As de los Irime [sic]—. En el artículo apareció una foto de Miguelito junto a otros dos percusionistas y Chano, con su «marimba de tambores»: un *set* de tres tambores insertados sobre la famosa estructura metálica que Chano creó para ellos, lo cual probaba el desempeño

---

139. El primer escándalo de Chano Pozo, a juicio del propio Ibrahim Urbino, fue la salida de la comparsa de Los Dandys de Belén con todos los integrantes vistiendo los atributos que identificaban a las personas de la llamada alta sociedad. Ibrahim Urbino: ob. cit., p. 44.

inusual del gran tamborero con este formato.[140] Según la revista, Miguelito también se presentó con sus músicos acompañantes, incluido Chano, en los espectáculos que organizó Amado Trinidad en el Teatro Martí durante el mes de marzo de 1941.[141]

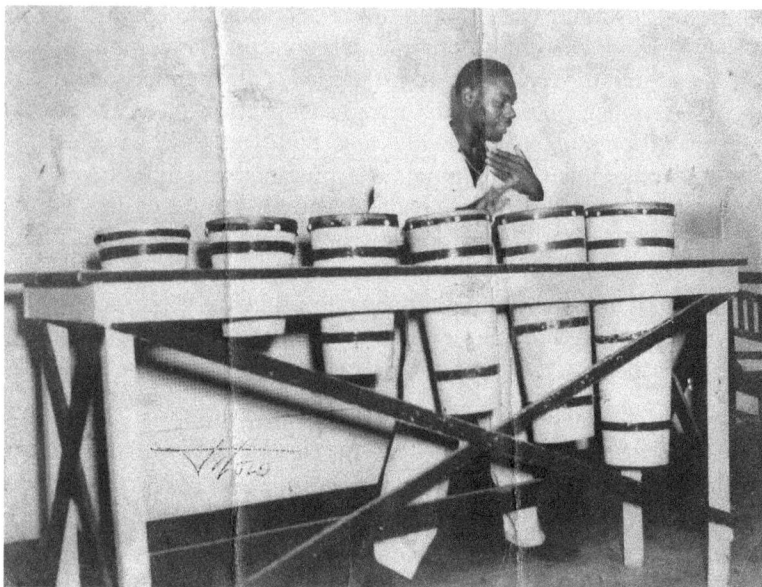

Chano con la marimba de tambores. Foto: Cortesía Colección Gladys Palmera.

Tres meses después, en su edición de julio, la revista oficial de la RHC dio cobertura al exitoso desarrollo del Concurso de Pregones Trinidad y Hno. a través de las audiciones que ofrecía diariamente de 11 a 12 del día la poderosa fábrica cigarrera a través de la Cadena Azul. En pleno desarrollo del concurso, la revista publicó una selección de los pregones concursantes, donde aparecieron dos con la firma de Chano Pozo: «El yerbero» y «Llegó el frutero». Los resultados de este concurso se anunciaron en el mes de diciembre: Chano se alzó con el segundo premio, dotado de 100 pesos y un diploma, con «El yerbero»;[142] el primer premio,

140. En realidad, Chano llegó a tocar con seis tambores ensamblados también en una estructura metálica.

141. *Ecos de la RHC Cadena Azul*, año 1, no. 1, La Habana, 1 de abril de 1941, p. 29.

142. El pregón «El yerbero» nunca fue grabado ni inscrito oficialmente en el Registro de la Propiedad Intelectual.

con una dotación de 150 pesos y un diploma, recayó en «Aba-lli-lli-pica»[143] de Arsenio Rodríguez; el tercero, en Facundo Rivero por «A kilito». Margot Alvariño, la llamada Reina del Pregón, entregó los premios en la mañana del 20 de noviembre de 1941 en el multitudinario espectáculo *La apoteosis del pregón* en el habanero Teatro América de la calle Galiano. Chano presentó al público su galardonada creación, que también fue incorporada al repertorio que Margot Alvariño interpretaba en sus *shows* y transmisiones de la Cadena Azul.[144]

Chano recibe de manos de la cantante Margot Alvariño, proclamada «Reina del Pregón», el premio obtenido en Concurso de Pregones de la RHC. Revista Ecos de la RHC Cadena Azul. Diciembre de 1941. Foto: Archivo de la autora.

Para el mes de octubre de 1941 Trinidad cumplió uno de sus mega-proyectos: una caravana de ómnibus rotulados con el nombre de la emisora y su creador en grandes dimensiones recorrió la Carretera Central de la Isla: esta fue la Embajada Artística de la RHC Cadena Azul, que se presentó en Matanzas, Santa Clara, Ranchuelo, Cienfuegos y otros pueblos y ciudades con el propósito de promover el catálogo de artistas y también la revista *Ecos...*, "sin escatimar personal (treinta artistas, sesenta profesores, tres locutores, tres orquestas, periodistas, fotógrafos, etc.) y gastos".[145]

---

143. En otras fuentes aparece como «Aballilli pica».

144. *Ecos de la RHC Cadena Azul*, año 1, no. 9, La Habana, diciembre de 1941, pp. 16-17 y 37.

145. Oscar Luis Fernández López. Ob. cit., p. 169.

Anuncio programas Trinidad y Hno.-Revista Ecos de la R.H.C. Dic. 1941. Foto: Archivo de la autora.

La caravana estaba integrada por la Orquesta Sinfónica dirigida por Gilberto Valdés; la Havana Casino ampliada, para respaldar a Nilda Espinosa, La Voz del Sentimiento; el trío vocal Marvel Sisters; el actor argentino Ricardo Dantés; Margot Alvariño; Olga Negueruela y sus rumbas; Matilde Camejo; Rita María Rivero; Tomasita Núñez; las hermanas Anoland y Lina Díaz; el entonces famoso Dúo Primavera (Georgina Dubouchet y María Ciérvide); el bolerista Reinaldo Henríquez y el Conjunto Siboney; el conjunto argentino Los Románticos Gauchos, que dirigía el maestro Adolfo Guzmán; el cantante Alfredo León; y los percusionistas Silvestre Méndez, Rolando Alfonso y, por supuesto, Chano Pozo. En Ranchuelo, pueblo natal de Amado Trinidad, fue la apoteosis, descrita así por Juan E. González Gaspar en la revista *Ecos*...:

> [...] el pueblo se lanzó a la calle, cortando nuestro paso y, en medio de estruendosas y conmovedoras manifestaciones de alegría, nos llevaron al teatro donde Chano Pozo y su gran compañera Manuela [Alonso Cara'e Caballo] deleitaron a los manifestantes.[146]

El compositor Ramón Cabrera recordó que Chano Pozo integraba la comitiva que llegó a Santiago de Cuba para presentarse en el Teatro Oriente; allí se conocieron. Ramón Cabrera destaca que en esa presentación Chano tocó con varias tumbadoras, algo que hasta ese momento —decía— nadie había hecho en Cuba. Luego volvieron a encontrarse en La Habana, donde Pozo hizo uso de su ya influyente presencia con ciertas figuras del medio artístico

---

146. Juan E González Gaspar: «Un viaje sensacional a la gloria con Amado Trinidad y su formidable Embajada de Arte (Mis impresiones personales)», en *Ecos de la RHC Cadena Azul*, año 1, no. 8, La Habana, noviembre de 1941, pp. 3 y 50.

y lo ayudó en sus primeros pasos como compositor, lo llevó en su coche a conocer a varios músicos, le presentó a un músico que era muy buen arreglista, un tal Bello, a quien pidió que ayudara a Ramón Cabrera.[147] También lo llevó a conocer a Rita Montaner, le dijo que era importante que ella lo conociera. Ramón Cabrera señaló estos hechos como muy relevantes en el inicio de su carrera como compositor.[148]

El ambiente diferente y más calmado que encontró Chano en la radioemisora no aplacó su carácter, siempre presto a reaccionar del modo más primitivo cuando algo no era de su agrado. Algo así debió ocurrir la mañana del 2 de marzo de 1942 para que la revista *Ecos...*, en su sección «El eco apagao», reseñara la trifulca que en los pasillos de la emisora protagonizaron Chano y Facundo Rivero, y remarcara que el segundo resultó con diecisiete puntos de sutura que recibió en el Primer Centro de Socorros de la capital. El incidente quedó fijado en unas décimas publicadas en el mismo número de la revista bajo la firma de El Caribe:

Yo que llegué casi al fin
De lo que aquí sucedió
Oí que Chano gritó...
Cara de parampampín
Y en eso salta Facundo
Y dice: Aballilli pica
La cosa aquí se complica
Por poco se acaba el mundo.[149]

Las cabalgatas de Amado Trinidad por el país propiciaron la presencia de Chano en otros pueblos y ciudades. Él, con su espíritu trashumante, disfrutó recorrer la Isla. Ya lo hacía desde antes, porque se sabe que se hizo presente en espacios vinculados a la rumba y la música en Placetas, Camajuaní, Santiago de Cuba, Guantánamo, Remedios, Matanzas. Vivió intensamente, como si

---

147. Su verdadero nombre era Manuel Ramón Pavón Argote (Bayamo, 16 de noviembre de 1918-Madrid, 15 de diciembre de 1993). Fue autor de temas muy populares en la voz de Benny Moré, Celia Cruz y otros intérpretes («Palma Soriano», «Caminito de Zaza», «Manzanillo», «Tu voz», y otros).

148. Ramón Cabrera: Entrevista por Rodolfo de la Fuente. La Habana, [1988]. Grabación facilitada por Jaime Jaramillo.

149. *Ecos de la RHC Cadena Azul*, año 1, no. 12. La Habana, marzo de 1942, p. 13.

presintiera lo fugaz de su paso por la tierra.[150] El rumbero Pablo Arenal recordó esta anécdota:

> Chano era muy intranquilo; a la hora de bailar no había nadie como él. En 1935 nos encontramos los dos en la estación de ferrocarril de Santiago de Cuba, donde formamos tremenda rumba. Yo empecé a tocar y él a bailar. Enseguida se hizo un coro; cada vez más gente. Ocurrió algo muy simpático: a Chano, que siempre usaba alpargatas, se le cayó una en medio del furor del baile. Imagínate cómo se rieron todos. Un hombre muy bien vestido se nos acercó y nos regaló veinte pesos para que lo compartiéramos, pero como él estaba más mal, se los dejé.[151]

A inicios del año 1942 Amado Trinidad decidió apoyar el homenaje al Casino Deportivo de la Colonia Española de Santa Clara. Para la presentación en el evento el sábado 7 de marzo envió un espectáculo integrado por Lidia Artiles, Jesús Alvariño, Pedro Pérez Díaz, Juanito Tremble, Rolando Leyva, el cantante Valencia, Alfredito Valdés, Chano Pozo y otros.[152] En agosto de ese mismo año, la revista *Ecos...* consignó el tema «Zarabanda», compuesto por Chano, dentro de los más populares interpretados por el afamado Trío Servando Díaz, que se presentó en el espacio Eslabones de Partagás en la Cadena Azul.[153]

Ese año de nuevo Amado Trinidad se lanzó a la carretera encabezando la nutrida caravana de su Embajada Artística de la RHC Cadena Azul. Chano Pozo estuvo al frente de los coros folclóricos y fue el organizador del espectáculo que, como un gran bembé, se ofreció sobre el escenario. En Ranchuelo, el pueblo natal de Trinidad, Chano y sus coros volvieron a colmar las expectativas del público que desbordó el Club Atlético, según reseñó la revista *Ecos...*

> El programa, confeccionado por el director de la Embajada Artística Amado Trinidad, dejó admirar al gran Chano Pozo y sus coros con sus inimitables interpretaciones afrocubanas; le siguen en el orden del programa las estrellas Hortensia de Castroverde, René Cabel, Esther Peyret, Alberto Muset y Maruja González, que cerró la primera parte del programa. Al dar comienzo la segunda

150. José Reyes Fortún: *Música cubana. La aguja en el surco*. La Habana: Ediciones Cubanas, ARTEX S.A., pp. 132-133.

151. María del Carmen Mestas. Ob. cit., p. 45.

152. *Ecos de la RHC Cadena Azul*, año 1, no. 12. La Habana, marzo de 1942, p. 26.

153. *Ecos de la RHC Cadena Azul*, año 2, no. 17. La Habana, agosto de 1942, p. 34.

parte, se presentó, dirigida por Chano Pozo, nuestra indiscutible Olguita Negueruela en sus imploraciones a Changó; un sketch [con] Rita Montaner y su Golpe de Bibijagua, Valencia, Rita María Rivero y las Marvel Sisters, y como número final la simpática Candita Batista.[154]

Chano siguió bailando con Manuela Alonso Cara'e Caballo, con la que hizo pareja virtuosa también sobre el escenario del Estudio Azul,[155] uno de los dos estudios-teatros del recién «inaugurado» edificio —el mismo de Prado y Cárcel, pero ampliado y con mejoras tecnológicas que permitían un mayor alcance a nivel nacional—. En poco tiempo Chano llegó a figurar entre los compositores de la radioemisora, compartiendo la nómina con nombres tan incontestables como Ernesto Lecuona, Leonardo Timor, Adolfo Guzmán, Gilberto Valdés, Facundo Rivero.[156]

El performance de Chano sobre el escenario resultaba único, habida cuenta de que a sus dotes excepcionales de tamborero y rumbero sumaba otras cualidades. Para alguien cercano como Ibrahim Urbino:

> [...] tenía el don de la publicidad y sabía explotar con suficiencia exhaustiva la vanidad y la incompetencia del auditorio nacional, que le proporcionaba la RHC Cadena Azul, para ganar algunos miles de pesos. Pero si no bailaba como un maestro, ni tocaba como el mejor, ni componía excepcionalmente, sí es cierto que en cambio poseyó destacadamente el sentido rítmico y la intuición certera de la sicología de su auditorio. Bailaba todos los días por la radio. ¡Cosa asombrosa e inaudita! La inmensa mayoría de sus admiradores "no le veían", no podían disfrutar de sus piruetas, ni de sus malabarismos, más con sentido de teatro que de ortodoxia racial y musical, pero los escasos espectadores que lo veían le eran suficiente para difundir su popularidad, sazonada, en esas circunstancias, por los comentarios exultantes de los locutores.[157]

---

154. *Ecos de la RHC Cadena Azul*, año 2, no. 18. La Habana, septiembre-octubre de 1942, pp. 31-34 y 44.

155. Jordi Pujol. Ob. cit., p. 46.

156. Oscar Luis López Fernández. Ob. cit., p. 185.

157. Ibrahim Urbino. «Un cubano rítmico y sonoro». *Bohemia*, año 41, no. 1. La Habana, 2 de enero de 1949, p. 44.

Resulta interesante la percepción de Urbino, opinión autorizada donde las haya, sobre el desempeño escénico de Chano Pozo en Cuba:

> Era un artista escénico, esencialmente. Tenía "su" manera de hacer las cosas con un colorido propio. Poseía el don de la música, caracterizada en exageraciones que le salían bien, porque poseía también el don de hacer lo que en cada momento exigía la realidad del aplauso.[158]

A todo esto Urbino sumaba, en su caracterización de Chano Pozo, lo que llamó «su sorprendente capacidad de negociante: componía, tocaba, bailaba, brincaba y apenas hablaba para que le pagaran. Y bien. De lo contrario, no existía».[159] Esto alcanzó niveles mayores cuando llegó a Nueva York; de ello dio fe —lo veremos más adelante—, el promotor de su primer contrato discográfico allí: el puertorriqueño Gabriel Oller.

En su edición de noviembre de 1942 la revista *Ecos...* mencionó por primera vez a Chano como «bongosero insustituible de la Orquesta Havana Casino», una de las orquestas de planta de la RHC. También se le catalogó como «rumbero mayor y compositor de música afrocubana al por mayor». La nota estuvo acompañada de la excelente foto de estudio de Armand, el Fotógrafo de las Estrellas, donde el tamborero apareció en traje de rumbero con su tumbadora con las siglas de la RHC.[160] En 1943 Chano apareció con la Orquesta Havana Casino en las fotos que *Ecos...* publicó a doble página. Los músicos que integraban la agrupación, según las notas de las fotos, eran Leonardo Timor (contrabajo); Alfredito Valdés (cantante); Chano Pozo (ritmo); Hugo Siam (guitarrista); Danilo García (ritmo); Tirso Sáenz (batería); José González (piano); Emilio Hospital (violín solista); otros dos violines cuyos nombres no constan; Luis González (saxo); Miguel Dubroc (saxo); Ramón González (saxo); L. López (trombón); José García (trompeta); y René Oliva (trompeta).[161] Chano seguía como tumbador de la Havana Casino en 1945, a juzgar por una foto publicada en *Ecos...*, en un artículo que resaltó las presentaciones en los programas Hora

---

158. Ídem.

159. Ídem.

160. *Ecos de la RHC Cadena Azul*, año 2, no. 19, La Habana, noviembre de 1942, p. 39.

161. *Ecos de la RHC Cadena Azul*, año 2, no. 22, La Habana, febrero de 1943.

de Trinidad y Hno., *Serenata Tres Flores* y otros originados en los estudios de la Cadena Azul en La Habana.[162]

En la discografía de la Havana Casino aparecen cuatro temas en los que algunas fuentes ubicaron a Chano Pozo en la tumbadora. Sin embargo, existen evidencias que someten a la duda tal afirmación: según la *Enciclopedia discográfica de la música cubana* de Cristóbal Díaz Ayala, fueron grabados en las siguientes fechas: «El vendedor de aves» y «La rumba y la guerra» (27 de diciembre de 1939); «Quinto mayor» (16 de abril de 1940); «Loló loló loló» (24 de mayo de 1940). No existen evidencias de que tan temprano como en 1939 Chano Pozo estuviera vinculado a la Havana Casino, mucho más cuando la instalación de la RHC Cadena Azul ocurrió el 1º de abril de 1940, y fue poco después que la Havana Casino pasó a ser una de las orquestas de planta de la cadena radial. Otra evidencia apunta a que fue Leonardo Timor, trabajando allí con su orquesta, quien le propició sumarse a ella como tumbador; según Jordi Pujol esto ocurrió en junio de 1940. Tampoco, en el resumen que hizo de su vida artística durante la entrevista con Arturo Ramírez para *Carteles*, se refirió a grabaciones en las que hubiese participado como tumbador, aunque esto no contradice la posibilidad de que, efectivamente, Chano hubiera sido convocado a las grabaciones con el carácter fortuito y casual que muchas veces tenía la incorporación de ciertos músicos e instrumentos.

En paralelo, y muchas veces acompañando a figuras del elenco exclusivo de la radioemisora, Chano se presentó en espacios teatrales, como en la función final del espectáculo *Garrido alcalde* en el Teatro Martí durante noviembre de 1943, donde sus tambores intervinieron junto a la rumbera Olga Negueruela, el conjunto mexicano Los Kíkaros, y los cantantes líricos Iris Burguet y René Cabel.[163]

Durante la primera mitad de la década de los cuarenta la RHC Cadena Azul se afianzaba como la pujante cadena radial que era. Escenario de los grandes intérpretes populares, acostumbró a la radioaudiencia a ser parte de los hechos más notorios y sorpresivos en aras de mantener en lo más alto los *ratings* y la popularidad. Trinidad llegó a contratar, en exclusiva, a populares figuras internacionales como Pedro Vargas, María Luisa Landín y Jorge Negrete.

---

162. «Programas Trinidad y Hno.». *Ecos de la RHC Cadena Azul*, año 4, no. 5, La Habana, marzo de 1945, p. 8.

163. *El Crisol*, La Habana, 15 de noviembre de 1943, p. 6.

Chano fue ganando espacios en la confianza de Amado Trinidad y en el reconocimiento de su desempeño artístico. En la RHC Cadena Azul comenzó su camino hacia el éxito en Cuba, y no podría valorarse con justeza lo que allí ocurrió con el tamborero y compositor sin mencionar a Trinidad, quien fue la tercera persona de importancia que la suerte puso en el camino ascendente de Luciano Pozo González: junto a Alfredo Hornedo y Rita Montaner, Amado Trinidad fue para Chano guía y hacedor de un camino que se originó, sin duda alguna, con las dotes creativas innatas y la simpatía personal del tamborero.

Chano Pozo con Amado Trinidad a la derecha, y a la izquierda la cantante argentina Anita Muriel. Junto a ella, los famosos Olga Chorens y Tony Alvarez, Amelita Vargas , entre otros. Noviembre de 1943. Foto: Cortesía Colección Gladys Palmera.

La iconografía de Amado Trinidad durante sus años en la RHC Cadena Azul muestra la cercanía de Chano Pozo a las iniciativas más sonadas del Guajiro de Ranchuelo, especialmente su relación con el elenco internacional que llegaba a Cuba para presentarse ante los micrófonos de la emisora. Con el mexicano Jorge Negrete, la argentina Anita Muriel, nuestro Miguelito Valdés, y otros, apareció Chano siempre sonriente, en pose, mirando a cámara. No ocurrió lo mismo en actividades sociales como banquetes, *cocktails*, recepciones y ponches, donde brillaron por su ausencia los rostros negros y mulatos que Trinidad tanto encomió sobre los escenarios. La revista *Ecos de la RHC Cadena Azul*, como órgano oficial del emporio radial, en su empeño por exaltar la figura de Trinidad en todas las facetas posibles, dio muestra gráfica de ello.

En esta época fundacional de la RHC resaltó la vocación de Trinidad por defender los ritmos más populares —«callejeros», según les llamó—,[164] y también a sus defensores, frente a acciones discriminatorias en favor de una música considerada «seria». En el editorial «Con permiso de "La Cátedra"», referido al Concurso de Canciones de la RHC, Trinidad opinó:

> El concurso carecía de simpatía popular. Se proscribió de ese concurso nuestro folklore con sabor a pueblo. [...] ¿Con qué derecho los señores del jurado desterraron del concurso la producción eminentemente popular? [...] ¿Es que los sones, guarachas, rumbas, guaguancós, danzones y pregones no son música cubana? Pudiera ser que la aristocracia oficial nos desterrara a los compositores del pueblo [...] Más han hecho Rita Montaner y Miguelito Valdés, por Cuba, en el extranjero, que nuestro servicio exterior. [...] Tal parece que se odia lo popular por nuestros hombres públicos. Se pagan miles de pesos por una ópera mediocre, donde no hay si no figuras descoloridas. Se paga y se subvenciona al igual que la Filarmónica... Pero se declara indeseable la conga y la rumba. Los Chano Pozo con su "Parampampín"... Los Alfredo Boloña con su "Lindo yambú"... Los Jesús Guerra con su "Donde va María"... Los Silvestre Méndez con "Mis tres tambores" [...] Aunque sea vetada por los aristócratas, la conga y la rumba, los Arsenio Rodríguez crearán su "Bruca manigua"; los Ñico Saquito, su "Compay gallo"; los Miguel Matamoros, "El que siembra su maíz"... Y seguirán recorriendo el mundo melodías populares como "Mama Inés", de Eliseo Grenet, "El manisero", de Moisés Simons y "La comparsa", de Lecuona.[165]

Chano era consciente de cuánto debía a Trinidad. Así lo expresó al periodista Arturo Ramírez:

> Yo debo un gran agradecimiento al señor Amado Trinidad, porque me dio el chance de lanzar mis composiciones y cuando pasaba una mala situación me

164. Amado Trinidad: «Con permiso de "La Cátedra"». *Ecos de la RHC Cadena Azul*, año 5, no. 40, La Habana, abril de 1945, p. 5.

165. Ídem.

nombró encargado de tambores de la emisora. Yo soy quien dispongo todo lo referente a esto allí. Además, me encargó del desfile de las comparsas habaneras por la estación, lo que fue un gran éxito.[166]

Se dice que Trinidad, en horas de euforia y sobrevaloración extremas, llegó a regalar al tamborero un auto descapotable color rojo —el color de los hijos de Changó—; otros testimoniantes afirman haber visto a Chano al volante de un descapotable, pero de color dorado: todos coinciden en que el auto fue un regalo del magnate de la RHC Cadena Azul.

Miguelito y Chano junto a Alfredito León y Silvestre Méndez.

---

166. Arturo Ramírez. Ob. cit., p. 7.

Difícil resultaría precisar el momento exacto en el que Chano Pozo y Rita Montaner se conocieron. Pudo haber sido alrededor de 1940, en aquel concierto con tambores que ideó Gilberto Valdés, y desde entonces Chano de alguna manera formó parte del entorno de la Montaner. Sus tambores respaldaron montajes y actuaciones de la controversial —pero excelente— artista, y ella lo trató como a un amigo cercano. Rita fue una figura crucial en la vida de Chano Pozo, su benefactora y amiga. Como vimos, algunos testimonios sugieren que fue ella quien, haciendo valer su innegable influencia, recomendó a Amado Trinidad la contratación de Chano Pozo como parte del elenco de la RHC Cadena Azul.

El 14 de diciembre de 1942, como validación de otra faceta de su singular personalidad —la del liderazgo musical—, Chano dirigió los Coros de Amado Trinidad en el Teatro Fausto durante el espectáculo *La emoción del ritmo glorificado*, en homenaje al libretista Arturo Liendo. Transcurrido poco más de un mes, el 24 de enero de 1943, se le vio de nuevo con sus tambores en el Teatro Campoamor en función homenaje a Amado Trinidad, convocada por la Montaner, en la que se presentó la zarzuela *Las Leandras*, protagonizada por las grandes divas del momento: Rita, Hortensia Coalla, Maruja González, Zoraida Marrero, Rosita Fornés, Blanquita Amaro y Esther Borja; los cantantes: Miguel de Grandy, René Cabel, Miguel Ángel Ortiz, Antonio Palacios; y como fin de fiesta, los actores del popular espacio radial *La tremenda corte*: Leopoldo Fernández, Aníbal de Mar, Mimí Cal y Mario Barral; y un segmento de variedades con Chano y los coros folclóricos creados por Amado Trinidad; las Marvel Sisters, Margot Alvariño, Aurora Lincheta, Elsa Valladares, Olga Negueruela, Julio Richards y otros destacados artistas de la RHC Cadena Azul.[167]

Entre 1942 y principios de 1946 Chano Pozo y Rita Montaner se unieron con frecuencia en un binomio musical donde La Única puso voz en espectáculos a varios temas de la autoría del percusionista: «Blen blen blen», «Nagüe», «Zarabanda», «Boco boco», «Bejuco», «Totí», «Langosta viva» y «Ampárame».[168] Los

167. Ramón Fajardo Estrada. Ob. cit., p. 232.

168. Aldo Martínez Malo. Citado por María del Carmen Mestas: ob. cit., p. 44.

investigadores y musicógrafos cubanos Ramón Fajardo Estrada y Aldo Martínez Malo aseguran que Chano dedicó a la diva la pieza «Galán»:

> *Tumba la caña,*
> *Que el mayoral ya viene,*
> *Que indica que vamo' a trabajar.*
> *Galán, galán, galán, galán.*
> *Los negros comienzan a corta' caña,*
> *La caña se rinde bajo el filo del machete.*
> *Galán,*
> *La molienda va a empezar.*[169]

Chano Pozo y Rita Montaner. Febrero 1945. Foto: Cortesía Colección Gladys Palmera.

---

169. Ramón Fajardo Estrada. Ob. cit., pp. 229-230.

En 1944 Chano y Rita ofrecieron recitales en la emisora Mil Diez. Ese mismo año se presentaron en el teatro Aida de Pinar del Río en un recital de música afrocubana, y luego en el homenaje a la compositora María Matilde Alea que se realizó en esa ciudad.[170] Ambos continuaron sus labores en RHC Cadena Azul en 1945, y en mayo, durante la temporada de verano, excedieron los límites de los estudios y llevaron al aristocrático Casino Nacional su espectáculo: Chano actuó con la Montaner en la revista-ballet *Rebambaramba en el Trópico*, del coreógrafo Sergio Orta, con un elenco formado por los bailarines Doris y Robert, Bob Wilkinson, y con la orquesta Lecuona Cuban Boys.[171]

Manuel Cala, el famoso fotógrafo cubano que también era amante de la percusión, fanático del *jazz*, y hacía las veces de bongosero, contó a Leonardo Padura:

> Aunque yo era muy chiquito me acuerdo de Chano en la casa de Rita. Yo era amigo de la familia y, como me gustaba tanto la música, me colaba en las fiestas que daban los fines de semana. Y había que ver tocar a ese hombre: sacaba música hasta del piso, porque se tiraba en el suelo y con esas manazas que tenía empezaba a repiquetear en las losas. Del carajo... Según tengo entendido fue Rita quien lo metió en Radio Cadena Azul y Chano siempre se lo agradeció. Aunque era muy bruto, fue sentimental y agradecido.[172]

Al vínculo Montaner-Pozo se han dedicado múltiples especulaciones. Cualquiera de estas hipótesis o rumores pudiera tener una sustentación sicosociológica, si se consideran las respectivas personalidades de cada uno, peculiares donde las haya, con la carga de certezas, prejuicios sociales y raciales, libertades ocultas y preferencias inconfesables que marcaron la sociedad de la época y que inevitablemente debieron gravitar sobre las vidas de la diva y el tamborero. En todo caso, el testimonio de Alberto Fernández Montaner, hijo de Rita, aportó uno de los ángulos de previsible interpretación de este capítulo de sus vidas:

> Mucha gente dio un carácter marital a las relaciones de Mamaíta y Chano Pozo. Pero fue una verdadera amistad,

---

170. Aldo Martínez Malo. Citado por María del Carmen Mestas: ob. cit., p. 44.

171. Ramón Fajardo Estrada. Ob. cit., 265.

172. Leonardo. Padura Fuentes. Ob. cit., p. 211.

una amistad reforzada con la propia vida cotidiana y el interesante trabajo de ambos en la RHC Cadena Azul, donde ella le consiguió un contrato y Chano también recibió mucha ayuda de Amado Trinidad.

Con la intuición que tenía para detectar talentos, mamá lo apoyó de corazón desde que lo conoció, cuando él solo tendría unos veinticinco años de edad y era un prodigio tocando aquellos tres tambores, mientras cantaba y bailaba. Ella se percató de que aquel negro bajito y feo, nacido en un solar habanero, llegaría muy lejos, como luego sucedió [...]

Él siempre fue muy agradecido con Mamaíta y la idolatraba; era como su madre. Por eso a ella le importaba un bledo todo lo que la gente habló de su amistad con Chano Pozo. Estaba más allá de esas cosas, de los que trataron de manchar la admiración que sentía por el Chano-artista y por el Chano-santero. Ella era Rita Montaner y no le interesaban los comentarios. Sabía enfrentarlos con su carácter fuerte, indoblegable, y poner a cada cual en el lugar que consideraba que debía estar.

Y, por supuesto, ¿quién se atrevía a insinuarle algo en su propia cara? Por eso andaba con Chano para arriba y para abajo. En nuestra casa ensayaban a veces hasta tarde. Allí estaban cantando y bailando al ritmo de los tambores, rodeados de mucha gente que disfrutaba aquel espectáculo. Luego, los dos revolucionaban la RHC Cadena Azul.[173]

Ramón Fajardo Estrada, en conversación con la autora,[174] coincidió con Fernández Montaner y remarcó varios testimonios que hablan del gusto que sentía la Montaner por tener a la rumbera y entrañable amiga Estela[175] y a Chano Pozo en su casa matrimonial con Javier Calderón, en veladas íntimas donde quedaban fuera la simulación y la negación de filiaciones y pertenencias a religiones afrocubanas, y ella, La Única, podía explayarse tal como era o sentía.

---

173. Ramón Fajardo Estrada. Ob. cit., 229.

174. Ramón Fajardo Estrada. Entrevista personal. La Habana, 26 de diciembre de 2016.

175. Estela, cuyo verdadero nombre era Ramona Ajón, fue una mítica rumbera de salón. Alcanzó la fama primero como pareja de René Rivero, con quien apareció en filmes mexicanos y norteamericanos de los años treinta. Hizo época en los Estados Unidos también con otras parejas, y como solista junto a Armando Oréfiche y los Lecuona Cuban Boys, y otros.

Según Fajardo Estrada, Chano —quince años menor que La Única— veía en ella a alguien superior, a quien idolatraba como una figura casi deificada, y ante cualquier agravio a su amiga y protectora, su actitud, aunque primitiva y violenta, no dejaba duda de su lealtad y gratitud. Para ilustrarlo, baste esta anécdota contada por el cantante Miguel de Gonzalo al investigador Aldo Martínez Malo:

> En 1943, recién llegado de Santiago de Cuba, me encontré con ella [Rita Montaner] en el café El Guajiro, en Consulado y Neptuno, donde se reunían los artistas. Estaba con mi amiga Fela García Campos; ella me miró de lado y dijo: "¿Y ese chino tan bonito quién es? Se parece a mi hijo Roly". Yo me sentí subyugado, sin poder decir palabra. Rita era la artista que más admiraba desde niño. Me sentó en su mesa, y a partir de ese momento se sucedieron cosas agradables y otras no. El 24 de septiembre de ese mismo año, estaba yo actuando con Armando Valdespí en el hotel Sevilla, y al terminar fuimos al café Morro Castle, ese día creo era el onomástico de ella y de Orlando de la Rosa. Estaba allí con Orlando y Chano Pozo, y la rodeaban muchas personas. Cuando iba a comenzar a cantar, acompañado por Valdespí, Orlando de la Rosa dijo: "Miguel, imita a la Montaner". Ella me miró de arriba abajo y dijo: "¡Ah! ¡Con que tú me imitas públicamente!". Yo le contesté: "Señora, eso lo hago por la gran admiración que siento por usted". Pedí permiso y canté dos canciones, después fui al servicio. Cuando salgo, la mesa de quince o veinte personas se retiraba. Chano estaba con una botella en la mano y un periodista, Bebo Álvarez, aguantándolo. Y digo: "Y qué, mi negro, ¿por qué se van?". Chano me amenazó con la botella y trataba de golpearme. Fela García salió en mi defensa, y dice: "¡Qué abusador eres!" y con la misma increpó a Rita que estaba dentro del carro de Pozo, diciéndome que yo era muy joven y que la admiraba mucho. Yo, sorprendido, empecé a llorar.
> Al otro día fui a casa de Fela, y ésta me dice que la Montaner quería verme, que me llegara al estudio 1 de RHC Cadena Azul. Cuando entro al estudio oigo a la Montaner cantando "Obatalá, tú creaste la naturaleza", de [Facundo] Rivero. Se la estaba aprendiendo. Cuando me vio, suspendió el ensayo y riéndose llegó hasta donde

yo estaba, me abrazó, me pidió disculpas. Chano, que estaba detrás de ella, hizo lo mismo. "Espérate, Miguel, no te vayas, que vamos a dar una vuelta por ahí". Se aprendió el número. Yo esperé el ensayo completo y salimos los tres en el Cadillac rojo que le había regalado Trinidad a Pozo. Íbamos delante. Era un desagravio... [176]

El solar como amuleto

Para 1942 Chano había iniciado un camino que él reconocía de éxito. Fue un momento feliz, él ya era importante, y el único modo que tenía un negro pobre de un solar para demostrar esa felicidad era haciéndola ostensible, que todos se enteraran. Trajes caros de las mejores telas, prendas escandalosas, zapatos de marca a la última moda, sombreros tremendos... Para Chano era preciso que lo vieran como lo que él quería ser, como lo que estaba llegando a ser: un hombre de éxito, un *dandy*. El solar era la plataforma para exhibir sus triunfos y constatar la asumida superioridad de quien desde la miseria sentía que estaba alcanzando las estrellas. Como suele decirse en Cuba: todo el dinero se lo echaba encima, en ropa, prendas, zapatos... Contó Petrona Pozo a Leonardo Padura:

> Empezó a ganar buen dinero y lo primero que hizo fue comprarse un traje de Petronio, esa tela carísima. Después invertía todo su dinero en trajes y prendas. Nunca se me olvidan el sortijón que se compró, que tenía una piedra del tamaño de un garbanzo ablandado, y la medalla de Santa Bárbara que usaba en la cadena: era del tamaño de las tapas esas de los litros de leche y pesaba una barbaridad. Toda la corona de la virgen era de rubíes. [177]

A pesar del cambio que ocurría en su vida, para bien, Chano seguía viviendo en un solar, en El Ataúd de la calle Genios, en el barrio Colón, donde tiró abajo una pared para ensanchar su espacio y ocupar dos habitaciones. Hasta allí se dirigió el periodista Arturo Ramírez para hacerle la entrevista exclusiva que ya hemos citado, publicada en la revista *Carteles*. Chano lo recibió casi al despertar

176. Aldo Martínez Malo: *Rita La Única*. La Habana: Editorial Abril, 1988, pp. 98-100.

177. Leonardo. Padura Fuentes. Ob. cit., p. 211.

—no eran aún las 9 de la mañana— acompañado de la mujer que siempre vivió allí con él, una muchacha negra muy joven, Laura Lazo, a quien Chano conoció cuando ella tenía trece años.

> Luciano Pozo reside en la mejor habitación –altos, balcón a la calle– de una ciudadela en la calle Genios. Un juego de cuarto moderno. Un radio de gran aparato. Varias mesitas en cada una de las cuales preside una estampa santa, y sobre las que, como adorno –y también sobre el radio– hay frascos de perfumes vacíos. Del techo, paralelamente a la lámpara, cuelga un barquito de vela. En una pared, hermosos medallones de Santa Bárbara y la Virgen del Cobre, armonizados con un retrato, seis piezas de las ediciones Robins [sic][178] de Chano Pozo, otras fotos; en todo sitio disponible, una miniatura, una chuchería, un adornillo. Algo se nos escapa, seguramente, en el abigarrado conjunto.

Chano le aclaró al periodista: «Yo puedo alquilar un departamento bonito y nuevo... Pero sigo viviendo aquí... Y seguiré, porque aquí me sonrió la suerte. Desde que estoy entre estas paredes, nunca me faltan cien pesos».[179]

El solar, único y primigenio «hábitat» en el que Chano se reconoció, fue para él más que eso: fue también un amuleto, un talismán para la buena suerte. Quizás para Chano este efecto de amuleto estaba circunscrito al solar donde vivía en 1942, El Ataúd, aunque se dice que vivió en muchos otros, y fue la imbricación indisoluble del inmueble con el barrio donde estaba enclavado —Cayo Hueso, Colón o Pueblo Nuevo— lo que contribuyó a reafirmar su sentido de pertenencia a estos sitios, y a formar su personalidad.

Pozo recibió al periodista «en mangas de camisa, con el jipi[180] puesto», pero en un momento de la entrevista, mientras Arturo Ramírez hacía las anotaciones en un cuaderno, el conguero se le plantó delante dispuesto a mostrar lo que, según sus palabras, era "su característica": exhibía un traje de excelente factura y comentó: «Tengo veintitrés. De los mejores sastres y de las mejores te-

---

178. Se trata de J. J. Robbins, un fanático de la música cubana que entonces trabajaba para el sello Decca y realizó ediciones de obras de Chano Pozo. A él perteneció la editora musical Robbins Music Company.

179. Arturo Ramírez. Ob. cit., p. 6.

180. Jipi: apócope de «jipijapa», un tipo de sombrero muy de moda y de gran valor en la época.

las... Mire, este escaparate está lleno, y hay en la tintorería, y tengo otros en el escaparate de mi suegra, que vive ahí al lado [...] Casimir, celanese, sharkskin tropical, muselina» —se ufanó Chano y a la vez instó al periodista a comprobar las calidades textiles con su propia experiencia táctil y visual. Este escribió: "Y admiramos el corte entonces: pantalón francés en grado bravío, chaquetas largas, anatómicas, al bisturí más que a la tijera... Y los colores: gris, beige, verde, crema, azul, blancos... Y las 'pintas': grandes cuadros, rayas, puntos".[181] El periodista remarcó la satisfacción del tamborero, resuelta en meras cifras:

> El jipi –continúa satisfecho el jefe de tambores de la Cadena Azul– me costó cincuenta pesos [...] Luego, sin transición exhibe las joyas: una roseta de brillantes; el alfiler de corbata, $150; un sortijón con un gran zafiro, $75; una medalla de oro de un San Antonio al cuello, $50; un reloj de pulsera de oro, más tantos pesos...
> –Me gusta tener estas cosas –explica sencillamente.
> Y muy sonreído, interroga:
> –¿Cree que con todo eso no es mejor quedarme en este cuarto?
> –Desde luego que sí –confesamos, supersticiosos también.[182]

Adrián Zanabria, viejo bailador y comparsero de los carnavales habaneros, contó a Leonardo Padura una anécdota sobre la peculiar relación de Chano con su vestimenta:

> Chano abrió el escaparate donde tenía como veinte trajes, de las mejores telas, y se puso a hablar con los trajes. Él hacía así, se mordía el nudillo del dedo este, el anular, y le hablaba entre dientes a los trajes. Les decía: "A ver, a ti no te voy a sacar hoy porque estás muy pesao últimamente. Y tú –le decía al otro– tú ni me mires, descarao, que te enfangaste to el otro día. Y a ti, ¿qué te pasa? Na, na, no te pongas triste, que tú eres el que va a salir hoy" –y escogía ese. Para mí que Chano no estaba muy bien de la cabeza, ¿eh?[183]

En el recuerdo del músico Pedro Sánchez Acosta permaneció la imagen del Chano potentado:

---

181. Arturo Ramírez. Ob. cit., p. 6.

182. Ibid, p. 7.

183. Leonardo Padura Fuentes. Ob. cit., p. 212.

Usted lo veía llegar al bar OKEY[184] con dos sortijas, una pulsera y una cadena del grueso de mi dedo meñique, que usaba por fuera de la camisa y de la que pendía una medalla de Santa Bárbara, del tamaño de una coraza y con un rubí en la corona. "Mírame bien, negro, mírame bien, soy Petronio na' má", decía, al tiempo que daba vueltas para que todos los presentes pudiésemos apreciar la tela con la que habían confeccionado el traje. Así, a las dos de la tarde se le veía pasar vestido de una forma, a las cuatro, de otra, y a las seis, de otra distinta. A veces andaba en alpargatas, pero en cada una de ellas llevaba cosido un billete de cinco pesos. Tomaba un taxi para andar dos o tres cuadras, y cuando se apeaba del mismo se hacía notar para que todos supiésemos que había llegado en auto.[185]

Sánchez Acosta narró también que:

Chano había estado preso varias veces, pero cuando comenzó a dedicarse profesionalmente a la música se volvió consejero. "Mírame a mí" decía a los que habían delinquido. "Ese eres tú, Chano, que llegaste, pero todos no tenemos la misma suerte", respondían ellos. Y en verdad había que tener suerte en aquella época para llegar donde Chano llegó.[186]

Contó Adrián Zanabria:

Yo me acuerdo de que Chano siempre andaba para arriba y para abajo con Manana, que era como todo el mundo le decía a Agustín Gutiérrez, el que fue bongosero del Septeto Habanero y también del Septeto Nacional. Chano y Manana formaban una pareja terrible y yo los vi hacer cosas que parecen de locos. Un día yo los fui a buscar a El Ataúd para irnos de rumba, y antes de salir Chano cubrió la cama con billetes de cinco y diez pesos, porque ya tenía mucha plata, y después, como estaba sudado, se tiró de espaldas en la cama y le dijo a Manana: "Negüe, lo que se me quede pegao en el lomo es pa' gastarlo hoy". Manana le desprendió 95 pesos de

184. El bar cafetería OKEY, muy popular entre los músicos por sus sándwiches y su servicio, se encuentra aún en la esquina de Zanja y Belascoaín, hoy despojado de las bondades que le hicieron famoso.

185. Jordi Pujol. Ob. cit., pp. 45-46.

186. Ídem.

la espalda, y para gastar eso en un día, ¡ay, mi madre!, cómo había que hacer cosas en esta Habana.[187]

Chano Pozo en su habitación del solar El Ataúd. Revista Carteles. 14 de junio de 1942. Foto: Archivo de la autora.

Con Agustín Gutiérrez, Manana, Chano también llevó a vías de hecho una ocurrencia de Miguelito Valdés: la creación de una academia de baile en el mismísimo solar El Ataúd. Según Adrián Zanabria, «Miguelito les mandaba las americanas que querían aprender a bailar rumba, aunque de verdad lo que ellas querían era otra cosa: vaya, por lo claro, venían a fumar y a joder aquí».[188]

Ibrahim Urbino reconoció y confirmó estos elementos del modo de vida de Chano Pozo antes de viajar a Nueva York:

Allí, en el viejo solar de la calle Genios entre Consulado e Industria, siguió viviendo en el mismo cuarto, con la misma mujer por compañera una vez ganada la popularidad y la plata. Llenó el cuarto humilde de trajes nuevos de la "última moda". Adquirió un buen y caro radio. Colgó de

187. Leonardo Padura Fuentes. Ob. cit., p. 212.

188. Ídem.

las paredes sus bongoes. Pero no se fue del cuarto. Explicó su excentricidad diciendo que "allí se había hecho y allí se quedaba". Es posible que eso arroje un fermento de superstición. Pero hay algo en ello de grandeza sencilla. Vino del pueblo y no quiso renunciar a él.[189]

Hurgando en la prensa de la época que le antecedió, en los recuerdos registrados en libros e investigaciones, ha sido imposible encontrar un antecedente que, con tales características antropológicas y sicosociológicas, precediera a Chano Pozo en el diseño de la imagen y autorrepresentación del mito del músico cubano triunfador. En todo caso, el estereotipo singularizado por él ha resistido el paso del tiempo y se ha acuñado, de generación en generación, a lo largo del siglo XX y ya parte del XXI, cada vez que un ritmo, una orquesta, un solista logra alcanzar el favor popular, y tanto el músico-individuo, como sus seguidores-colectivo necesitan de la recreación de una imagen, esencialmente basada en atributos externos e icónicos, que sea sinónimo de triunfo musical y económico.

---

189. Ibrahim Urbino. Ob. cit., p. 66.

Una conga para Jorge Negrete

Antes de llegar a México en 1946 y ser uno de los muchos cubanos que internacionalizaron el rol de la percusión afrocubana, el destacado tamborero, bailarín y compositor Silvestre Méndez trabajó también en la RHC Cadena Azul, en la Havana Casino y junto con Chano Pozo. En el programa *La Hora de los Cigarros Trinidad y Hno.* formaron parte de un grupo que respaldaba la parte musical, a petición del director Leonardo Timor (padre), además de acompañar a artistas cubanos y foráneos, y en el que tuvieron la posibilidad de incluir sus propias composiciones. El cantante era Alfredito Valdés, hermano de Vicentico. Silvestre Méndez contó la original ocurrencia que tuvieron:

> Trabajábamos Chano Pozo y Agustín Gutiérrez Manana en la Hora Cigarros Trinidad. Fueron los días [a inicios de 1944] en los que Amado Trinidad dio otro golpe de efecto trayendo a La Habana al famoso actor y cantante mexicano Jorge Negrete. Entonces Chano y yo pensamos, ¿por qué no lo vamos a recibir al aeropuerto con una conga, con una comparsa? [190]

Amado Trinidad había decidido rentabilizar a favor de los ratings de la RHC Cadena Azul la presencia de Jorge Negrete en sus estudios. Según Silvestre Méndez, Trinidad les dijo alarmado: «"Muchachos, ustedes están locos", pero lo convencimos y Chano y yo fuimos a recibirlo al aeropuerto».[191]

La conga de Chano y Silvestre Méndez para Jorge Negrete dio un colorido excepcional al enorme y aparatoso despliegue que para el recibimiento había diseñado Amado Trinidad, siempre en ese estilo desbordado, a lo grande. Así narró Arturo Liendo los detalles previos a la llegada del astro mexicano a La Habana:

> Que nosotros recordemos, la ciudad de La Habana no le ha hecho nunca a artista ni visitante alguno un recibimiento como el prodigado al actor y cantante mexicano Jorge Negrete, la tarde del lunes 3 de enero de 1944. Desde muy temprano los micrófonos de la RHC Cadena Azul iban dando amplios detalles del itinerario a recorrer por la comitiva rodante de recibo.

190. Gonzalo Martré. Ob. cit., p. 36.

191. Ídem.

Del aeropuerto de Rancho Boyeros a la carretera del mismo nombre [...] hasta llegar a la Avenida Carlos III, siguiendo por Reina, Prado, Malecón y Hotel Nacional, donde se hospedaría el intérprete de "Ay, Jalisco, no te rajes". Más de treinta automóviles, llenos hasta los topes de artistas, precedidos por dos oficiales de la Policía Nacional en motocicleta, enfilaron por aquella carretera para ir a esperar el avión [...] Dos carros amplificadores iban dando detalles de la llegada del astro [...] Unos discos escogidos al efecto lanzaban al aire la maravilla de su voz... ¡Señoras y señores, ya el avión ha aterrizado en el aeropuerto![192]

Chano y las comparsas en programa Eslabones de Oro, en homenaje a Jorge Negrete. RHC Cadena Azul. Revista Ecos de la RHC. Foto: Archivo de la autora.

Después, la conga de los rumberos de la RHC Cadena Azul saturó el espacio sonoro del aeropuerto José Martí y acompañó con su alegría todo el recorrido de la caravana.

«Así lo fuimos a recibir al aeropuerto, esperábamos que trajera sombrero de charro. Fuimos hasta la RHC transmitiendo por control remoto [Negrete] subió a un convertible, saludando a todo el pueblo, y llegamos a la estación», resumió Silvestre Méndez sus recuerdos.[193]

192. Arturo Liendo. Revista *Bohemia*, año 36, no. 3, La Habana, 16 de enero de 1944.

193. Gonzalo Martré. Ob. cit., p. 36.

Negrete volvió a Cuba una vez más contratado también por Amado Trinidad, en enero 1945, para presentarse en el programa *Eslabones de oro*, transmitido desde el Gran Teatro Nacional. La revista *Ecos...* publicó una foto donde aparecía Chano en primer plano, entre dos vistosas farolas carnavalescas. En el pie de foto —donde no lo identificaron por su nombre— explicaron que se trataba de «una vista de las comparsas que figuraron en el gran desfile organizado por la RHC Cadena Azul, como homenaje al mimado artista [Jorge Negrete]».[194]

La mirada de un norteamericano y un vaticinio iluminado

En la medianía de 1944, el periodista norteamericano Edward Perkins visita La Habana, su paso por la capital cubana habría sido intrascendente si no hubiese escrito un importantísimo artículo para la revista newyorkina *Variety*, bajo el título *"See New Afro-Cuban Musical Trend In Widespread Use After the War"* («Conozca la nueva tendencia musical afrocubana, de uso generalizado en la etapa de post-guerra»),[195] publicado en su edición del 5 de julio de 1944.

El texto de Perkins es un vaticinio iluminado sobre el futuro de la música afrocubana y la afropercusión, un fresco segmentado del panorama musical habanero que más le había impresionado: el avance de la música afrocubana y en el que Chano Pozo es el protagonista indiscutido, descrito por el periodista norteamericano desde la con-

---

194. *Ecos de la RHC Cadena Azul*, año 5, no. 38, La Habana, febrero de 1945, p. 25.

195. Perkins, Edward. *"See New Afro-Cuban Musical Trend In Widespread Use After the War"*. Revista *Variety*. Nueva York, USA. Julio 5 de 1944, pp. 30 y 32.

dición multifacética y performática que singularizaba al gran tamborero, bailarín y cantante. Es evidente a través de su lectura que Perkins
conversó mucho con Chano y lo siguió en algunos de sus movimien-
tos por la ciudad.

Perkins comienza así su artículo:

> Chano Pozo, el mejor compositor negro de Cuba –músico,
> cantante, bailarín– ha creado una maravillosa tendencia
> basada en la música afro-cubana original que está barriendo
> la república a través de la radio, los night-clubs y los discos,
> y está llamada a tener en lo adelante un potente impacto en
> Estados Unidos, México y a través de América Latina. Es el
> escenario natural de la post-guerra. [196]

La rumba «Muna Sangafimba» impresiona vivamente al periodista quien escribe a continuación:

> [...] se trata de una afro-rumba que Chano compuso
> tres años atrás para la comparsa del carnaval callejero
> anual, el Mardi-Gras cubano. Pero justo después de
> Pearl Harbor, las comparsas quedaron congeladas el
> tema de Chano quedó varado hasta que fue salvado por
> la Victor en una grabación que hizo Miguelito Valdés
> con la orquesta Casino de la Playa, que ha tenido mucha
> movida. "Muna Sangafimba es una canción extraña,
> pero pegadiza que se canta bien y su patrón de comedia
> da hasta para un final engañoso, pero simpático.

> Hace algunas semanas, Pozo desempolvó el tema y lo
> tocó con su combo de ocho integrantes en su programa
> de cada noche a través de la estación Cadena Azul. A
> los quince días se había convertido en la miel de todas
> las orquestas bailables de La Habana y consiguió que la
> calificaran como "sabrosa", que es el modo que tienen los
> cubanos para decir que algo es **terrific**. [197]

Perkins dedica importante espacio a reseñar los valores de
Chano como compositor: «*Pozo tiene editadas varias canciones de
su autoría: Rómpete, Zarabanda, Ampárame, pero Muna Sangafimba aún permanece sin publicar*».

En cuanto a las reacciones que en la sociedad habanera ha provocado la irrupción extensiva de esta música auténtica, Perkins
comenta:

196. Ídem.

197. Ídem.

De vez en vez, los pelilargos del Vedado intentan suprimir la música afro, diciendo que no representa lo mejor de los gustos cubanos, pero siempre vuelven a aparecer una y otra vez en los atestados cafetines de [la Playa de] Marianao, donde los ciudadanos más dilectos se amontonan en el Panchín o en Choricera para disfrutarlo.[198]

Perkins, en sus loas a la música afrocubana y con una buena dosis de ingenuidad, llega a hacer un símil con el gobernante Partido Auténtico, llegado al poder en la figura de Ramón Grau San Martín, cuando afirma: «*Pozo se ha convertido en líder de otro grupo de "auténticos", que son los campeones de la auténtica música cubana*».

El periodista norteamericano continúa desplazándose de las valoraciones musicales a las socio-políticas y se mete de lleno en el aspecto comercial que las rodea.

La música afro es una parte tan importante de la escena cubana, como el ron y el azúcar. Lo afro es aclamado como un boom para el futuro comercio turístico, ya que combina todas las características emocionantes de la rumba y la conga, que han sido las favoritas, como un patrón, para playboys, congresistas y viajeros de cruceros. Esta nueva moda está tan extendida, que la Comisión de Turismo de Cuba ya está discutiendo planes para financiar un show afrocubano en Broadway para el próximo invierno, calculando que generará más interés turístico en la etapa de postguerra, que el presupuesto que habitualmente destinan a dedicado a carteles y otros impresos.[199]

Y siempre en el contexto de la importancia que ve en esta música para el turismo, hace Perkins una afirmación referida a Chano que, en el aspecto discográfico, deviene la constatación de un testimoniante directo: «*Los viajeros americanos, latinos, europeos le conocen tranquilamente como el mejor bongo-player en todas las grabaciones realizadas para la Victor por Miguelito Valdés con la orquesta Casino de la Playa*».

En efecto, en muchos textos anteriores se había sugerido la posibilidad de que su amigo Miguelito lo habría llevado a tocar con la Casino de la Playa, pero ya se sabe que entonces, era una

---

198. Ídem.

199. Ídem.

all-white orchestra, la banda de planta del gran *Casino Nacional*, y Chano no podía aparecer como parte de ella en un escenario. Perkins no solo afirma que Chano en las grabaciones que Miguelito Valdés hiciera con esa afamada orquesta, sino que asegura que tal información era ampliamente conocida entonces en La Habana por nativos y foráneos.

Las dudas sobre la eventual incidencia de Chano con la Casino de la Playa, de todos modos continúan, si tomamos en cuenta varios elementos: las grabaciones de Miguelito Valdés con la orquesta dirigida por Guillero Portela se extendieron desde 1937 hasta 1940. Las primeras grabaciones se produjeron el 17 de junio de 1937 y en los archivos de la Victor consta la documentación detallada sobre aquellas sesiones, que cita Cristóbal Díaz Ayala en su Enciclopedia Discográfica. En ella se indican los instrumentos y músicos participantes (11 en total) y se adjudica a Miguelito Valdés la percusión. El nombre de Chano no aparece. En cuanto a las restantes, no hay documentación fiable que asegure la presencia de Chano, aunque, insistimos, es muy probable que, como afirma Perkins, haya estado en ellas con su bongó o tumbadora, sobre todo en los numerosos afros, sones afro, guarachas, pregones y sobre todo, congas de comparsas que Valdés grabara con la Casino de la Playa en aquel período.

De la exhaustiva crónica que hace Perkins sobre lo que estaba haciendo Chano Pozo en esos días en que, es evidente, anduvo con él por La Habana, destaca su referencia a las actuaciones de Chano y su Conjunto Azul en los estudios de la RHC y en especial, al ingenioso instrumento que el rumbero había creado, aquella especie de marimba de tambores:

> Con su combo en su show radial, Pozo ha introducido **la bongorimba**, el más caliente instrumento rítmico que jamás haya estremecido a La Habana. Se trata de un macizo artefacto de caoba, ostensiblemente más grande que un piano de concierto, con ocho tambores perfectamente ensamblados en él, que van desde la bongolita el bongó, el quintico y el quinto, hasta la conga, el congador, tumbador y el bombo, este último un gran bombo-bajo.[200] **La bongorimba** se toca con las manos,

103

200. En esta cita se han respetado los nombres tal cual aparecen escritos en el original de Perkins publicado en inglés en *Variety*.

produce una octava completa de tonos de percusión y sus resultados están fuera de este mundo.[201]

Y agrega de inmediato, dando muestras de conocer su medio y el tema:

> De la lista anterior, solo el bongó y la conga son bien conocidos por músicos americanos como [el catalán Xavier] Cugat, [el catalán Enric] Madriguera, [el boricua Noro] Morales, [el peruano Ciro] Rimac, [los cubanos] Machito y [Anselmo] Sacasas, y otros que tocan ritmos latinos con sus bandas. Los fanáticos de los ritmos acuden día y noche a Cadena Azul para darle un vistazo a la bongorimba, mientras que el programa de media hora de Chano alcanza aquí la mayor audiencia. Los imitadores están bloqueados, pues se necesitan tres años para que esos tambores estén ya listos. Chano tenía un buen nicho en el mercado. El mejor constructor de tambores se los envía a él primero para que los pruebe, porque es quien paga los precios más altos.[202]

Chano debió decirle todo esto y algo más, a lo que Perkins concede toda credibilidad en su artículo: «*Chano posee una colección de 37 diferentes tambores, sin contar los de la bongorimba*». Y a seguidas, el periodista se detiene en el supuesto encuentro entre el tamborero y George Balanchine en el *show* Congo Pantera de Tropicana, pero debió equivocar el nombre, pues ya hoy sabemos que se trató no del famoso coreógrafo ruso, sino de su coterráneo y colega de profesión David Lichine.

El siguiente segmento de su publicación, Perkins lo titula «Fijando el modelo» y donde aborda las influencias de los ritmos afrocubanos tanto al interior de la Isla, como en los Estados Unidos: «*Las comparsas carnavalescas en las que Chano era el bailarín líder, han sido las precursoras de la fórmula tropical de la revista que ahora muestran la Katherine Dunham Dancers en Estados Unidos.(…) Otros compositores que se han subido al tren de lo afro son Arsenio Rodríguez, Facundo Rivero, Francisco Fernández, Julio Cuevas, José Forest y*

---

201. Perkins, Edward. *"See New Afro-Cuban Musical Trend In Widespread Use After the War"*. Revista *Variety*. Nueva York, USA. Julio 5 de 1944, pp. 30 y 32.

202. Ídem.

[Guillermo]Rodríguez Fiffe». Y se detiene a caracterizar a Arsenio destacando su condición de invidente y el éxito que tuvo su «Bruca Maniguá» en Estados Unidos varios años atrás. También se refiere a una obra compuesta por Arsenio que compite en popularidad con «Muna Sangafimba», de Chano, y cuyo título parece no haber sido captado con exactitud por Pekins y sobre el cual señala que ya ha sido grabado, pero aún está pendiente de ser publicado.[203]

Solo en un segundo plano, por debajo del protagonismo de Chano en el artículo, el periodista menciona a la orquesta Hermanos Palau, a la que califica como: *« (...) la primera orquesta bailable y también en grabaciones, pues tiene 22 temas en la lista de novedades de la Victor para los meses de junio y julio, frente a sólo 8 temas de la que fuera el gran "crack": la Casino de la Playa.*

Y al parecer, fue tanto lo que Perkins habló con Pozo que hasta llegó a conocer estas contradictorias rarezas que nos revela sobre Chano: *«Bing Crosby es el ídolo hollywoodense de Chano Pozo y su creación musical establece cierto paralelismo con Bing. Pozo es devoto católico. Invierte una buena parte de sus ingresos en joyas raras y exclusivas; su vestimenta es elegante, pero no llamativa. Tiene 27 años y nunca ha tocado un licor fuerte: es fanático a la champola de guanábana, la bebida de frutas más fresca y barata de todo el Caribe. No le interesa la imagen de Hollywood, ni los night-clubs de Broadway, porque él no viajaría sin sus tambores y para llevarlos, necesitaría un avión especial».* Eso dice Perkins que decía Chano Pozo en julio de 1944. Pronto, al parecer, cambiaría de opinión.

Quizás Perkins no alcanzó a imaginar lo acertado de la estremecedora premonición con que concluyó su artículo:

> Durante la I Guerra Mundial, en Aix-les-Bains, el difunto Jim Europe,[204] quien está en los orígenes reales del jazz, predijo que, causa de la pureza de su melodía y de la calidez de su ritmo, la música afro-cubama estaba llamada a expandirse por todo el mundo. Louis

---

203. Perkins escribe que el título de la obra de Arsenio es: «Junto al bambú», pero no se conoce obra alguna de su presunto autor con este título. Por aproximación fonética, el título real podría haber hecho referencia al yambú (modalidad de la rumba).

204. James Reese *Jim* Europe: Mobile, Alabama, 22 de febrero de 1881-Boston, Massachusetts, 9 de mayo de 1919, fue un pianista, violinista, director de orquesta y compositor norteamericano de *ragtime* y *jazz* tradicional., que expandió con sus orquestas el *jazz* norteamericano en Europa en el primer lustro del siglo XX.

Mitchell,[205] un as en la batería en las exhuberantes y festivas noches del Casino de París, expresó los mismos sentimientos.

Chano Pozo es hoy la respuesta a aquellas corazonadas.[206]

El Conjunto Azul

En la RHC Amado Trinidad le dejó hacer, y accedió a que Chano Pozo liderara su propia formación, tal y como el tamborero se la había presentado: el Conjunto Azul. Tal denominación debió aludir al nombre de la emisora Cadena Azul.

Jordi Pujol ha aportado información sobre los orígenes:

> A partir de mediados de 1944, Chano Pozo, que ya era un destacado artista de RHC Cadena Azul, fue llamado por el tresero Humberto Cané –que por discrepancias internas acababa de dejar la Sonora Matancera para integrarse en un nuevo conjunto de todos estrellas que estaba organizando. [...] El conjunto actuó en el Casino Nacional durante dos o tres meses.[207]

Al finalizar el contrato de este grupo en el Casino Nacional, Chano convenció a Cané de nombrarlo Conjunto Azul y de dirigirlo él: siendo amigo de Amado Trinidad, Chano estaba seguro de poder conseguir otro contrato en la RHC Cadena Azul. Este fue el origen del Conjunto Azul.

La formación, a juzgar por los pies de las dos fotos con que Jordi Pujol ilustró la presencia de Chano en el Conjunto, varió con frecuencia durante la corta vida del grupo. En la primera de las fotos, de suma importancia, apareció Chano con su «marimba de tambores». En la foto en cuestión se lee el siguiente *line-up*: Adolfo O'Reilly (piano); Félix Chappottín (trompeta); Humberto Cané (tres); Jesús Díaz Chaúcha (guitarra); Chano Pozo (tumbadoras);

205. Louis Mitchell: Filadelfia, Pensilvania, 17 de diciembre de 1885- Washington D.C., 12 de septiembre de 1957, fue un baterista, cantante y director de orquesta de *jazz* tradicional, además de actor, norteamericano, que desarrollo una parte importante de su carrera en Inglaterra, Bélgica y Francia.

206. Edward Perkins: *"See New Afro-Cuban Musical Trend In Widespread Use After the War"*. Revista *Variety*. Nueva York, USA. Julio 5 de 1944, pp. 30 y 32.

207. Jordi Pujol. Ob. cit., pp. 48-49.

Alfredo León (cantante); Norberto Fabelo (trompeta); persona no identificada; Antolín (bongó); y Abelardo Barroso (cantante).[208] En la otra foto no apareció Humberto Cané, sino Ramón Cisneros Liviano en el tres, y los cambios restantes fueron: Chicho Fresneda (guitarra y voz); Bienvenido (contrabajo); Cecilio Serviá El Yuco (trompeta, en reemplazo de Fabelo); y Joseíto Núñez (sustituyendo a Barroso).[209]

Según el músico cubano Senén Suárez, quien conoció a Chano

Chano con su Conjunto en el Estudio Azul de la RHC. Bienvenido Cárdenas, contrabajo; Joseíto Núñez, voz y claves; Humberto Cané, tres; Rogelio «Yeyo» Iglesias, bongó; Félix Chappottín, trompeta (a la izquierda). Foto: Cortesia Colección Tommy Meini.

precisamente en los predios de la RHC Cadena Azul, el Conjunto Azul estuvo inicialmente conformado por Félix Chappottín y José Floriano (trompetas); Jesús Díaz Chaúcha (voz y guitarra); Marcelino Guerra Rapindey (voz y guitarra); Alfredo León (voz y clave); Humberto Cané (tres); y Adolfo O'Reilly (piano). Suárez situó a Antolín como contrabajista, aunque en las dos formaciones que Jordi Pujol citó Antolín apareció como bongosero.[210]

El Conjunto Azul comenzó a presentarse en los estudios de la RHC desde 1944, y alcanzó popularidad entre la radioaudiencia y

208. Íbidem, p. 48.

209. Íbidem, p. 49.

210. Senén Suárez: «Chano Pozo: timbero mayor». Consultado 4 de diciembre de 2013. <http:// www.cubarte.cult.cu/>.

los asistentes a los programas que se grabaron en el Estudio Azul, con capacidad para quinientas personas.

Narró Jordi Pujol, probablemente a partir de fuentes testimoniales primarias:

> En sus actuaciones Chano se situaba delante del escenario con tres tumbadoras montadas en el interior de una estructura metálica que le quedaba a la altura de la cintura, de forma que estando de pie podía pasar de una a la otra sin ninguna dificultad. Junto a él, los cantantes, y detrás los demás integrantes del Conjunto. Entre los temas de su repertorio se hizo muy popular la composición de Chano "Totí", una rumba que también interpretó el trío Hermanos Torres-Monterrey, pero que nunca fue grabada.[211]

Chano con su Conjunto y amigos. Entre ellos Joseíto Núñez, Abelardo Barroso y Félix Chappottín. Foto: Cortesía Colección Tommy Meini.

Fue presumiblemente con una de estas formaciones con la que Pozo realizó en Cuba las únicas grabaciones comerciales identificables con su nombre y el del Conjunto Azul, en las que se aprecian una trompeta, un piano, un tres, contrabajo, percusión y tres voces, y una sonoridad parecida al conjunto de Arsenio Rodríguez. Son las grabaciones editadas por el sello Seeco y grabadas en marzo de 1946, siete meses antes del primer viaje de Chano a Nueva York. Según datos aportados por Pujol, la nómina de estas grabaciones estuvo integrada por Félix Chappottín y Ceci-

---

211. Jordi Pujol. Ob. cit., p. 50.

lio El Yuco Serviá (trompetas); Adolfo O'Reilly (piano); Ramón Cisneros Liviano (tres); Chicho Fresneda (voz y guitarra); Joseíto Núñez (voz); y Antolín (bongó).[212] De estos registros, y de acuerdo a la información compilada por el Dr. Cristóbal Díaz Ayala, solo seis salieron a la luz en discos comerciales de 78 rpm en la década de los cuarenta: «Ave María, morena» (yambú de Ignacio Piñeiro, erróneamente adjudicado a Chano en el disco),[213] «Gavilán» (son montuno de Guillermo Valdés),[214] «Tierra colorá» (son montuno de J. García), «Moleya»[215] (afro con solo de bongó del propio Chano Pozo), «Ten jabón» (bolero de Alfredo Boloña) y «El pin pin» (guaracha de Chano Pozo).[216] Las fuentes aseguran que fueron diez los registros, pero solo seis llegaron a prensarse en discos. Los restantes cuatro fueron: «Pero piénsalo bien» (bolero de R. Díaz), «Bejuco», «Estoy acabando» (guarachas de Chano Pozo), y «Tu gallo, María» (rumba también de Chano), que apareció publicada por primera vez en el *box set Chano Pozo. El Tambor de Cuba.*[217]

Un hito importante en la breve historia del Conjunto Azul y en la vida artística de Chano Pozo fue la presentación el 24 de febrero de 1945 en la espectacular ceremonia de coronación de Rita Montaner como Reina de la Radio, elegida tras escrutinio popular y profesional. Pocas veces en toda su historia el Teatro Nacional recibió una afluencia de público como la de ese día, que llegó a abarrotar su lunetario. A pesar de estar arrendado a Amado Trinidad para presentar a Jorge Negrete, quien cumplía su segundo contrato con la Cadena Azul, Trinidad cedió la sala principal del teatro por su deseo explícito de convertir el acto de coronación de La Única, cuyo impacto internacional había llevado la música cubana a todas partes del mundo, en un homenaje nacional sin precedentes.

La RHC Cadena Azul, su elenco y su presidente estuvieron fuertemente implicados en este acto-espectáculo, al punto de que Rita Montaner entró al recinto del brazo de Amado Trinidad,

212. Ibídem, p. 54.

213. Referencia: Seeco S-576A.

214. Referencia: Seeco S-576B.

215. Referencia: Seeco S-635A.

216. Referencia: Seeco S-635B.

217. Cristóbal Díaz Ayala: *Cuba canta y baila. Enciclopedia discográfica de la música cubana.* Consultado <http://latinpop.fiu.edu/SECCION05PQ.pdf>, y Jordi Pujol. Ob. cit.

quien la condujo a su trono de soberana. Rita, vestida con elegancia, siguió el protocolo de lujo y boato establecido desde años antes, cuando se instauró la selección de la Reina de la Radio. Luego de ser coronada por José Villalobos, entonces alcalde de la Villa de Guanabacoa, se sentó, e inmediatamente se quitó la corona, que puso a un lado del asiento que le servía de trono. Contó Margarita Sáez Labrada, presente en la ceremonia:

> Después, en la parte de las actuaciones que se produjeron, se presentó Chano Pozo, todo vestidito de blanco, con su Conjunto Azul. Al oír los tambores, Rita se levantó enseguida para cantar y bailar. Como si le hubiera dado el «santo», hacía contorsiones con el cuerpo. Todo el mundo había pensado que por lo grandioso del acto, el lugar en que se efectuaba y la forma en que estaba vestida, haría algo lírico. Pero no: cogió el «santo» en una ceremonia donde en anteriores ocasiones había predominado la seriedad y la etiqueta. Rompió con eso. El público se rió intensamente, y la aclamó... [218]

Chano, «uno de los músicos cubanos más cotizados en aquel momento»,[219] al decir de Fajardo Estrada, compartió aquel escenario con prominentes figuras como el argentino Agustín Irusta, el mexicano Fernando Fernández, los cubanos Panchito Naya, Maruja González, Aníbal de Mar, Leopoldo Fernández, Mimí Cal, Luis Echegoyen, Miguel de Gonzalo, Vilma Valle, Estela, y las orquestas Havana Casino y Cosmopolita. Secundada por el Conjunto Azul y sus tres cantantes, entre ellos el gran Abelardo Barroso, Rita cerró el espectáculo con una de sus creaciones afrocubanas.

Una anécdota peculiar: el 18 de octubre de 1944 un fuerte huracán azotó parte de la Isla y ocasionó serios daños a las torres direccionales de trasmisión de la Cadena Azul. Para mantener los programas al aire del 18 al 29 de octubre, Amado Trinidad y sus técnicos trasmitieron desde la CMHI, eslabón provincial de la Cadena Azul en Santa Clara. Chano llegó a Santa Clara el sábado 21 con un grupo integrado por Rita Montaner, Aníbal de Mar, el tenor Panchito Naya, Isolina Carrillo, el actor Luis Echegoyen, la cantante Toty Lavernia y otros. Con estos y otros artistas locales fue posible realizar diversos programas de la parrilla de la Cadena Azul. Además, este elenco ofreció tres funciones en el teatro

---

218. Margarita Sáez Labra, admiradora de Rita Montaner, citada por Ramón Fajardo Estrada. Ob. cit., pp. 262-263.

219. Ibídem, p. 264.

La Caridad, en la misma Santa Clara, hasta que a partir del lunes 23 comenzó a normalizarse la situación, se reanudaron las transmisiones desde los estudios centrales en La Habana y la comitiva regresó satisfecha y triunfal.[220] En el reconocimiento público realizado por la Cadena Azul, a través de su publicación oficial, a los artistas y técnicos que contribuyeron a mantener la programación, apareció el nombre de Chano Pozo.[221]

Fiesta de Coronación de Rita Montaner como Reina de la Radio. Rita y Chano Pozo con el Conjunto Azul. 1945. Foto: Cortesía Colección Ramón Fajardo Estrada.

220. Arturo Liendo: «La jornada gloriosa de la CMHI en Santa Clara». *Ecos de la RHC Cadena Azul*, año 4, no. 35, La Habana, noviembre de 1944, pp. 16-18.

221. *Ecos de la RHC Cadena Azul*, año 4, no. 35, La Habana, noviembre de 1944, p. 13.

Regalías, disparos y decisiones

A inicios de la década de los cuarenta, Chano enfrentaba discrepancias con su casa editora Peer Music International. La imposibilidad de obtener información rápida y fluida sobre la utilización de sus obras pudo haber influido en que sus regalías no fueran pagadas en la cuantía justa. Al conocer, a través de la correspondencia con el propio Miguelito Valdés, que las orquestas más sonadas en Nueva York —Machito, el Conjunto Marcano, Noro Morales, Xavier Cugat y otros— habían popularizado muchas de sus obras, Chano enfrentó a Peer Music, en la persona de su representante en Cuba Ernesto Roca, y decidió firmar con Robbins Music Company of Cuba. En esta casa editorial registró sus nuevas composiciones «Nagüe», «Zarabanda», «Boco boco», y otras que el propio Chano había hecho populares en Cuba, pero que nunca había llegado a grabar, como la conga «Yo siento un bongó» y la rumba afro «Mersé». J. J. Robbins, dueño de la casa editorial, se había propuesto crear un buen catálogo de música popular cubana. Hasta ese momento solo se ocupaba de la música para el cine, y había firmado contratos con compositores latinoamericanos de importancia como René Touzet, Marcelino Guerra, Noro Morales, María Grever, Bienvenido Julián Gutiérrez, Fausto Curbelo y otros.

La capacidad singular que tenía Chano Pozo para generar ideas creativas y artísticas era directamente proporcional a su incapacidad para solventar diferendos o dirimir querellas de una manera razonable y civilizada. Había siempre una reacción primaria incontrolada. Al presente han llegado testimonios y anécdotas que se han ido aderezando con la imaginación de quienes las han contado y de quienes han escuchado: al plano de la leyenda pasaron las presuntas broncas de Chano por empecinarse en una mujer, no importaba si le correspondía, si ya estaba casada o si tenía una pareja conocida; las balaceras en que se enrolaba en pos de un honor que, según él, debía ser defendido; amenazas tronantes y cumplidas, porque en negocios a Chano nadie lo engañaba. Según Ibrahim Urbino:

> Siempre detrás de cada éxito arrastró un enredo. De faldas, de dinero, de algo. Eso parecía serle consustancial y querido. O era que no dominaba la facultad de resolver con iguales ganancias todos los problemas de su vida. Una vez lo navajean

por una chulada de menor cuantía. Otra tiene que fajarse con un reportero radial, comprando una bronca que le corría por debajo de la piel como cosa propia, en agradecimiento al que lo empujaba al halago de la popularidad. Y otra, se gana un balazo por dirimir por sus métodos expeditos e inciertos un litigio de derecho autoral.[222]

Este último fue uno de los hechos violentos más conocidos de los muchos en que, se dice, tuvo participación Chano. En su edición del sábado 27 de octubre de 1945 el periódico *Hoy* insertó una alarmante noticia con un titular a todo lo ancho de su página 7: «Fue agredido a balazos el músico Chano Pozo», y a seguidas los subtítulos: «Recibió cuatro heridas al ser atacado por oponerse a los manejos de Ernesto R. Prats. El agresor fue detenido. Un manifiesto en pro de los autores cubanos parece ser el móvil». *Hoy*, periódico oficial del Partido Socialista Popular, de filiación comunista y con una política editorial defensora de los derechos de los trabajadores, los sectores más humildes, contra la discriminación racial, entre otros postulados éticos y filosóficos, fue pródigo en datos y espacio para la noticia:

> En gravísimo estado se encuentra en la Sala Borges del Hospital de Emergencias el conocido artista y autor musical Luciano Pozo González, más conocido por "Chano", de 28 años,[223] vecino de Genios 207, que fue agredido ayer a tiros en Águila y Virtudes por un sujeto nombrado Santos Ramírez Aranda, de 39 años, de Piñera 154, en el Cerro, por diferencias habidas en el cobro de unos derechos que se le adeudaban a Chano Pozo.
> Desde hace tiempo se vienen produciendo ciertos rozamientos entre los autores cubanos y la Federación Nacional de Autores de Cuba, que es manejada por un individuo nombrado Ernesto Roca Prats. Con ese motivo Chano Pozo en su condición de "Presidente de Pro Defensa de los Autores Cubanos" hizo circular entre los autores un manifiesto[224] en el que se acusaba a Ernesto Roca Prats, administrador de la Sociedad de Autores,

---

222. Ibrahim Urbino. «Un cubano rítmico y sonoro». *Bohemia*, año 41, no. 1. La Habana, 2 de enero de 1949, p. 44.

223. En 1945 Chano realmente tenía treinta años.

224. Durante la investigación para la realización de este libro el citado manifiesto no pudo ser encontrado, ni tampoco otra evidencia del mencionado comité en defensa de los autores.

de apropiarse indebidamente de parte del dinero que corresponde a los autores y de descontar el 40 por ciento de los ingresos brutos de la citada Sociedad para abonar elevados sueldos a los que, según él, regentean dicha entidad. Asimismo se expresa en dicho manifiesto que con motivo de un contrato con el extranjero, ascendente a más de 60 000 dólares, dicho señor pretendía apoderarse del 40 por ciento de esa cantidad, desfalcando de ese modo a los autores.

A la 1 y media de la tarde de ayer, a varios metros del local de la Sociedad de Autores, Chano Pozo se encontró con Ernesto Roca Prats, que era acompañado por Santos Ramírez; se cruzaron varias frases, originándose una riña en el curso de la cual Ramírez extrajo un revólver calibre 38 de la propiedad de Roca Prats, haciéndole varios disparos a Pozo, que cayó al pavimento gravemente herido. Varios transeúntes recogieron al lesionado llevándolo al Segundo Centro, donde le atendió el doctor Santiesteban de cuatro heridas de bala, una en el antebrazo derecho, otra en el antebrazo izquierdo y dos en la región abdominal. Momentos después fue intervenido quirúrgicamente en el Hospital de Emergencias.

Después de cometer la agresión, Ramírez lanzó el arma en la escalera de la casa sita en Concordia no. 55, donde fue ocupada por la policía, que dio cuenta de estos hechos al Juez de Instrucción de la Segunda.[225]

Pero, ¿quiénes fueron los involucrados en este hecho? Ernesto Roca Prats era un hombre de curioso proceder: detentaba tres cargos que, visto de cierta manera, podrían ser excluyentes entre sí: era director-gerente de la Federación Nacional de Autores de Cuba; director del Registro de la Propiedad Intelectual de la República de Cuba, y además representante en La Habana de la editora norteamericana Southern Music Corporation, controlada por el abarcador Ralph S. Peer, dueño de Peer Music y magnate del negocio editorial en la música. Con un valor favorable, al propiciar la difusión de la música cubana por el mundo, el lado negativo de la gestión de Peer Music estuvo en la experiencia personal de muchos músicos y compositores que sintieron la mengua de sus derechos y regalías, y sobre ellos la larga sombra de la expoliación. Para tener una idea del poder y la penetración del accionar de esta

225. «Fue agredido a balazos el músico Chano Pozo». Hoy, año VIII, no. 255, segunda edición, La Habana, 27 de octubre de 1945, p. 7.

casa editorial norteamericana en el ámbito de la creación musical cubana, resulta muy atendible el testimonio que aportó el pianista, cantante y compositor Bobby Collazo, una de las voces que por aquellos años se alzó con preocupación sobre la naturaleza de los vínculos entre autores, compositores y casas editoriales:

> Ya para esta década [la de los 40] la Peer International [Southern Music] tiene el repertorio exclusivo de los siguientes compositores cubanos: Fernando Mulens, Julio Gutiérrez, Orlando de la Rosa, Mario Fernández Porta, Julio Blanco Leonard, Guillermo Rodríguez Fiffe, Tony Fergo, Humberto Suárez, Chano Pozo, Osvaldo Farrés, Abelardito Valdés, Juan Bruno Tarraza, Obelleiro Carvajal, Miguel Matamoros y Ernesto Lecuona. Después del concurso de canciones de la RHC Cadena Azul, caímos en los tentáculos del Pulpo Peer [sic], por mediación de su representante en Cuba, Ernesto Roca, varios compositores, y entre ellos, yo. [...] La Peer estaba situada en los bajos de la Sociedad de Autores Cubanos en Concordia 48 entre Galiano y Águila. Ya se estaban combinando una editorial y una sociedad de autores para explotar al fecundo autor criollo.[226]

Otro testimonio que refuerza el anterior fue aportado por el prolífico autor Rosendo Ruiz Quevedo:[227]

> Mediada la década del 40 recibí la oferta de pasar a trabajar como "oficinista" en la sucursal de la Peer International en La Habana. El jefe de la oficina era el Sr. Esteban Rodríguez, pero la figura determinante era Ernesto Roca, a quien con anterioridad, como he referido, conocía. Desempeñando mis funciones tuve conocimiento de las fórmulas y métodos que se empleaban contra todos los autores musicales. De esta manera, al terminar mi trabajo, al filo del mediodía, concurría a espacios radiales, desde los que denunciaba las cosas que contra los autores cubanos se realizaban en mi propio centro de trabajo. Fui reiteradamente amonestado, incluso me dieron varias oportunidades, pero yo seguía en mi línea de denuncia. El resultado, lógicamente, fue que me despidieran. Inicié

---

226. Bobby Collazo. Ob. cit., p. 213.

227. Rosendo Ruiz Quevedo: La Habana, 17 de octubre de 1918-27 de junio de 2009. Hijo del trovador Rosendo Ruiz Suárez, fue uno de los fundadores del movimiento del feeling y autor de populares temas como «Hasta mañana, vida mía», «Los marcianos», «Rico vacilón». Llevó una tenaz lucha por los derechos de los compositores frente a las editoriales extranjeras.

un proceso judicial y el pleito fue alcanzando nuevas instancias y finalmente surgió la salida acomodaticia: el asunto fue desviado a una instancia civil, en la que el juez "acondicionado" determinó que cuando el Dr. Funes (representante del consorcio y residente en los EE.UU.) viniese a Cuba fuera arrestado... ¿Quién le pondría el cascabel "legal" al gato? [228]

Santos Ramírez, a quien mencionamos en un capítulo anterior, era músico percusionista, hombre respetado y respetable, tranquilo y de orden, creador y director de la famosa comparsa El Alacrán, del barrio Cerro; era abakuá, como Chano, y fungía como una suerte de ayudante —algunos dicen que guardaespaldas— de Ernesto Roca Prats. Era coherente entonces que el arma que portaba Ramírez fuera propiedad de Roca Prats.

La causa de tal altercado fue, sin duda, el sentimiento de indignación que motivó en Chano conocer que a sus manos no llegaban los *royalties* de la difusión de sus obras. También era una verdad, como se ha dicho, la incapacidad de Chano para dirimir cualquier querella dentro de patrones menos drásticos y violentos; esto lo llevó a la amenaza primero, y al asalto de la oficina de Roca después.

Testimonios recogidos por Jordi Pujol narraron así los prolegómenos de este hecho: Chano se presentó en la oficina de Roca un día de octubre de 1945

> [...] para cobrar sus *royalties*, algo que Chano hacía cada vez que necesitaba dinero para pagar alguna deuda contraída con algún traficante de cocaína. [...] Según me contó un testigo que estuvo presente en una de aquellas asiduas visitas del tamborero al despacho de Roca, éste conocía muy bien a Chano y le dijo: "Ven acá, chico. ¿Tú crees que aquí tenemos una fábrica de hacer billetes?"[229]

Sin duda tiene visos paternalistas la mirada del testimoniante de Pujol sobre Ernesto Roca:

> Roca, que no era mala persona y ayudó a muchos autores, quería ayudar también a Chano, por eso nunca quiso darle la totalidad de lo que le debía, porque, según él, si se lo daba se gastaba todo el dinero en droga, joyas

228. Rosendo Ruiz Quevedo: «Caleidoscopio musical del compositor de música popular cubana Rosendo Ruiz Quevedo», texto autobiográfico inédito.

229. Jordi Pujol. Ob. cit., pp. 51-52.

y trajes, no le duraba ni un mes, y a los pocos días volvía otra vez a pedir más, como solía hacer con frecuencia. Las consecuencias de aquella visita resultaron tristemente accidentadas. El dinero que le ofreció Roca a Chano no satisfizo en absoluto a éste, que le pedía 2000 pesos. Enfurecido y tras una agria discusión, Chano reaccionó de forma violenta, causó serios destrozos en la oficina y, metiendo mano a la caja, se llevó una cantidad de dinero mientras amenazaba físicamente a Roca si al día siguiente éste no le tenía preparado el resto del dinero que le había pedido. Asustado por la actitud desafiante de Chano, y en previsión de lo que pudiera pasar, Roca armó con una pistola a Santos Ramírez, su ayudante y hombre de confianza, para impedir de cualquier forma que Chano pudiera acceder a su oficina.

Ante aquella situación inesperada, Santos fue a ver a Cecilio, el padre de Chano, para que intermediara y lograse convencer a su hijo de no llevar adelante sus amenazas. Pero Chano no se avino a ningún consejo y, siguiendo su propio instinto, a la mañana siguiente se acercó a la Sociedad de Autores. Al llegar a la puerta, Ramírez le ordenó detenerse, diciéndole que no tenía autorización para entrar, y que él estaba allí para impedirlo. Chano desoye las advertencias de Ramírez y lejos de detenerse le propina un fuerte puñetazo, que acabó con su contrincante en el suelo, a lo que éste respondió disparándole primero una bala en el costado y luego, al ver que Chano se dirigía a la caja, dos balas más en el estómago que hicieron desplomarse el fornido cuerpo de Chano.[230]

Al día siguiente, domingo 28 de octubre de 1945, el diario *Hoy* dio continuidad a la información sobre el grave incidente. La nota señaló que, según la opinión de los médicos que lo asistían, el herido podía considerarse «ya fuera de peligro, salvo algún accidente imprevisible». Resaltó: «numerosas personas acuden constantemente al Hospital de Emergencias a interesarse por el estado de salud del enfermo». Y aclaró:

> [...]mañana lunes será procesado por el Juez de Instrucción de la Segunda el agresor de Chano, que se encuentra guardando prisión preventiva en la Cárcel de La Habana.

---

230. Ídem.

A juzgar por el carácter de la agresión, se asegura que Santos Ramírez será procesado con exclusión de fianza, así como su amigo Ernesto Roca Prats, a quien se considera autor directo de los hechos por haber dirigido la agresión contra el conocido artista, que fue herido con un arma perteneciente al propio Roca Prats.[231]

Al conocer que Chano había sido baleado, de inmediato Amado Trinidad y Alfredo Hornedo hicieron uso de su poder político y económico y sus influencias para que Chano recibiera la mejor atención médica calificada: fue operado por el cirujano Benigno Souza, quien le extrajo dos de las balas —la que se había alojado en el costado y la incrustada en la base de la espina dorsal—. En tan difícil trance Chano invocaba a su protectora Santa Bárbara-Changó mientras apretaba contra su pecho el pañuelo rojo —color que simboliza a este santo—: así lo vio el compositor Remberto Beker, según su testimonio citado por Pujol.[232] Chano, tras recuperarse, tuvo que vivir los pocos años que le quedaron de vida con la tercera bala dentro de su cuerpo, pues no pudo serle retirada. Esto lo obligó desde entonces a soportar dolores y a estar siempre atento a no permanecer en la misma postura por más de cinco minutos.

Con sus influencias, Roca se las agenció para que el asunto no llegara a mayores, y que Santos Ramírez no tuviera que responder ante la justicia por algo que se le había exigido como parte de su trabajo y que iba en contra de su propia voluntad. El caso, que tanta conmoción generó en el país y en el medio artístico, fue cubierto por un espeso velo y la prensa dejó de seguirlo.

Se dice que Roca encontró un modo de compensar a Chano: le compró un automóvil. Y, al parecer, todo quedó saldado. «Mi familia, esas son cosas que pasan… Yo soy un negro que no voy a morir de gripe…», bromeó Chano al salir del trance, cuando fue abordado por la prensa mientras se dirigía a dar gracias a Amado Trinidad por su apoyo, acompañado del cantante Abelardo Barroso. La frase fue citada por el periodista Sergio Piñero años después, cuando tuvo que informar que otra balacera resultó ser la última para Chano.[233]

---

231. «Procesarán mañana al agresor de un artista». *Hoy,* año VIII, no. 256, segunda edición, La Habana, 28 de octubre de 1945, p. 7.

232. Jordi Pujol. Ob. cit., p. 52.

233. Sergio Piñero: «Chano Pozo, el negro rumbero que murió víctima del medio ambiente». *Mañana,* época II, no. 286, La Habana, 4 de diciembre de 1948, pp. 1-9.

En su artículo publicado en tres partes en la revista *Latin Beat*, el investigador musical Max Salazar hizo referencia a una visita a La Habana realizada por Machito y Mario Bauzá en diciembre de 1945, mientras los Afro-Cubans [234] cumplían contrato en el cabaret del hotel Mocambo, en Miami, Florida. El Mocambo presentaba un espectáculo de carácter afrocubano, que alcanzó éxito por lo novedoso que resultaba para aquel público, y con el que comenzaron a desmoronarse las barreras raciales que impedían a personas negras trabajar en prominentes *night clubs*. Aunque residían en Nueva York, Machito, Mario Bauzá y los demás cubanos de su orquesta no eran considerados como *black americans*, sino como «artistas visitantes», y así pudieron pasar a trabajar en el espectáculo, según contó Machito. En la entrevista con Salazar, Bauzá ubicó en esa visita a La Habana su primer encuentro con Chano Pozo: al segundo día de estancia en la ciudad, Bauzá se acercó a la cafetería que estaba frente a la academia de baile Sport Antillano,[235] donde muchos músicos solían encontrarse.[236]

> Fue allí donde tuve mi primer encuentro con Chano Pozo. Yo lo conocía [...] nosotros habíamos grabado temas suyos. Chano entró en la cafetería, me vio, caminó hacia mí y se presentó. Tomó asiento y me dijo que había oído por una estación de radio de Miami que nosotros [Machito y Mario] estábamos en La Habana.[237]

Salazar subrayó que en las dos horas que duró la conversación Chano le hizo a Bauzá muchas preguntas acerca de la situación para los artistas cubanos en Nueva York y las posibilidades que, en su opinión, podría tener él en ese país: «¿Le gustan a usted mis temas? ¿Le gustan a la gente de Nueva York? ¿Cómo tratan a los negros en Nueva York? ¿Usted cree que si me voy a Nueva York podría llegar a ser famoso?». Bauzá respondió a sus interrogantes

---

234. Machito y sus Afro-Cubans: orquesta fundada en 1940 en Nueva York por Francisco Raúl Pérez Grillo, mundialmente conocido como Machito (La Habana, 3 de diciembre de 1909-Londres, 15 de abril de 1984). Fue una formación de importancia crucial en el surgimiento del *cubop* y el afrocuban *jazz* como antecedentes del *latin jazz*.

235. La academia de baile Sport Antillano fue reemplazada poco después por el *night club* El Faraón.

236. Se refería a la ya mencionada cafetería OKEY en la esquina de las calles Zanja y Belascoaín.

237. Max Salazar: «Chano Pozo. Part I». *Latin Beat*, vol. 3, no. 3, San Francisco, abril de 1993, p. 10. Traducido al español por la autora.

y le dijo que podía contar con su ayuda y la de Miguelito Valdés en ese empeño.[238] En entrevistas posteriores, cuando Bauzá se refirió al modo en que conoció a Chano Pozo, no siempre mencionó este encuentro en La Habana como el primero.

En los albores de 1946 un anuncio llamó la atención en la edición del diario habanero *El Crisol* del 14 de enero: el exclusivo Casino Nacional anunció un espectáculo musical que incluía a la orquesta Casino de la Playa, Rolando Ochoa, René Cabel, los bailarines internacionales Dale Hall y Frances Urban y el Conjunto de Chano Pozo.[239] No ha sido posible obtener la nómina exacta de esta agrupación, pero es lógico colegir que pudo haber sido muy cercana a la de las grabaciones de marzo de ese mismo año para el sello Seeco bajo la razón comercial Chano Pozo y Conjunto Azul.

En 1946, el 20 de junio, Julio Cueva con su orquesta realizó la primera grabación de «El pin pin», una guaracha compuesta por Chano para celebrar, con asombroso y minimalista sentido de la síntesis y la onomatopeya, la victoria de los ejércitos aliados en la Segunda Guerra Mundial («Pin pin, cayó Berlín, pon, pon, cayó Japón»).[240] Aunque ese año Machito la grabó primero en Nueva York para el sello Verne, la versión que se popularizó en Cuba fue la de Cueva, cantada por Cascarita. Entonces, Bebo Valdés era el pianista de la orquesta de Julio Cueva, y en la grabación para la Victor hizo el arreglo del tema y se acreditó un solo de piano con un estilo personalísimo, con mucho sabor y creatividad.

Mientras tanto, Miguelito Valdés continuaba su ascendente carrera en Estados Unidos. Como cantante de la orquesta de Xavier Cugat había actuado en los mejores salones, radioemisoras y teatros; en 1940 una foto suya fue portada de la popular revista especializada *Billboard* y en 1946 apareció entre las estrellas del filme norteamericano *Suspense*. Desvinculado de Cugat logró éxito tras éxito con su propia orquesta. Era sin duda el músico cubano más popular, influyente y prestigioso en Estados Unidos, por lo que

238 Ídem.

239 *El Crisol*. La Habana, 14 de enero de 1946.

240 Referencia: RCA Victor V-23-0469. Véase anexo II de esta edición.

no tuvo mayores problemas para que el sello Musicraft Records firmara con él la grabación de doce temas, que fueron los mismos que ya había registrado con Xavier Cugat en años anteriores.

El año 1945 llegaba a su fin y Miguelito regresó victorioso a Cuba, donde amigos, músicos y desconocidos lo recibieron una vez más como un héroe. Durante esa triunfal visita compartió —¡claro está!— con Chano, quien veía en el éxito de su entrañable amigo un prometedor camino para sí mismo. Miguelito ya había confiado en Chano, en su capacidad como compositor de temas pegadizos y populares que, gracias al propio Miguelito, traspasaron las fronteras de la Isla y llegaron a convertirse en éxitos en Nueva York y otras ciudades norteamericanas. Miguelito prometió a Chano ayudarlo a lanzar su carrera en Estados Unidos. Para el tamborero, además, esto significaba dejar atrás las secuelas del fuerte diferendo que lo enfrentó a Ernesto Roca, en cuyas manos editoriales estaba una buena parte del catálogo autoral de Pozo, con sus mayores éxitos.

Foto: Cortesía Colección Gladys Palmera.

NUEBAYOL-LABANA-NUEBAYOL

(1946-1947)

Nuebayol, primera temporada

Corría el año 1946 y Chano Pozo, acompañado de su novia, la bella bailarina Caridad Martínez Cacha, abordó la aeronave de la compañía Cubana de Aviación con destino a Miami. En La Habana quedó Laura Lazo, la muchacha con la que vivía el tamborero en el solar de la calle Genios. Pero la linda bailarina era demasiado importante para Chano, además de las posibilidades que ambos tenían, juntos, de encontrar trabajo en alguno de los *night clubs* latinos de Nueva York.

Documento de vuelo del primer viaje de Chano Pozo a Estados Unidos. 1946.

El documento del Servicio de Inmigración y Naturalización del Departamento de Justicia de los Estados Unidos con fecha 20 de octubre[241] da fe del arribo a la ciudad de Miami en la aeronave matrícula CUT–45 de la compañía Cubana de Aviación de Luciano Pozo, de treinta y un años de edad, y de Caridad Martínez, de veintisiete, ambos de nacionalidad cubana, con Nueva York como destino final, en la dirección 3 West 112 St. Chano portaba un pasaporte cubano con el número 4762, emitido en La Habana exactamente tres años atrás,

241. *Information Sheet (Concerning Passenger Arriving on Aircraft)* de Luciano Pozo González, modelo I-466, Servicio de Inmigración y Naturalización del Departamento de Justicia de los Estados Unidos, 20 de octubre de 1946, obtenido en <www.ancestry.com>.

con fecha octubre 20 de 1943, y declaró ante las autoridades de migración la cantidad de dinero mínima requerida para su entrada al país: cincuenta dólares norteamericanos. Sus boletos de avión fueron pagados en la oficina de ventas por el propio Chano, quien los había adquirido dos días antes de viajar, el 18 de octubre de 1946. El documento abunda en datos interesantes, como su complexión física: 5 pies, 6 pulgadas; su estado civil: soltero; y su residencia en Cuba en ese momento, o al menos la que él aportó: San Rafael no. 582, La Habana. Como familiar inmediato mencionó a su padre Cecilio Pozo, residente en la misma dirección. Chano afirmó no tener familiares en territorio norteamericano, y como fecha tentativa de regreso indicó el 15 de noviembre del mismo año, y su decisión de regresar a la misma dirección habanera de donde partió, con un permiso de permanencia en Estados Unidos de veintinueve días. El propósito declarado del viaje era disfrutar de vacaciones. Como ocupación, indicó: actor; y a la pregunta de si estuvo alguna vez en prisión, o en alguna institución de internamiento por problemas de salud, respondió: no.

Otro documento que prueba la llegada de Chano a Estados Unidos el 20 de octubre de 1946 es el *Entry Declaration of Aircrat Commander*, emitido por el capitán de la aeronave CUT-45 que cubrió el vuelo 101, donde se consignaron como pasajeros cuatro norteamericanos y tres cubanos: Evaristo Pon, Caridad Martínez y Luciano Pozo.[242]

Cuando el avión recorría la pista del aeropuerto de La Habana para levantar vuelo, ni el piloto Rafael A. Trujillo ni el copiloto Carlos M. Tabernilla podían suponer que aquel negrito bajito y feo, pero muy bien vestido, que se distinguía entre los restantes seis pasajeros, era el único que trascendería hasta ser uno de los cubanos más universalmente conocidos de todos los tiempos. Por cierto, tampoco Chano Pozo podía imaginar que el copiloto de su vuelo llegaría a ser el tristemente célebre brigadier general Carlos M. Tabernilla Palermo, comandante de la Fuerza Aérea Militar durante la segunda mitad de los 50, inserto en la tradición de fidelidad de la temida familia Tabernilla a Fulgencio Batista desde la Revolución de los Sargentos en 1933. ¿Fue pura y franca casua-

---

242. *Entry Declaration of Aircraft Commander*, aeronave CUT-45, vuelo 101, Habana-Miami, 20 de octubre de 1946, obtenido en <www.ancestry.com>. En el documento constan únicamente los nombres de siete pasajeros: cuatro norteamericanos y tres cubanos.

lidad la coincidencia de ambos personajes en este vuelo, o hubo algo diferente, un vínculo desconocido que los hiciera cercanos? ¿Tuvo que ver con la vinculación tangencial y oscura de Chano con la politiquería criolla? ¿O con alguna encomienda de sus protectores Amado Trinidad y el senador Alfredo Hornedo? Hoy es tarde ya para saberlo.

Lo cierto es que el de 1946 fue el primer viaje de Chano a Estados Unidos, fugaz como el tiempo mismo por el que le habían expedido su visado de visita temporal.

El factor fortuito, esa proverbial suerte que Petrona Pozo reconoció en el camino vital de su hermano, volvió a ser decisivo: Chano llegó a Nueva York en uno de los momentos más importantes e inspiradores en la historia del *jazz*: el despegue del *bebop* en busca de una consolidación como estadio superior en el desarrollo del género.

Sus amigos Miguelito Valdés, Mario Bauzá y Marcelino Guerra Rapindey acogieron a los recién llegados y les ayudaron a instalarse. Chano alquiló un pequeño departamento en el número 127 West de la calle 111, entre las avenidas 7ma y Lenox, en Harlem, para vivir junto a la bella Cacha. Chano era consciente de su limitación al no dominar, ni siquiera «chapurrear», el idioma inglés, pero confiaba en el lenguaje de los cueros del tambor.

Fue por esos mismos días cuando se produjo el encuentro (¿o reencuentro?) de Chano Pozo con Mario Bauzá. Pozo no tuvo tiempo de ordenar los hitos de su vida para que llegaran a modo de información hasta nosotros; Bauzá, sí, pero siempre dijo no recordar el día ni el momento exacto en que se produjo aquel encuentro en Nueva York aunque, en todo caso, y contrario a algunas declaraciones, pudo haber ocurrido durante ese primer viaje de Chano a Nueva York.

Bauzá contó a Leonardo Padura:

> En el año 47[243] yo estoy trabajando en el cabaret La Conga, que estaba en Broadway y la 52, donde era el director artístico y musical, además de tocar con la orquesta de Machito. Y un día me dicen que había llegado un grupo de Cuba, unos músicos y una pareja de baile, y que querían localizarme para ver si podían trabajar allí. Entonces fui a verlos al camerino, me presenté, y

243. Las evidencias apuntan a que esto ocurrió en 1946, en ocasión del primer viaje de Chano.

allí conocí a Chano Pozo y a Cacha, la que era su mujer. Esa misma noche vino al cabaret Miguelito Valdés, que era como el padre de Chano (fíjate que cuando él le hablaba, Chano hasta bajaba la cabeza, como un niño), y Miguelito le dijo: mira, Chano, este hombre es como si fuera yo, así que oye todo lo que él te diga.[244]

El fenómeno musical que era entonces Chano Pozo quedó fundamentado en las palabras asombradas de Mario Bauzá:

> Yo no lo había visto tocar, pero nada más hacía falta verlo una vez. Por eso él tuvo aquí como ocho números "jiles" [quiere decir "hits"]: "Nagüe, nagüe", "Pin, pin, cayó Berlín" [sic], "Boco boco", "Ariñáñara Bocuere" [sic], y en el año 47 abrieron un club latino en el Palladium que se llamó como una canción suya: "Blen blen blen". Todo lo que sacaba, triunfaba, y lo más asombroso es que Chano no sabía nada de música, pero es que nació con un don. Él tocaba, cantaba y bailaba, porque era un genio. Eso es así.[245]

Miguelito Valdés acababa de prorrogar por dos semanas el contrato que cumplía en el teatro Strand, y por cuatro semanas el de La Conga,[246] famoso *night club* latino de Nueva York –en Broadway 1678, esquina con la calle 52, donde actuaba en un elenco que integraban la *vedette* puertorriqueña Diosa Costello y el también boricua Bobby Capó, con el respaldo musical de los Afro-Cubans de Machito. El éxito de Mr. Babalú era indetenible y un grupo de cubanos en Nueva York le prepararon un homenaje por haber roto todos los récords de concurrencia a La Conga, según destacó el diario *Mañana* en su edición del 30 de octubre.[247]

Jordi Pujol contó que el mismo día en que Chano llegó a Nueva York se citó con Miguelito Valdés. Se encontraron en el cabaret La Conga:

> Cuando le llegó el turno de actuar a Miguelito, éste salió al escenario, cantó y vio a Chano, Cacha y Pepe [Becké]

---

244. Leonardo Padura Fuentes: «Conversación en "La Catedral" con Mario Bauzá». *La Gaceta de Cuba*, no. 6, La Habana, noviembre-diciembre de 1993, p. 28.

245. Ídem.

246. Cuco Conde. Sección «Sepa lo que no sabe». *Mañana*, La Habana, 23 de octubre de 1946, p. 4.

247. Cuco Conde. Sección «Sepa lo que no sabe». *Mañana*, La Habana, 30 de noviembre de 1946, p. 4.

entre el público.[248] Después de interpretar dos canciones, Miguelito se dirigió a la audiencia diciendo: «Damas y caballeros... Está con nosotros esta noche Chano Pozo, de Cuba, compositor de muchas de las canciones que tengo grabadas». Valdés mencionó los títulos de los temas y luego invitó a Chano a subir al estrado. Así lo hizo Chano, vestido completamente de blanco y bailando al compás de «Blen blen blen». Cuando le pasaron el micrófono, Chano invitó a Pepe a subir al escenario. Y éste se sentó en una silla con un mantel atado alrededor del cuello, mientras Chano bailaba detrás de él al ritmo de «Nagüe», simulando hacer un corte de pelo. Finalmente, Miguelito invitó a Cacha a subir a escena y todos acabaron bailando rumba juntos. En su afán por ayudar a Chano y sus amigos, Miguelito consiguió que Mr. Gardner, dueño de La Conga, los contratara para el show.[249]

En este espectáculo ya venían presentándose otros cubanos: el famoso conguero Cándido Camero, Candito —quien había antecedido a Chano en su llegada a Nueva York—, con una pareja de bailarines que se hacían llamar Carmen y Rolando; de inmediato se estableció una rivalidad entre los dos tríos de cubanos.

Justo en una breve nota que anunció el homenaje a Miguelito Valdés en Nueva York apareció la primera noticia que encontramos sobre los viajeros: «Chano Pozo está trabajando en La Conga con Miguelito Valdés».[250] Anuncio similar publicó en su sección el inefable Cuco Conde[251] en el mismo periódico el 6 de noviembre: «Chano Pozo actúa en el cabaret La Conga con Cacha y Pepe [Becké]».[252]

El 17 de octubre de 1946, tres días antes de la llegada de Chano a Nueva York, Machito y sus Afro-Cubans habían protagonizado

---

248. Diversas fuentes afirman que Pepe Becké llegó a Estados Unidos junto a Chano y Cacha. Esta posibilidad no ha podido ser corroborada: Pepe Becké no aparece en la lista de pasajeros del vuelo que llevó a Chano y a Cacha a Miami. Una posibilidad podría ser que Becké se les unió en Miami y llegaron juntos los tres a Nueva York, o que Becké arribó en fecha posterior.

249. Jordi Pujol. Ob. cit., pp. 57-58.

250. Sección «Sal y pimienta». *Mañana*. La Habana, 30 de octubre de 1946, p. 4.

251. Cuco Conde, nacido en 1908, fue *manager* de importantes músicos y boxeadores, empresario, promotor artístico, comentarista deportivo y columnista artístico del diario Mañana durante las décadas de los cuarenta y cincuenta. Amigo de Miguelito Valdés y de Chano Pozo, fue incluido en el Hall de la Fama del Boxeo en 2007.

252. Sección «Sal y pimienta». *Mañana*. La Habana, 6 de noviembre de 1946, p. 4.

la filmación en Los Ángeles, para la Columbia Pictures, del corto musical *Machito's Rhumba Band*,[253] importante por más de una razón: fue el primer corto (documental) que realizó el emporio fílmico hollywoodense en tono sepia; y el primer audiovisual con una obra de Chano Pozo que ha podido conservarse. Machito y sus Afro-Cubans interpretaron cinco temas: «Machito llegó», «Tambó», «Tierra va a temblá» (junto a la cantante mexicana Betty Riley), «Thrill of New Romance» (con los bailarines Paul y Vida), y finalmente «Nagüe», que ya era muy popular en el ámbito latino, principalmente en Nueva York.

Chano Pozo con Bebo Valdés, Miguelito Valdés y Olga Chaviano. La Habana. Enero 1947. Foto: Colección Tommy Meini.

Transcurrieron varias semanas y el 13 de noviembre el periódico *Mañana* publicó: «Miguelito Valdés termina en La Conga y regresa a Los Ángeles. Estará en La Habana para las Pascuas [...] Terminan también en La Conga Chano Pozo y los rumberos Cacha y Pepe [Becké]».[254] Ocho días después, sin más precisiones, la sección «Tachuelas» del mismo diario constató: «Chano Pozo, uno de nuestros populares rumberos, obtiene éxitos en sus actuaciones en Estados Unidos».[255] En realidad, Cacha y Pepe Becké, no

253. <www.imdb.com/title/tt1223451/soundtrack?ref_=tt_trv_snd>.

254. Sección «Sal y pimienta». *Mañana*. La Habana, 13 de noviembre de 1946, p. 4.

255. Sección «Tachuelas». *Mañana*. La Habana, 21 noviembre de 1946, p. 2.

muy bien pagados, continuaron en La Conga; Chano abandonó el espectáculo en busca de mejor remuneración.

Miguelito Valdés, tal como le prometió, se prodigó intensamente intentando ayudar a su amigo. Fue él quien le presentó a La Rosa Estrada y Julio Méndez, percusionistas y bailarines cubanos que trabajaban ya con la coreógrafa norteamericana Katherine Dunham, iniciadora de la inclusión experimental de los ritmos, cantos e instrumentos afrocubanos y afrocaribeños en la danza en los Estados Unidos. Con La Rosa Estrada y Julio Méndez formó Chano un trío de tambores que fue el centro de la primera parte del espectáculo *Bal Negre*, presentado con éxito por la compañía de Katherine Dunham desde el 7 de noviembre de 1946 en el Roxy Theater de la 7ma Avenida. Pero el vínculo de Chano con esta compañía fue fugaz, probablemente porque al cubano, sin permiso legal para un trabajo prolongado, se le vencía el plazo para permanecer en territorio norteamericano y debía regresar a La Habana. Chano no apareció en los créditos del espectáculo, quizás por el carácter transitorio de su participación, pero investigadores de la obra y el legado de la Dunham han reconocido su presencia fugaz en el elenco de aquella puesta en escena. Se dice que hasta bailó en alguna que otra presentación junto a Cacha, y que también después solía acudir como invitado al centro docente Katherine Dunham Center for Arts and Humanities, en la calle 43, cerca de Time Square, para compartir su experiencia.[256]

129

También se le mencionó en un póster, en uno de los cine-teatros de ambiente latino, que anunciaba una revista de variedades («mosaicos cubanos y bailes afrocubanos») con el cantante cubano Jack Sagué, la pareja Chano y Cacha y otros, en un programa que incluía el filme *Bambú*, protagonizado por Imperio Argentina.

Según el diario *Mañana*, a finales de noviembre y principios de diciembre de 1946 Miguelito Valdés retrasó su regreso a Los Ángeles; se presentó en el Earle de Filadelfia, después en el club Escambrón de Puerto Rico, y debió posponer unos días su anunciada llegada a La Habana.[257]

El ir y venir de músicos cubanos y norteamericanos no cesaba, el interés de los unos por los otros era creciente, no importaba el

256. Rosa Marquetti Torres: *Desmemoriados. Historias de la música cubana*. Barranquilla: Editorial La Iguana Ciega, 2016. Véanse también Jordi Pujol: ob. cit.; y los registros de la Fundación Katherine Dunham.

257. *Mañana*. La Habana, 19, 20 y 24 de diciembre de 1946.

género o el estilo, las influencias recíprocas se iban sedimentando. Mientras en Nueva York Miguelito Valdés arrasaba con sus temas enraizados en el componente africano y en la conga, la rumba y el son, en Cuba el *jazz* y la música norteamericana tenían notables legiones de adeptos. A partir del 21 de noviembre de 1946 se presentó en La Habana, en el Teatro Campoamor, el espectáculo *Estrellas de Harlem*, con un elenco de músicos y bailarines afroamericanos y los cubanos Celia Cruz y Orlando Guerra Cascarita.[258] En ese mismo teatro se produjo el tan esperado debut de los fenomenales Nicholas Brothers, quienes compartieron cartel con la mexicana María Luisa Landín, Curro Moreno, y nuevamente el carismático Cascarita.[259]

Todo parece indicar que Chano Pozo regresó a La Habana al expirar el límite de su visado, porque las autoridades migratorias norteamericanas podían negarle el visado si decidía regresar a Nueva York. En los registros migratorios al alcance de la investigación no consta la salida de Chano del territorio norteamericano, pero los hechos prueban que pasó los meses siguientes en La Habana, probablemente también para acompañar a su amigo Miguelito en su breve estancia de fin de año, decidido a hacer realidad su deseo de regresar y trabajar en Nueva York.

Miguelito llegó a La Habana el 27 de diciembre de 1946, con un intenso programa de presentaciones, compromisos y homenajes. Su llegada coincidió con un hecho que colocó a La Habana para siempre dentro de una agenda de crímenes, contrabandos y extorsiones: en esos días se celebraba en el Hotel Nacional de Cuba la famosa reunión secreta de la mafia italoamericana.

Según Jordi Pujol, en lo que quedó del mes de diciembre Miguelito Valdés grabó el tema «El cajón»[260] para el sello Musicraft.[261] Tras los festejos de fin de año, y según reseñó el diario *Mañana*, Miguelito apareció por primera vez y de manera exclusiva el 4 de enero ante los micrófonos de la Mil Diez en un espectáculo que compartió con Olga Guillot y Celia Cruz. El director de esta radioemisora era Ibrahim Urbino, viejo amigo de los tiempos en

---

258. *Mañana*. La Habana, 25 de noviembre de 1946, p. 4.

259. *Mañana*. La Habana, 3 y 5 de febrero de 1947, p. 4.

260. La autoría de este tema se adjudica presumiblemente a Facundo Rivero.

261. Referencia: Musicraft 437.

que este formaba parte del elenco de la RHC Cadena Azul. Del paso de Miguelito por los estudios de la Mil Diez quedó el registro de «Sangre son colorá» (de su propia autoría), con la orquesta de planta de la emisora, dirigida por Roberto Valdés Arnau. En la grabación de «El cajón» y de «Sangre son colorá» Chano Pozo estuvo a cargo de las tumbadoras.[262]

Mr. Babalú cumplió su deseo de presentarse ante su público el 20 de enero en el Teatro América, y volvió a aparecer en la radioemisora Mil Diez. Chano lo acompañó en ambas ocasiones. Una foto publicada en la revista *Bohemia* en su edición de enero 26 de 1947, donde aparecen Urbino, Miguelito, el percusionista Filiberto Sánchez y Chano en un segundo plano, da fe de ese encuentro en el estudio de la Mil Diez.[263]

Rita Montaner llevaba ocho meses consecutivos en el cabaret Tropicana. Luego de una cena-homenaje que se celebró en su honor, invitó a Mr. Babalú a subir con ella al escenario. La presentación causó sensación y motivó a Víctor Correa, el director artístico, a contratarlo para que se presentara en el cabaret de Villa Mina durante cuatro días, antes de regresar a Estados Unidos. Entre los días 23 y 26 de enero de 1947 Miguelito protagonizó el espectáculo, junto a la Montaner y a Bola de Nieve, respaldado por la orquesta dirigida por Armando Romeu.[264] En su artículo «Tourists boom Havana Showbiz», redactado desde la capital cubana días después, el 1 de febrero, la revista *Billboard* se hizo eco del éxito de Miguelito Valdés remarcando que, con propuestas como aquella, Tropicana enfrentaba triunfalmente a la competencia que representaban los espectáculos de aliento español, tan de moda entonces, como el que se ofrecía en el Gran Casino Nacional bajo la dirección de Ernesto Lecuona.[265]

Bebo Valdés, entonces pianista y arreglista de la orquesta de Tropicana, recordó que fue esa la única ocasión en que compartió escenario con Chano, donde pudo constatar su categoría como tumbador:

---

262. Jordi Pujol. Ob. cit., pp. 55-56.

263. *Bohemia*, año 39, no. 4, La Habana, 26 de enero de 1947, p. 31.

264. *Mañana*. La Habana, 23 de enero de 1946, p. 4.

265. «Tourists boom Havana Showbiz». *Billboard*, vol. 59, no. 6, Nueva York, 8 de febrero de 1947, p. 3.

En realidad nunca toqué con Chano, solo en aquella ocasión en Tropicana del año 1947. Pero él y yo éramos buenos amigos, porque él también trabajaba en la Cadena Azul, para Amado Trinidad. Hice muchos arreglos para él cuando estaba con [Julio] Cueva, y cuando trabajaba para la Cadena Azul. Chano no tenía formación. Era un prodigio, un conguero excelente, y un rumbero de primera clase, y digo de primera. Era ñáñigo, de una secta. [...] Chano fumaba marihuana y muchas veces tenía completamente blanca la nariz por abajo, de cocaína. Le habían pegado varios tiros, que le habían dado por aquí y por allá, otro ñáñigo, porque había tenido un problema con Ernesto Roca. Chano era violento y cuando estaba drogado era capaz de hacer cualquier disparate. Le habían apuñalado [varias] veces. Chano era terriblemente violento.[266]

El tema de las adicciones es recurrente en las historias de la vida de Chano Pozo, tanto en Cuba como en Estados Unidos. El medio en el que transcurrieron sus años más jóvenes, de extrema pobreza y marginalidad, fueron propicios para el uso de estupefacientes naturales como la marihuana. Algunos que le conocieron han ofrecido testimonios de que una característica determinante del estilo de vida de Pozo fueron las adicciones, al decir de ellos, a varios tipos de estupefacientes, como la cocaína a mediados de los años cuarenta.[267]

Si el dato resulta dudoso, el escritor e investigador cubano Enrique Cirules ayuda a la comprensión al señalar responsables y fechas de la entrada de la cocaína en Cuba:

La mafia norteamericana fue la que desató en Cuba la era de la cocaína, treinta años antes de que esa droga se popularizara en Estados Unidos. Lo que por entonces se consumía en mayor cuantía en Norteamérica era la heroína, y la entrada de la cocaína suramericana a los mercados estadounidenses hubiera significado un abierto desafío de las familias mafiosas de La Habana a los intereses que respondían en Estados Unidos a Lucky Luciano.

---

266. Bebo Valdés: Citado por Mats Lundahl: ob. cit., pp. 87-88.

267. Ídem.

Y acto seguido indica los años 1944-45 como de posible entrada de cocaína en Cuba:

> Fue justamente con el advenimiento del autenticismo[268] (arribó al poder cuando el Estado de corte delictivo en Cuba se encontraba montado y engrasado) [...] que la mafia norteamericana organizó el tráfico y consumo de la cocaína en La Habana, mediante la creación de una empresa aérea denominada Aerovías Q [...] Por entonces era fácil la adquisición de un papelillo de polvo en la red de sitios nocturnos de La Habana para el gran turismo adinerado o los grupos de poder.[269]

De acuerdo con lo que denunciaba Antonio Gil Carballo en 1944, la cocaína pudo haber circulado en Cuba desde mucho antes:

> El tráfico de drogas heroicas en nuestro país es cada vez más alarmante, no solamente en la capital de la República, sino en el más lejano rincón de la Isla el vicio de los estupefacientes ha encontrado millares de adeptos, sin duda alguna por la despreocupación oficial en reprimir ese monstruo, en cuyos tentáculos se devora lo que más vale de su pueblo: la juventud.[270]

Algunos testimonios han sustentado en la adicción el carácter violento y demandante que singularizó la relación de Chano con el dinero. Al llegar a Estados Unidos, Chano encontró también un ambiente de cierta permisividad, o al menos de accesibilidad y de coincidencia en gustos con muchos de los músicos de *jazz* con los que iba a trabajar. La adicción no lo abandonó nunca.

Tras concluir sus triunfales presentaciones en Tropicana, el 25 de enero de 1947 Miguelito Valdés recibió en el Stadium del Cerro[271] la Medalla de La Habana concedida por el Ayuntamiento Municipal. Comentó Miguelito:

> Después del acto de imposición de la medalla, Chano y

---

268. Se refiere al ascenso a la presidencia en 1944 de Ramón Grau San Martín, candidato del Partido Auténtico.

269. Enrique Cirules. *El imperio de La Habana*. La Habana: Editorial Abril, 2017, pp. 70-71.

270. Antonio Gil Carballo: «El tráfico de drogas en Cuba». *Bohemia*, La Habana, 8 de octubre de 1944, p. 70.

271. Hoy Estadio Latinoamericano, ubicado en la barriada habanera El Cerro.

yo nos fuimos a mi hotel. Ya Chano era en ese momento un famoso compositor de temas populares y ganaba buen dinero como coreógrafo de revistas y shows musicales en hoteles. Pero él no estaba satisfecho. Quería hacerse grande en los Estados Unidos. Chano y Olguita [Guillot] querían viajar a Nueva York desde que escucharon mis grabaciones con Cugat.[272]

Tras reiterarle al amigo su promesa de ayudarlo a lograr su sueño, Miguelito Valdés dejó La Habana el día 28 y puso rumbo a Tampa junto al Trío Servando Díaz. Allí tenía previsto presentarse los días 1, 2 y 3 de febrero, para luego cumplir un contrato por seis semanas en el Copacabana de Miami.[273] La prensa cubana se hizo eco del rotundo éxito de Mr. Babalú en Tampa, cuando cinco mil personas colmaron el auditórium de esa ciudad.

Miguelito Valdés y Chano Pozo en Nueva York, 1947. Foto: Archivo de la autora.

272. Max Salazar: «Miguelito Valdés». *Mambo Kingdom. Latin Music in New York.* Nueva York: Schirmer Trade Books, 2002, p. 45. Traducido al español por la autora.

273. *Mañana.* La Habana, 10 de enero de 1947, p. 4.

Nuebayol, segunda temporada

Las evidencias permiten suponer que, tras la partida de Miguelito Valdés el 28 de enero de 1947 con rumbo a California, vía Miami,[274] Chano permaneció en La Habana. La revista *Radio-Guía* en sus números de enero, febrero y marzo anunciaba la presentación del Conjunto Azul de Chano Pozo en la radioemisora CMBZ-COBZ Radio Salas de lunes a sábado en los horarios de 6.00 a 6.20 p.m. y de 6.30 a 7.00 p.m.[275] Fiel a sus proyectos inmediatos, probablemente debió adentrarse en las gestiones de un *status* migratorio que le permitiera regresar a Nueva York con todas las garantías para poder trabajar allí. Según Ibrahim Urbino, en los satisfactorios resultados de estas diligencias tuvo mucho que ver el propio Miguelito.[276]

Documento de Inmigración. Segunda entrada de Chano Pozo a Estados Unidos, 1947.

La vía para el retorno a La Gran Manzana esa vez fue diferente: el jueves 3 de abril de 1947 embarcó en el puerto de La Habana a bordo del crucero S.S. Florida para llegar viernes 4 al puerto de Miami. La travesía era lo suficientemente corta como para no aburrirse, sobre todo si recordamos que por primera vez el tamborero hacía una ruta

135

---

274. *Information Sheet (Concerning Passenger Arriving on Aircraft)* de Miguel Valdés y Valdés, modelo I-466, Servicio de Inmigración y Naturalización del Departamento de Justicia de los Estados Unidos, 28 de enero de 1948, obtenido en <www.ancestry.com>.

275. «Programación Radio Salas». Revista *Radio-Guía*. Año XIII. No. 151, 152 y 1953 (enero, febrero, marzo). Pag. 59.

276. Ibrahim Urbino. «Un cubano rítmico y sonoro». *Bohemia*, año 41, no. 1. La Habana, 2 de enero de 1949, p. 44.

marítima más allá del perímetro de la Isla. El S.S. Florida, que había sido construido en 1931, pesaba casi cinco mil toneladas y tenía 387 pies de largo, 56 de ancho, y una capacidad para quinientos pasajeros. En sus inicios hacía la ruta Tampa-Cayo Hueso-La Habana, pero en 1934 se decidió que conectaría Miami con La Habana y muchos fueron los músicos cubanos a los que transportó en el trayecto hacia el ansiado éxito en el Norte.

Según testimonios, las gestiones anticipadas de Miguelito garantizaron mayores seguridades legales a Chano. Ante las autoridades migratorias, declaró ser «compositor». El manifiesto de pasajeros correspondiente al barco S.S. Florida[277] indica que Pozo tenía *status* de residente permanente, según sello visible, y el visado asignado con el número NQIV 2248 4C, emitido en La Habana el 31 de marzo del propio año 1947. La categoría NQIV indicaba «Non Quota Inmigrant Visa», y significaba que Chano había obtenido una visa permanente para poder quedarse en Estados Unidos sin sobresaltos mayores, aunque si pretendía viajar después del 20 de octubre de 1948, fecha en la que expiraba su pasaporte cubano, debía solicitar uno nuevo o una extensión del anterior ante el Consulado Cubano en Nueva York. Como referencia familiar, Chano volvió a consignar los datos de Cecilio, su padre, quien continuaba residiendo en la calle San Rafael no. 582. Indicó que un amigo de nombre Lucas J. R. Rodríguez lo iba a alojar en el 161 Manhattan Ave., en Nueva York.[278]

La ausencia de Cacha en este viaje permite suponer que ella, probablemente, permaneció en Nueva York desde que Chano viajó a La Habana a fines del año anterior.

Antes de viajar de vuelta a Nueva York, Chano tuvo tiempo para dejar inscritas en el registro autoral en La Habana las obras: «Coro» (registrada el 1 de enero de 1947), «Van van piro» (17 de enero), «Soy chévere» (20 de enero), «Barín» y «La Mejorana» (constan como registradas en fecha posterior a su partida: 22 de abril de 1947).

---

277. *List or Manifest of Alien Passengers for The United States Inmigrant Inspector at Port of Arrival, Buque S.S.* Florida, Miami, 4 de abril de 1947, obtenido en <www.ancestry.com>. El nombre de Caridad Martínez, de nacionalidad cubana, no figura en la lista de pasajeros.

278. Los detalles sobre las categorías migratorias y su alcance fueron facilitados por el investigador colombiano Jaime Jaramillo.

Atrás Chano dejó una Habana que seguía acogiendo con aplausos sus creaciones musicales grabadas por Miguelito Valdés, por Cascarita y por otros nombres populares, en un panorama donde hervía sin cesar la extraordinaria creatividad de los músicos cubanos: las huellas de los mambos primigenios aparecían no solo en las ejecuciones de Dámaso Pérez Prado sino también, y muy tempranamente, en las de Ramón *Bebo* Valdés, y Orestes López y su hermano Israel Cachao, y en la otra orilla en las manos pianísticas del cubano José Curbelo, por solo referir unos pocos ejemplos. El *Caballón* Valdés, como también conocían a Bebo, además de trabajar para la orquesta de la radioemisora CMQ, y de ser pianista de la orquesta de Tropicana, se había convertido en arreglista de Rita Montaner, como se sabe recién contratada como artista exclusiva de ese cabaret.

Tras desembarcar en Miami, Chano puso rumbo otra vez a Nueva York, su destino prefigurado, y ya con los documentos necesarios para seguir el mismo camino de Mr. Babalú, Machito, Mario Bauzá, Graciela, Alberto Socarrás, Rapindey y muchos otros cubanos —músicos, cantantes, tamboreros— que veían en la ciudad del Empire State la puerta hacia el éxito profesional y personal. Los percusionistas, desde su empirismo, tenían muchas oportunidades, porque sus instrumentos habían ido penetrando poco a poco el ambiente sonoro de los Estados Unidos a través de una historia de amor y seducción que comenzó siglos atrás, en Congo Square, Nueva Orleans, y que fue retomada cuando el pianista y compositor norteamericano Louis Moreau Gottschalk,[279] tras su visita a Cuba entre 1854 y 1862, advirtió acerca de la riqueza de los ritmos cubanos, puertorriqueños y afroamericanos. Contó Alejo Carpentier que fue tal la fascinación que provocaron en Gottschalk los instrumentos de percusión que encontró en Cuba que, para el estreno en La Habana de su sinfonía *Una noche en el trópico* con cuarenta pianos como orquesta, y «para ocuparse de la percusión, se hizo venir de Santiago [de Cuba] al rey del cabildo de negros franceses con todo un arsenal de tambores. Uno de éstos, una tumba gigantesca, ocupaba el centro del escenario, siendo tocado por el propio rey».[280] Este hecho convirtió al músico nor-

---

279. Louis Moreau Gottschalk: Nueva Orleans, 8 de mayo de 1829-Río de Janeiro, 18 de diciembre de 1869.

280. Alejo Carpentier. *La música en Cuba. Temas de la lira y del bongó.* La Habana: Ediciones Museo de la Música, 2012, pp. 146-147.

teamericano en el primero en utilizar instrumentos de percusión afrocubana en una partitura sinfónica.

El incesante contacto entre los puertos de La Habana y Nueva Orleans probablemente debió posibilitar la llegada de algunos instrumentos a Norteamérica. Pero de manera notoria algunos estudiosos llegan a afirmar que fue Agustín Gutiérrez Manana uno de los primeros en introducir en el siglo XX el bongó en Nueva York, cuando el Sexteto Habanero realizó las primeras e históricas grabaciones en 1925 para el sello Victor. Un año después, también en Nueva York, el bongosero Manuel Reinoso participó en las grabaciones del Sexteto Occidente con María Teresa Vera para el sello Columbia.[281] Entre 1927 y 1928 el bongó de Manuel Incharte, El Chino, sonó en Nueva York en presentaciones y grabaciones con el Sexteto Nacional a instancias del sello Columbia. Durante la primera mitad de los treinta, el bongó fue el rey de la percusión afrocubana en Estados Unidos y causó verdadero furor en las incursiones de las orquestas de Don Azpiazu, de Alfredo Brito, la Hermanos Castro, y hasta en la del catalán Xavier Cugat, pero ya en la segunda mitad de la década había también algunos percusionistas puertorriqueños, timbaleros por más señas, en Nueva York, como Humberto Morales y Willie Rodríguez. El bongosero cubano Francisco *Chino* Pozo llegó en 1937 a la Gran Manzana con cierta oleada de músicos y bailarines mulatos, no negros, que desde 1930 hicieron esta travesía para aprovechar el estremecimiento exitoso provocado por Antonio Machín y la orquesta de Don Azpiazu con «El manisero» en 1930.

Fue Cab Calloway quien se anticipó y, a instancia de Mario Bauzá —entonces parte de la sección de vientos de su orquesta—, incorporó un bongó, aunque de modo fugaz y hasta inconexo, como experiencia primigenia de este tipo en una *jazz band* afroamericana.[282]

Los que llegaron con el *boom* de la *rhumba* en 1930, y con el de la conga años después, eran percusionistas, cantantes, bailarines empíricos. Esta calidad de «músicos polivalentes» supuestamente multiplicaba sus posibilidades de encontrar trabajo. A inicios de

281. Gerry Zaragemca: <www.pearldrummersforum.com/showthread.php?60382-Zaragemca-s-bongos-Timbal-Congas-and-Batas>.

282. Ídem. Probablemente se trató del bongosero Alejandro Rodríguez, Mulato, quien fue tresero en el Cuarteto Machín en Nueva York cerca de 1931, etapa en la que Bauzá fue trompetista de la misma agrupación.

los años cuarenta, estaban ya en Nueva York los timbaleros Tony *El Cojito* Escollies y José Montesinos (algunas fuentes le llaman Carlos). Habían emigrado a Nueva York a fines de la década de los veinte del pasado siglo. Se establecieron en El Barrio, comenzaron a tocar con pequeños grupos locales y también con cubanos que ya se encontraban allá, como Alberto Socarrás y Alberto Iznaga. Montesinos, según varias fuentes, fue el mentor de Tito Puente en sus años adolescentes; sus lecciones determinaron, en buena medida, el curso espectacular de la carrera del famoso timbalero boricua. Tony Escollies, junto a Chino Pozo, fue de los primeros percusionistas en tocar con Machito y sus Afro-Cubans y con las orquestas latinas de mayor impacto a inicios de los cuarenta. Diego Iborra[283] y el bongosero Guillermo Bill Álvarez llegaron en 1940 y se contaron entre los pioneros en tocar con músicos de *jazz* afroamericanos.

Más allá del experimento impulsado por Mario Bauzá con el bongosero Alejandro Rodríguez y la banda de Cab Calloway, las primeras noticias sobre la inserción de instrumentos de percusión cubana y sus ejecutantes en los formatos del *jazz* en los Estados Unidos datan de la década de los treinta. Isabelle Leymarie en su libro *Jazz latino* comenta que con Benny Carter había tocado brevemente un percusionista de Cuba en 1937, sin que el cubano dejara un rastro que posibilitara su identificación.[284]

A inicios de los cuarenta, otro suceso cultural tuvo impacto entre los músicos afroamericanos que revolucionaban la escena del jazz: la presencia afrocubana y afrocaribeña en la escena danzaria de la mano de una figura de espíritu fundacional imprescindible: la bailarina y coreógrafa Katherine Dunham, con cuya compañía Chano colaboró en su primera visita a Nueva York. La Dunham había quedado impresionada al descubrir el mundo de la Regla de Ocha a través de sus percusionistas y bailarines La Rosa Estrada y Julio Méndez, a quienes conoció en 1937 y con quienes trabajó en su compañía por más de cincuenta años. Su empeño se vio enriquecido con sus sucesivos viajes a Cuba en busca de nuevos saberes y experiencias. La Dunham había grabado discos con música afrocaribeña editados por el sello Decca, que circulaban entre los *jazzmen* afroamericanos, muchos de los cuales eran, como Gillespie, amigos de la Dunham y asiduos de sus espectáculos. Lo

---

283. Iborra, Diego (Camajuaní, 4 de febrero de 1919-Miami, 27 de julio de 2008).

284. Isabelle Leymarie: *Jazz latino*. Barcelona: Ediciones Robinbook S. L., 2005, p. 49.

que allí veían tuvo impacto en el trabajo de los fundadores del *bebop*, pues influyó en su decisión de experimentar también con las sonoridades de la percusión afrocubana.

A mediados de 1946 Iborra y Álvarez, tras abandonar la banda con la que trabajaban en California, se encontraban en Nueva York cuando subieron a tocar en una *jam session* con Dizzy Gillespie y Charlie Parker en el famoso Three Deuces en la calle 52, junto a Al Haig, Max Roach y Curly Rusell. Este encuentro, sin mayor trascendencia que el *sit-in*, el sentarse a tocar con estos músicos, se repitió a lo largo de varios meses y marcó un momento relevante en la profundización del vínculo de Gillespie, y aún más de Parker, con los ritmos afrocubanos.[285] En la autobiografía de Dizzy Gillespie *To Be or Not To Bop*, Max Roach rememoró con nostalgia esos encuentros:

> En los pequeños grupos que teníamos en la calle 52 tocaban músicos afrocubanos ya antes del regreso de las grandes bandas y era estimulante escuchar la sección rítmica. Por supuesto, fue Dizzy el que trajo a Chano para que tocara. Eso fue justo después del período de la calle 52, cuando se trasladaron al norte a Broadway. Pero [los músicos afrocubanos] tocaban con nosotros desde antes.[286]

Esta constatación de Max Roach aporta, de manera inequívoca, la certeza de que la percusión cubana había comenzado a insertarse como elemento de interés en los formatos del naciente *bebop* antes de la llegada de Chano Pozo a Nueva York. Los hechos se sucedieron con rapidez en esta imbricación de la percusión afrocubana y el *jazz*.

Cuando Chano regresó a Nueva York en abril de 1947 ya su conocido y famoso cabaret La Conga, donde trabajó con Cacha, había dejado de existir. Jack Green, el dueño de ese *night club*, enfrentaba cargos de la Corte Federal por evasión de impuestos en el manejo del cabaret durante los meses de junio a diciembre de 1946. Así lo informó la revista *Billboard* en su edición del 5 de abril de 1947, al tiempo que anunciaba: «La Conga fue vendido a Charles Maybruck unas semanas atrás y su nombre le fue

285. Leonardo Acosta: *Un siglo de jazz en Cuba*, ed. cit., p. 126. Afirma que ya en ese mismo año de 1946 Bird incluyó a ambos —Iborra en la conga y Bill Álvarez en el bongó— en su famoso quinteto con Miles Davis (trompeta); Max Roach (batería); y Wynton Kelly (piano), con el que tocaron en varios clubes neoyorkinos.

286. Dizzy Gillespie y Al Fraser: *To Be or Not to Bop. Memorias de Dizzy Gillespie.* Barcelona. Edición en español, Global Rhythm Press, 2010, pp. 256-257.

cambiado por el de Rio Cabana. No hay cargos que afecten a los nuevos dueños, hasta donde pudo saber el periodista».[287] Y por lo que escribió *Billboard*, el Rio Cabana nació con una vocación más variada y universal, sin énfasis en lo latino.

Chano con Machito y Cacha en Teatro Tríboro. Foto: Cortesía Colección Richard Blondet.

Con esa costumbre de desandar las calles habaneras de un barrio a otro, Chano, incansable, se movió en Nueva York, sobre todo en los entornos de alta concentración de latinos y cubanos. Harlem, El Barrio, El Bronx... Retomó viejos y recientes contactos, tocó donde pudo, a la espera de mejores oportunidades, siempre apoyado por su incondicional amigo Miguelito Valdés.

El jueves 8 de mayo subió a la escena del cine-teatro Tríboro, en la 125 entre Lexington y 3ra Ave., una revista musical producida por Willy Chevalier, con un abigarrado elenco encabezado por la llamada Reina del Tango de Puerto Rico, Elena Estrada, e integrado por los rumberos puertorriqueños Dimas y Delina, Irma Henríquez, «la mejor intérprete de los bailes españoles de Borinquen», el trío melódico ecuatoriano Las Tres Guitarras, y Luis Morales y su Orquesta.[288] Al día siguiente, un anuncio exacto al anterior incluía en el elenco el nombre de Chano Pozo, a quien se caracterizaba como «compositor de «Blen blen», «Nagüe», «El pin pin» y muchos otros».

287. *Billboard*, Nueva York, 5 de abril de 1947, p. 3.

288. *La Prensa*, Nueva York, 9 de mayo [de 1947].

Llegada de Arsenio Rodríguez a Tampa. Documento de información del aeropuerto de 6 de junio de 1947 (motivo del viaje, operación de la vista).

Regreso de Arsenio Rodríguez a Cuba. Lista de pasajeros 31 agosto de 1947.

No habían pasado muchos meses y ya el año 1947 dejó sentir altas temperaturas en los escenarios donde se cocinaba el *bebop*. El Minton's Playhouse, mucho más que otros sitios de Harlem, vio forjarse el nuevo estilo que conmocionaba los conceptos y modos de hacer en el *jazz*, representado por pioneros como Dizzy Gillespie, Charlie Parker, Bud Powell, Thelonius Monk y otros.

Sus adeptos y seguidores aumentaban por día, en forma directamente proporcional al número de sus detractores. El Town Hall era entonces una de las más importantes salas de concierto, no ya de Nueva York sino de los Estados Unidos, y el viernes 24 de enero acogió un relevante suceso en el ámbito musical: el histórico «mano a mano» *(battle of bands)* entre las orquestas de Machito y Stan Kenton. El cubano ya había incorporado una tumbadora a su *line-up* con la entrada a los Afro-Cubans, en la medianía de los cuarenta, de Carlos Vidal Bolado. De esto dio fe el corto musical *Machito's Rhumba Band*, filmado por la Columbia Pictures en Los Ángeles el 17 de octubre de 1946, es decir, tres meses antes del concierto del Town Hall y tres días antes de la primera entrada de Chano Pozo a los Estados Unidos. Stan Kenton, por su parte, transitaba ya por un período de descubrimiento de los elementos rítmicos cubanos, que le fascinaban. El ganador del «mano a mano», con diferencia, resultó ser Machito, según el testimonio de muchos asistentes; la noticia, aderezada con anécdotas del triunfo, corrió por todo el Nueva York Latino, entre entendidos, fanáticos y críticos.

Por esos días, siguiendo también los consejos de su amigo Miguelito Valdés llegó a Nueva York, decidida si no a triunfar al menos a encontrar nuevos espacios para su arte, una linda muchacha de solo veinticinco años, ya conocida cantante en Cuba, que respondía al nombre Olga Guillot. Un avión de la Línea Aeropostal de Venezuela la trajo desde La Habana en vuelo originado en Maiquetía, Venezuela, el domingo 25 de mayo de 1947, y arribó a Nueva York el lunes 26,[289] para hospedarse en el hotel Alamac. Dos días después, la Guillot debutó en el Teatro Hispano, en el

143

---

289. Manifiesto del vuelo aeropostal originado en Maiquetía *(Passenger Manifest no. 19)*, en el que se consignan los datos de Olga Guillot con el número de orden 12, 25 de mayo de 1947, obtenido en <www.ancestry.com>.

1421 de la 5th Avenue, como parte de un elenco de mayoría latina. Es muy probable que Chano haya participado en este espectáculo, pero en todo caso no fue anunciado ni reseñado por la prensa, para la cual aún no era, ni remotamente, un nombre a destacar.[290]

Con Chano y Olga en la ciudad, Miguelito decidió hacer algo más por ellos y se le ocurrió involucrar a su amigo Gabriel Oller. Acordaron la presentación de Chano en uno de los clubes que el promotor Oller regentaba, junto a su socio Art *Pancho* Raymond, en el centro de Manhattan, bajo el atractivo rótulo «Sunday Dance». Como Oller también era dueño del sello Coda —poco después lo fue de SMC (Spanish Music Center)—, Miguelito lo convenció de que no podía dejar pasar la oportunidad de grabar al tamborero cubano, con lo cual iba a enriquecer el catálogo —ya importante— que había singularizado al sello Coda, con sus registros de músicos cubanos, puertorriqueños y latinos en general que vivían o pasaban por Nueva York. Los sellos Coda y SMC registraron fonográficamente las etapas neoyorkinas de muchos músicos cubanos, como Miguelito Valdés, Arsenio Rodríguez, Machito y sus Afro-Cubans, Marcelino Guerra y su Conjunto, y otros. Contó Oller a Salazar:

> Miguel trajo a Chano a mi tienda Spanish Music Center, en la calle 51 con la 6ta Avenida, y yo le pedí a Chano cuánto pedía por grabar cuatro números. Chano se encogió de hombros y me dijo: "¿Cuánto quiere pagar?" Él aceptó 30 dólares y yo lo invité a cenar.[291]

Se produjo así un hecho que, en la distancia del tiempo, fue trascendental: Miguelito Valdés, Chano Pozo, Arsenio Rodríguez, Marcelino Guerra Rapindey, Carlos Vidal Bolado y Olga Guillot entraron en el Nola Penthouse Studio de Nueva York, sitio que Gabe Oller usaba con frecuencia para sus grabaciones del sello Coda.[292] Miguelito Valdés, cuya solidaridad con los amigos y voluntad de ayuda a los músicos cubanos en general eran proverbiales, convenció a Oller para que diera un impulso mayor a Chano y a Arsenio Rodríguez, también recién llegado a Nueva York:

---

290. Correo electrónico de Richard Blondet a la autora, 2 de junio de 2017.

291. Jordi Pujol. Ob. cit., p. 58.

292. Nola Penthouse Studio es un famoso estudio de grabación situado en la azotea (o piso 17) del edificio Steinway, en el número 111 de la calle 57 West, en Nueva York.

Históricas sesiones en el Nola Penthouse Studio en 1947. De izquierda a derecha, fila superior: Persona no identificada; Julio Andino (contrabajo); José «Buyú» Mangual (bongó); Ubaldo Nieto (pailas); Kiki Rodríguez (tumbadora). Fila intermedia: Gene Johnson (saxo alto); René Hernández (piano); Chano Pozo; Carlos Vidal Bolado (tumbadora); José «Pin» Madera (saxo tenor); Arsenio Rodríguez (tres); Mario Bauzá (trompeta, arreglos); Miguelito Valdés (voz); Gabriel Oller (productor, dueño de los sellos Coda y SMC); Machito (maracas, director). Sentados: Jorge López (trompeta); Tito Rodríguez (cantante), Olga Guillot (cantante). Foto: Archivo de la autora.

El Ciego Maravilloso esperaba por la cita médica con el célebre oftalmólogo Dr. Ramón Castroviejo Briones, con la esperanza de recuperar la visión. Había viajado desde La Habana con su hermano Raúl Travieso, el 6 de junio de ese año 1947, por vía aérea a Tampa y con destino final Nueva York, indicando en el documento migratorio de entrada a Estados Unidos, que sería acogido por Marcelino Guerra en Nueva York.[293] Oller accedió, siempre que se cumplieran dos condiciones: que Miguelito y la Guillot formaran también parte del proyecto, y que Mr. Babalú asumiera el pago de todos los gastos asociados a la producción de esas grabaciones.

293. Infomation Sheet [concerning passenger arriving on aircraft[] correspondiente a Ignacio Arsenio Travieso, que es el verdadero nombre de Arsenio Rodríguez. Consultado en www.ancestry.com

Aceptadas estas dos exigencias, Oller convocó a todos para grabar en el estudio de la West 57 Street, y citó también a músicos de la banda de Machito, con Bauzá, René Hernández, Ubaldo Nieto, José Mangual, Carlos Vidal Bolado y el propio Machito. Según Salazar, quien alcanzó a entrevistar a Gabriel Oller, Miguelito Valdés y varios de los participantes, estas grabaciones se realizaron con las siguientes características:

Primer día:

La sesión comenzó cerca de las 2 p.m. con una formación identificada como Chano Pozo y su Ritmo de Tambores, en la que participaron el propio Chano, Carlos Vidal Bolado, Miguelito Valdés y Arsenio Rodríguez (tumbadoras) y Bilingüi Ayala (bongó). Jordi Pujol afirmó que se grabaron los temas: «No se fue de rumba», «Abasí», «Tamborarama» y «Placetas».

Segundo día (tres días después):

Como músicos de sesión estuvieron presentes los de Machito y sus Afro-Cubans, pero bajo el nombre Orquesta Chano Pozo, con Tito Rodríguez (cantante); Arsenio Rodríguez (tres); y Chano Pozo (tumbadoras). Los temas registrados fueron: «Cómetelo tó», «Por qué tú sufres», «Rumba en swing» y «Pasó en Tampa» *(Wha' You Say)*.

Tercer día:

Se completaron las grabaciones de Chano al registrarse los temas: «Serende» y «Seven seven», de su propia autoría, con el respaldo del Conjunto Batamú de Marcelino Guerra, fortalecido con el tres de Arsenio. Según Jordi Pujol y Max Salazar, estas obras fueron transcritas y arregladas por Joe Loco[294] y publicadas bajo el nombre de Chano Pozo y su Conjunto con el Mago del Tres.[295]

Max Salazar remarcó:

> [...] estas invaluables grabaciones se hicieron sin la participación de músicos que ponían siempre como condición una retribución económica. Prevaleció el espíritu de hermandad, de "ayudar a uno es ayudarnos a todos". Tito Rodríguez fue el único músico no cubano

---

294. José Estévez Jr., (Nueva York, 1921-San Juan, marzo de 1988), fue muy conocido en el mundo de la música latina en Estados Unidos en aquellos años.

295. Max Salazar: *Mambo Kingdom. Latin Music in New York*, ed. cit., p. 75; y Jordi Pujol: ob. cit., pp. 59-61.

que participó donando sus servicios para ayudar a un amigo de Miguelito Valdés. "Recuerdo que era un día muy frío", contó Miguelito Valdés. "Llevé algunas botellas de whiskey para entrar en calor. El whiskey fue el pago para la orquesta de Machito, pues ellos donaron sus servicios para ayudar a Chano y a Olguita". Para Gabriel Oller el único gasto que supuso esto fue la renta del estudio.[296]

Durante doce horas transcurrieron las únicas grabaciones que protagonizaron juntos Chano y Arsenio. Convertidos hoy en joyas fonográficas, estos registros eran radiados cada día al terminar la sesión de grabación por Pancho Raymond a través de su programa de música latina *Tico Tico Time* en la emisora WEVD. Fueron prensados cientos de discos de 78 revoluciones por minuto que salieron al mercado bajo el sello Coda y contribuyeron a lanzar las carreras norteamericanas de Chano Pozo y Olga Guillot en momentos de franco auge de la música latina en Nueva York y los estados cercanos. Cada *night club* que podía dar cabida a una orquesta programaba un repertorio esencialmente latino, de rumbas y guarachas. En la década de los cuarenta fueron muchos escenarios: La Conga, The China Doll, Ambassador, Embassy, Gloria Palace, Roseland, Alma Dance Studios, The Plaza, Havana-Madrid, el Bill Miller's Riviera en Engewood Cliffs, Nueva Jersey, algunos teatros de Broadway y muchos hoteles y *resorts*.

Tanto Max Salazar como Jordi Pujol, acuciosos investigadores, aportaron la fecha del 4 de febrero de 1947 como la del inicio de estos registros fonográficos en el Nola Penthouse Studio. Sin embargo, tal posibilidad resultó imposible si nos atenemos a los documentos migratorios oficiales citados en este texto, donde constan la entrada a Estados Unidos de Luciano Pozo González el 4 de abril de 1947, de Olga Guillot cincuenta y un días después, el 25 de mayo y de Arsenio Rodríguez con su hermano Raúl el 6 de junio de 1947, con lo cual estas grabaciones sólo pudieron haberse realizado entre el 7 de junio y el 30 de agosto de ese año, pues Arsenio y Raúl viajaron el 31 de agosto desde Nueva York de regreso al aeropuerto habanero de Rancho Boyeros.

En estas sesiones se realizaron también las que se consideran las primeras grabaciones comerciales, de que se tienen noticias,

---

296. Max Salazar: *Mambo Kingdom. Latin Music in New York*, ed. cit., p. 46. Traducido al español por la autora.

de rumbas, guaguancós, columbias y cantos y toques abakuá en su expresión más auténtica. En un estilo auténtico y raigal, pura percusión y voces con cantos y toques litúrgicos, fueron recogidas en discos de 78 rpm bajo el título *Ritmo afro-cubano* (4 vols.), con el crédito de interpretación para Chano Pozo y su Ritmo de Tambores, nómina que, según Max Salazar, incluyó al propio Chano, Carlos Vidal Bolado, Miguelito Valdés, Arsenio Rodríguez y Bilingüi Ayala en los bongós. Jordi Pujol aportó otra nómina en la que Kiki Rodríguez, presumiblemente hermano de Arsenio, ocupó el lugar del Ciego Maravilloso, y José Mangual el de Bilingüi Ayala.[297]

Chano en vísperas de Gillespie

Con la llegada de sus amigos, Miguelito tuvo una iniciativa, junto a Mario Bauzá, el promotor boricua Federico Pagani y Marcelino Guerra Rapindey: la realización del baile *El rayo de luz*, para recaudar fondos y apoyar la posible operación de Arsenio Rodríguez para recobrar la visión. Este evento reunió en el Hotel Diplomat a las orquestas de Rapindey y Machito, junto a un gran número de artistas invitados: además de Chano, estuvieron Miguelito Valdés, Olga Guillot, los boricuas Noro Morales, Bobby Capó, Daniel Santos, Juan El Boy Torres y el catalán «cubanizado» Xavier Cugat. Se recaudaron tres mil dólares, que permitieron que Arsenio consiguiera su objetivo de hacerse examinar por el Dr. Castroviejo, pero el resultado fue el menos deseado: el especialista concluyó que los ojos del gran tresero y compositor jamás volverían a ver el mundo. Horas después, El Ciego Maravilloso, en la soledad de su habitación, diluyó su frustración y tristeza en una declaración filosófica convertida hoy en una conmovedora afirmación y en clásico: la canción «La vida es sueño».[298]

Por ese tiempo, en una acción de sentido patriótico, la organización el Club Cubano reunía en Nueva York a patriotas de la Isla que exaltaban por igual el aporte de los próceres José Martí y Antonio Maceo a la lucha por la independencia en el siglo

297. Max Salazar: *Mambo Kingdom. Latin Music in New York*, ed. cit., pp. 46-47 y Jordi Pujol: ob. cit., p. 134.

298. Max Salazar: *Mambo Kingdom. Latin Music in New York*, ed. cit., p. 67.

XIX. A finales de 1946 el Club inició una campaña para colectar fondos con vistas a erigir un monumento a ambos héroes. Con este propósito, en la confluencia de los meses de junio y julio de 1947 la organización coordinó un evento musical en el Audubon Ballroom, en el que Miguelito Valdés actuó como figura estelar y anfitrión, acompañado de Olga Guillot, Chano Pozo y Marcelino Guerra. La actividad tuvo un destacado reflejo en el boletín mensual de esa organización.[299]

Durante 1947, Chano intervino como percusionista siempre que le fue posible en conciertos y presentaciones de Miguelito Valdés y de Olga Guillot en los más afamados *night clubs* latinos, como el Havana-Madrid (Broadway y la 51), el Chateau Madrid (Lexington y la 48) y en algunos teatros, como el Hispano y el Tríboro.

Chano estaba en Nueva York cuando se emitió oficialmente la licencia para operar el salón de baile The Palladium, en el segundo piso del número 1692 de Broadway, el 17 de abril de 1947. The Palladium era un *ballroom,* mayormente para bandas de *swing* y música *society,* apegado al rígido patrón racial imperante y con escasa afluencia de público. Sin embargo, uno de sus nuevos dueños quería cambiar de modo radical el estado de cosas: fue así como el ejecutivo Tommy Morton contactó a Machito y le ofreció trabajo para su banda, considerada por él la del repertorio más versátil, con gran variedad de ritmos bailables, desde tangos, baladas y ritmos latinos, hasta piezas de *swing*. Con el patrón de público segregado, Morton se percató de que The Palladium no tenía ganancias al nivel del Roseland o el Arcadia, en la cercana calle 52: estos sitios se estaban llevando el negocio. Tratando de explicarse la causa de tal situación, conversó con Machito y Mario Bauzá y les preguntó: «¿Por qué los bailadores del Concord y el Grossinger —donde se presentaban con todo éxito y afluencia de público— apoyan a los Afro-Cubans?». Bauzá le respondió con otra pregunta: «¿Cómo se sentiría usted si tuviera gente de color en su club?». Morton respondió sin vacilar: «A mí el único color que me interesa es el verde». Así, los tres acordaron hacer una matiné los domingos de 2 a 9 p.m. Machito y Bauzá involucraron en esto al experimentado promotor Federico Pagani, quien sugirió hacer-

149

299. Christina D. Abreu: *Rhythms of Race. Cuba Musicians and the Making of Latino New York City and Miami*, 1940-1960, The University of North Carolina Press, North Carolina, 2015, p. 101.

lo en forma de club privado, que funcionaría en un día y en una franja horaria determinados: así nació el Blen Blen Blen Club que, en la práctica, no tenía membresía y para lo único que había sido creado era para que entraran todos los que deseaban bailar la llamada música latina.[300] Su nombre fue una prueba de cómo había calado en el público de ascendencia latina el tema homónimo de Chano Pozo en la voz y el estilo de Miguelito Valdés, quien hizo de la canción un verdadero éxito, con la subsiguiente repercusión en las ventas de discos. Fue la elección del nombre, sin embargo, el único vínculo de Chano con el Blen Blen Blen Club: no fue ni su dueño, ni su gerente, ni siquiera fue su idea. Una vez puestos de acuerdo con el proyecto, Pagani inundó de letreros y *posters* los barrios y vecindarios donde vivían cubanos, boricuas, latinos; las paradas de los medios de transporte en el Spanish Harlem exhibían anuncios invitando a bailar. El día de la inauguración del evento bailable, cientos de personas hicieron fila ante la entrada de The Palladium para no perderse la actuación de las cinco agrupaciones anunciadas: Noro Morales, la banda de merengue de Joseíto, José Curbelo, Machito y sus Afro-Cubans y Marcelino Guerra Rapindey. No se han encontrado evidencias que muestren si Chano estuvo presente o participó en este megaespectáculo en el club que llevaba el nombre de uno de sus temas más reconocidos. El éxito inaugural aseguró la popularidad del Blen Blen Blen Club, que continuó cada domingo en las tardes, lo cual dio la razón a la táctica comercial de Federico Pagani: tres grandes bandas en el escenario, distribución de *tickets* de descuentos, asegurar la presencia de bailadores carismáticos y espectaculares, y dejar que la multitud misma fuera parte del espectáculo.[301]

---

300. Max Salazar: «The Palladium». *Mambo Kingdom. Latin Music in New York*, ed. cit., pp. 88-89.

301. Josephine Powell: *Tito Puente: When the Drums Are Dreaming, Author House*, Bloomingdale, IN, 2010, p. 152.

¡Ahora sí! (1947)

Bebop, preludio

A inicios de la década de los cuarenta, las bandas de *swing* aún mantenían su supremacía, al tiempo que un grupo creciente de músicos afroamericanos introducían cambios esenciales en el *jazz*. Los conciertos y descargas eran laboratorios de incesante experimentación, pero el registro fonográfico de lo que se gestaba no tuvo lugar en el momento preciso: el *bebop*, cuyo auge coincidió también con las postrimerías de la Segunda Guerra Mundial, tuvo que afrontar una limitación temporal, pero importante: la imposibilidad de difundir obras de los períodos tempranos de sus principales gestores a través de registros fonográficos, al enfrentar la prohibición de realizar grabaciones impuesta a sus miembros por la American Federation of Musicians entre 1942 y 1944, una iniciativa de su entonces presidente James Petrillo para presionar a las compañías discográficas a dar mejor trato económico a sus músicos en cuanto a regalías. Esto provocó que los primeros discos con temas de *bebop* no aparecieran en el mercado hasta 1945. En opinión de Gillespie, el *bebop* despegó comercialmente ese año, el mismo en el que él organizó su propia y primera *big band* para, bajo el auspicio del promotor Milt Shaw, salir de gira a los estados sureños. La sección de viento de aquella primera banda fue tremenda: Freddie Webster, Kenny Dorham, Miles Davis, Fats Navarro y Dizzy, por supuesto, pero aun así las cosas no salieron como se esperaba y, aunque sin desanimarse, Dizzy disolvió la banda al regresar de la gira. En 1945, en opinión de Dizzy, la gente no estaba preparada para el *bebop* en el contexto de una *big band*; creía que sí lo estaba si el formato era el de un grupo pequeño.

Corría el año 1946 y Dizzy desplegó una enfebrecida actividad: armó su segunda orquesta a la que convocó a Charlie Parker, Max Roach, Bud Powell, Ray Brown (quien sustituyó el paso fugaz de Curley Russell) y luego Milt Jackson. Fue el club de *jazz* Three Deuces el sitio que acogió los empeños enloquecidos pero geniales de Gillespie, a quien la innovación inspirada le robaba casi todo el tiempo de su vida. El año se presentaba prometedor. Compuso

«Things to Come» y apareció por primera vez en un filme. La banda iba de un éxito en otro; la calle 52 era su paraíso recobrado y de algún modo Dizzy presentía que era mucho más importante lo que estaba por venir. En todo caso, la energía cósmica se fue concentrando para un encuentro trascendental: el de Dizzy Gillespie y Chano Pozo.

En su autobiografía Gillespie enmarcó su primer encuentro con Chano Pozo ya avanzado el año 1947:

> Durante el otoño de 1947, cuando por fin conseguí que la big band estuviera en plena forma, hablé de nuevo con Mario Bauzá sobre algo que ya le había mencionado en 1938: la idea de hacerme con un intérprete de congas, con un tumbador, y me dijo: "Tengo al hombre que necesitas. Pero no habla inglés."[302]

Bauzá, por su parte, dio su versión a Leonardo Padura, cuando el joven periodista cubano lo entrevistó en noviembre de 1993 en Nueva York:

152

> Un día viene a verme Dizzy, que se había ido también de la orquesta de Cab Calloway, y me dice: Mario, me han dado un chance grande de hacer un concierto en el Carnegie Hall y vengo a verte para que me aconsejes qué es lo que hago. Y yo le digo: ni lo pienses, métele al afrocuban jazz. Y él se asombra y me dice que no sabe nada de ritmo. Yo le digo, pues no te preocupes, que tengo aquí un hombre que es un león tusao.... Nos montamos en el carro y arrancamos para acá, para la 111 con la 7ma Avenida, donde estaba viviendo Chano. Y en cuanto llegamos, sin explicarle nada, le digo: Oye, agarra los tambores y toca algo para este amigo. Y Chano tocó "Manteca" y Dizzy se quedó así, con los ojos abiertos. Ahí empezó otro de los momentos grandes del afrocuban jazz de Mario Bauzá.[303]

En este relato, Bauzá se refirió al encuentro de Dizzy con Chano como el momento mágico y primigenio donde Gillespie supuestamente se enfrentó por primera vez con lo que Mario llamó *afrocuban jazz*. Pero ya hoy se sabe que los primeros acercamien-

302. Dizzy Gillespie y Al Fraser. Ob. cit., p. 341.

303. Leonardo Padura Fuentes: «Conversación en "La Catedral" con Mario Bauzá», ed. cit., p. 28.

tos de Dizzy Gillespie a las estructuras y sonoridades de lo afrocubano datan de mucho antes, y estuvieron ligados al propio Bauzá, cuando ambos compartían atriles en la orquesta de Cab Calloway, y algunas escaramuzas y acercamientos experimentales tuvieron lugar en aquella época de finales de la década de los treinta. Estando en la banda de Calloway, Bauzá le enseñó al baterista Cozy Cole los elementos de rítmica cubana. En octubre de 1939 la banda, con Cozy y Gillespie dentro, grabó «Chili con conga»,[304] tema de *swing* que quedó solo como una epidérmica aproximación a las sonoridades cubanas.

Incluso mucho antes, el trabajo de un jovencísimo Gillespie con el cubano Alberto Iznaga pudo estar en los prolegómenos de su contacto con el mundo de la música afrocubana.[305] En 1943 Mario Bauzá compuso «Tanga», una obra crucial y un hito en el surgimiento del *jazz* afrocubano; la presentó en mayo de ese mismo año en el Park Palace Ballroom de Nueva York, y es poco probable que, conociéndose y compartiendo con frecuencia, Gillespie no conociera de la existencia de esta relevante obra de su amigo cubano. De hecho, Diz solía frecuentar el Park Plaza no solo para visitar a su viejo amigo, sino que a veces era algo más, era un *sit-in* (sentarse a tocar) con Machito y sus Afro-Cubans, pues la sonoridad de Machito y también la de la orquesta de Noro Morales le atraían sobremanera.

Pero el propio Diz, en el camino del reconocimiento de la música afrocubana, y en particular de su componente africano, concedió especial importancia a otro hecho: los conciertos que hizo en el Diplomat Hotel entre 1946 y 1947 y que tuvieron una motivación un tanto singular:

> Charlie Parker y yo tocamos en conciertos benéficos para los estudiantes africanos que había en Nueva York, y para la Academia Africana de Artes de Investigación, que dirigía Kingsley Azumba Mbadiwe. Al final, Mbadiwe terminó siendo ministro de Estado de Nigeria, pero antes, aquí, como director de la Academia Africana, organizó nuestra presencia en algunos conciertos benéficos en el Diplomat Hotel que tendrían que haberse grabado. Solo éramos Bird, Max Roach y yo, con unos percusionistas

---

304. Nat Chediak: *Diccionario de jazz latino*. Madrid. Fundación Autor, 1998, p. 33.

305. Leonardo Acosta: *Un siglo de jazz en Cuba*, ed. cit., pp. 109-115.

africanos y cubanos; ni bajo ni nada. También tocamos para un bailarín llamado Asadata Dafora. Estos conciertos [...] fueron tremendos. Gracias a esa experiencia, Charlie Parker y yo supimos de los vínculos entre la música afrocubana y la africana, y descubrimos que eran iguales que la nuestra. No hay duda de que esos conciertos tendrían que haberse grabado, porque nos lo pasamos de miedo, fue maravilloso, descubriendo nuestra identidad.[306]

Sí, realmente habría sido algo espectacular no solo escuchar sino ver la imagen en video. Austin Dafora Horton, conocido como Asadata Dafora,[307] era un músico y bailarín de Sierra Leona, considerado uno de los primeros en introducir las percusiones africanas en los Estados Unidos en la década de los treinta del siglo XX, y aunque su actividad fue multidisciplinar su mayor legado ocurrió en el ámbito danzario, por lo que actualmente es considerado uno de los pioneros de la danza afroamericana. El 7 de mayo de 1947 se produjo este peculiar concierto de Gillespie, Parker y Max Roach, con la participación de Dafora, Norman Coker y Alma Sutton, bajo el título *African Interlude* en el Diplomat Hotel, en la 110 West y 43 St. El propio Gillespie, analizando los hechos varias décadas después, concedió una relevancia especial a la interpretación de la pieza «Bombastic Bebop», en la cual, junto a Charlie Parker, se hizo acompañar por una sección rítmica de la que formaron parte seis percusionistas: Bill Álvarez (bongó); Pepe Becké (quinto); Diego Iborra, Eladio González y Rafael Mora (tumbadoras); y Max Roach (batería).[308]

Para Roach también fue trascendente este hecho:

En los pequeños grupos que teníamos en la calle 52 tocaban músicos afrocubanos ya antes del regreso de las big bands y era realmente excitante escuchar a la sección rítmica. Por supuesto, fue Dizzy el que trajo a Chano para que tocara. Eso fue justo después del período de la calle 52. Cuando se trasladaron al norte, a Broadway. Pero tocaban con nosotros desde antes. Recuerdo un concierto, solo con Dizzy y Charlie Parker, en el Hotel

306. Dizzy Gillespie y Al Fraser: ob. cit., p. 313.

307. Asadata Dafora: Freetown, Sierra Leona, 4 de agosto de 1890-Harlem, Nueva York, 4 de marzo de 1965.

308. New York *Amsterdam News*, 17 de mayo de 1947, en Jordi Pujol: ob. cit., pp. 66-67. También H. Lynch: K. O. Mbadiwe. *A Nigerian Political Biography*, 1915-1990, Palgrave Macmillan, 2016.

Diplomat, justo enfrente del Town Hall, en Nueva York. Actuamos con un grupo de percusionistas africanos de visita en Estados Unidos. Solo estábamos Dizzy, Charlie Parker y yo, y unos seis o siete percusionistas. No había ni piano, ni contrabajo, ni nada. Solo tocamos los temas que hacíamos en la calle 52: "Woody'n You", "A Night in Tunisia" y cosas así.[309]

Entre sus músicos Diz no era el único que solía frecuentar los clubes latinos: al baterista Kenny Clarke le encantaba también la música de los cubanos y, de hecho, llegó a confesar que desde que en 1947 se abrió el mítico *ballroom* latino The Palladium lo frecuentó para tocar con bandas latinas, entre ellas la de Machito. En opinión de Leonardo Acosta, esto fue crucial, pues «gran parte del enfoque innovador de Kenny Clarke se debió a su asimilación de los ritmos y la sonoridad de la percusión afrocubana»,[310] al tiempo que lo caracterizó como el hombre que revolucionó el modo de tocar su instrumento en los inicios del *bop*.[311]

Dizzy no cesó de experimentar y su búsqueda primaria con los instrumentos de percusión estuvo ya lista para llegar a un estadio superior.

Fueron varias las versiones ofrecidas por Mario Bauzá sobre el momento en que Dizzy y Chano se conocieron. Cuando fue entrevistado por Al Fraser para el libro *To Be or Not to Bop. Memorias de Dizzy Gillespie,* comentó:

> [...] yo fui la causa de eso, de ese matrimonio, de esa integración. Te diré lo que ocurrió: cuando Dizzy dejó a Calloway me dijo que quería hacer algo. Yo le propuse: "¿Por qué no te subes a este carro?". Hacía tiempo que teníamos esa idea. En la banda, hablamos sobre ello. Así que él me preguntó: "¿Y tienes a alguien?". "Tengo al hombre que necesitas para tocarlo". Así que agarré a Chano Pozo, que era amigo mío, y a otro intérprete de bongó, y les monté un ensayo con Dizzy. Dizzy se entusiasmó, y se quedó con Chano.[312]

309. Max Roach. Citado por Dizzy Gillespie y Al Fraser: ob. cit., pp. 256-257.

310. Leonardo Acosta: *Un siglo de jazz en Cuba,* ed. cit., p. 121.

311. Ídem.

312. Dizzy Gillespie y Al Fraser: ob. cit., p. 342.

Dizzy meets Chano

El primer encuentro personal de Dizzy y Chano se produjo, según los testimonios ya citados, cuando Gillespie fue llevado por Bauzá al departamento que ocupaban, desde su primera llegada a Nueva York, el tamborero y su novia Cacha en la calle 111.

> Tocaba en un local de El Barrio. Bailaba, cantaba, tocaba; tenía un espacio en el espectáculo, pero lo que más hacía era tocar para otros bailarines [...] Tocaba el quinto, un instrumento de unos 45 centímetros de alto, que parece una conga pequeña. Tiene un timbre muy agudo [...] La primera vez que le escuché allí, hablamos, es decir, no hablamos, nos miramos el uno al otro y nos reímos.[313]

A ese primer encuentro también se refirió Dizzy: «hablamos sobre qué había escuchado él de mi música, y sin trato de negocio alguno él estuvo de acuerdo en empezar a tocar con nosotros a partir de ese momento».[314] Chano sedujo a Gillespie en el mejor sentido y del modo que mejor sabía hacerlo: sacando unos sonidos endiablados de su inseparable tumbadora y con un *performance* demasiado integral como para olvidarlo. Los que vieron a Chano Pozo en plena acción han aportado elementos coincidentes, resumidos con acierto por el musicólogo cubano José Reyes Fortún:

> Chano Pozo, como musicante popular, arrancaba al parche de sus tambores una polirritmia críptica muy personal, con el añadido de una práctica gestual danzaria de excepción –al bailar la rumba prefería el estilo jiribilla, marcado por acentuados patrones rítmicos de origen bantú– y un raro estilo al cantar cargado por una rica gama de modulaciones e interjecciones ancestrales incomprensibles.[315]

Al apreciar Gillespie lo que estaba viendo, ahí quedó sellado el trato. Corría el otoño de 1947, habían transcurrido varios meses desde la llegada de Chano a Nueva York cuando su incorporación

---

313. Ibídem, p. 341.

314. Ira Gitler: *Swing to Bop: An Oral History of the Transition in Jazz in the 1940s.* Oxford. Oxford University Press,1985, p. 292. Traducido al español por la autora.

315. José Reyes Fortún: «Luciano Pozo González: algo más que una leyenda del tambor», ed. cit., p. 130.

a la banda y a los proyectos de Dizzy se hizo una tangible realidad. Este hecho marcó necesariamente un hito dentro del convulso y original panorama del *jazz* en Norteamérica.

Un año antes, poco más o menos, ciertos sectores de la prensa habían iniciado una ofensiva contra la corriente emergente del *bebop* y sus músicos cultores que no se limitaba a atacar lo que era nuevo estilística y musicalmente, y lo que apuntaba a una evolución del género, sino que, para denigrarlos, ponía énfasis en ciertas características personales externas de los músicos *beboppers*, en presuntas excentricidades y adicciones, y diseñaban matrices de opinión que enfatizaban aspectos de carácter moral que suponían una influencia dañina sobre la juventud. En su edición del 25 de marzo de 1946 la revista *Time* enunció:

> Como suele ocurrir en estos casos, todo empezó en la calle 52 de Manhattan. Un director de banda llamado John (Dizzy) Gillespie, tratando de enfatizar las notas más hermosas del swing, explicaba: "Cuando lo tarareas, lo más natural es que digas bebop, be-de-bop...". Hoy en día, el pez gordo del bebop es un tipo llamado Harry (The Hipster) Gibson, que en momentos de supremo éxtasis pianístico pone los pies sobre el teclado. El número dos es un hombre llamado Bulee (Slim) Galliard, un altísimo guitarrista negro de llamativa indumentaria. Gibson y Galliard han grabado números tan modernos como "Cement Mixer", que ha vendido más de 20 000 copias solo en Los Ángeles; "Yeproc Heresy", "Dreisix Cents" y "Who Put he Benzedrine in Mrs. Murphy's Ovaltine?"[316]

157

A seguidas, el artículo daba una definición tendenciosa de la nueva corriente jazzística: «¿Qué es el *bebop*? *Jazz* ardiente recalentado, con letras exageradas, muy subidas de tono y llenas de ambigüedades y de referencias al consumo de drogas».[317] Años después Dizzy Gillespie razonó sobre aquel delicado momento:

> Nuestro estilo, una vez dentro del mercado, se vio tergiversado por la prensa y la industria musical. En primer lugar, para el público, las personalidades y las debilidades de los implicados empezaron a ser más

316. *Time*, Nueva York, 25 de marzo de 1946, citado por Dizzy Gillespie y Al Fraser: ob. cit., p. 301.

317. Ídem.

importantes que la propia música, que después se diluyó. Cogieron melodías de blues y pop, añadieron donde pudieron acentos "mop, mop" y letras sobre consumo excesivo de drogas, y al ruido resultante le llamaron bebop. Con la misma etiqueta que nuestra música, ese sonido artificial se puso mucho en multitud de emisoras comerciales, dando mala prensa al bebop. Por mal que sonara la imitación, a los jóvenes y a la gente sin preparación musical les gustaba, y se vendió bien porque tenía un ritmo muy bailable. En la prensa se me acusó de ser uno de los principales impulsores de todo eso. Tendría que haberles demandado, aunque las posibilidades de ganar en un tribunal eran escasas.[318]

No era el trasfondo, sino el escenario mismo: los músicos negros norteamericanos creaban y tocaban en circunstancias de prejuicios sociales y segregación racial mucho más recrudecidas, crueles e insoportables en los estados sureños, pero vigentes de diverso modo en áreas metropolitanas como Nueva York.

A esas calamidades, los *beboppers* sumaban otra: como denunciaba Dizzy en la cita anterior, debían enfrentar también la imitación de algunos jazzistas blancos, algunos con mayor acceso a los medios de difusión, quienes, si no copiaban, al menos dejaban penetrar en sus bandas y creaciones la influencia de los *beboppers*. El caso más connotado, quizás, fue el de Stan Kenton, músico de probada maestría y amplia difusión, quien a mediados de los cuarenta dejó clara su atracción por los ritmos cubanos, y más concretamente por la impronta africana en ellos. En enero de 1946 Machito y su banda se presentaron en el Club Brazil, en Los Ángeles. Stan Kenton y varios de sus músicos presenciaron la actuación de los Afro-Cubans. Según refirió Max Salazar en su artículo «Stan Kenton Latin Jazz Connections», el interés de Kenton por la música afrocubana comenzó justo ese día, cuando vio a Machito actuar en vivo. Kenton intercambió opiniones y escuchó criterios de los integrantes de la banda del cubano y terminó entonces escribiendo, en honor al líder de los Afro-Cubans, el tema «Machito».[319] Pero evidentemente tal seducción tuvo su inicio mucho antes, en

---

318. Gillespie Dizzy y Al Fraser: ob. cit., pp. 301-302.

319. Referencia: Capitol 408, 1947. Cfr. Max Salazar: «Stan Kenton's Latin Jazz Connections». *Latin Beat*, San Francisco, mayo de 1999.

1941, cuando Kenton grabó «Tabú», de Margarita Lecuona. La decisión de *latinizar* un tanto el sonido de su banda pareció irrevocable, a juzgar por el camino ascendente que en este sentido inició y recorrió en muy corto plazo y que tuvo dos hitos culminantes: el «mano a mano« *(battle of bands)* entre las dos orquestas —la de Machito y la de Kenton— en el escenario del Town Hall el 24 de enero,[320] y la grabación por Kenton once meses después de su versión de «El manisero» utilizando músicos de la sección rítmica de Machito.[321]

Es evidente que, en paralelo, Kenton continuó atento a lo que se cocinaba entre los *beboppers*, pero ellos estaban concentrados y absolutamente excitados con la música que estaban haciendo, sabiendo quizás que algo nuevo y bueno estaba llegando con ellos. El factor lúdico no fue despreciable en esto: el disfrute pudo retroalimentar la creatividad, del mismo modo que los enemigos y los enfrentamientos no hicieron más que fortalecerles en sus convicciones musicales y generar una mayor excitación creativa. ¡Y en eso apareció Chano, para colmar el espíritu experimental de Dizzy y la creciente seducción que ejercían sobre él los elementos rítmicos afrocubanos!

320. Leonardo Acosta: *Un siglo de jazz en Cuba*, ed. cit., pp. 123-124.

321. Stan Kenton grabó su versión para big band de «El manisero» el 6 de diciembre de 1947 en los RKO Pathe Studios, en la 106 entre Park y Lexington, Nueva York.

El concierto del Carnegie Hall: «Cubana Be, Cubana Bop»

Tal era el ambiente jazzístico en Nueva York cuando se anunció el concierto de Dizzy Gillespie and His Orchestra junto a Ella Fitzgerald en el Carnegie Hall, a cuyo escenario subieron el lunes 29 de septiembre de 1947. Dizzy había incorporado antes al bongosero Lorenzo Salan, un cubano que llevaba ya algún tiempo en Nueva York. Tras una corta preparación, Dizzy decidió tener también a Chano Pozo y su tumbadora en este concierto. El trompetista y director concedía mucha importancia al hecho de que Chano tuviera ascendencia lucumí, del África occidental, y que manejara ritos y cantos de ese origen; aquello era lo que mayor atracción ejercía sobre Dizzy, pues lo llevaba, a través de lo afrocubano, hasta los orígenes mismos: a África. Introdujo entonces la idea de utilizar estos elementos en algunos de los temas que interpretaron en el concierto. Esto fue lo que ocurrió en la suite «Cubana Be, Cubana Bop», que resultó ideal para combinar las ideas melódicas y rítmicas de Dizzy y de su compositor, George Russell, quienes marcaron someramente lo que suponían y deseaban que Chano hiciera. Y esto, solo esto, representó un punto giro en la historia del *jazz*. Fue la primera salida de Chano a escena con Dizzy y su *big band*. Ella Fitzgerald, y Charlie Parker en el saxo alto, acompañaron a Gillespie en la cabeza del cartel de un verdadero *all stars del bebop*, que incluyó a Kenny Pancho Hagood y al propio Gillespie (voces); John Brown y Howard E. Johnson (saxo alto); Joe Gayles y James Moody (saxo tenor); Cecil Payne (saxo barítono); Dave Burns, Matthew McKay, Raymond Orr y Elmon Wright (trompetas); Joe Taswell Baird y Bill Shepherd (trombones); John Lewis (piano); Milt Jackson (vibráfono); Joe Harris (batería), Al McKibbon (bajo); Lorenzo Salan Chiquitico (bongó) y Chano Pozo (conga).[322]

160

---

322. *Line-up* tomado de Charlie Parker & Dizzy Gillespie: *Diz 'n Bird at Carnegie Hall,* Capitol Records, CDP 724385706127, 1947, remasterizado en 1997 en CD. Ken Vail *(Dizzy Gillespie. The Bebop Years 1937-1952,* The Scarecrow Press, Inc. Lanham, Maryland and Oxford, 2003, p. 50) coincidió con esta formación pero no incluyó a Lorenzo Salan Chiquitico en el bongó. Si nos atenemos al testimonio del crítico Michael Levin, en la siguiente cita, es evidente la presencia de ese instrumento en la interpretación de «Cubana Be, Cubana Bop» en el concierto.

En impresionante desempeño, Gillespie y su banda mostraron el poder y la sintonía entre sus instrumentistas durante un concierto fijado para la posteridad gracias a un registro *in situ*. Un quinteto escindido de la banda de Gillespie, formado por Charlie Parker (saxo alto); Gillespie (trompeta); John Lewis (piano); Al McKibbon (bajo); y Joe Harris (batería), abrió el concierto con «A Night in Tunisia», seguido de «Dizzy Atmosphere», «Groovin' High», «Confirmation» y «Koko». Luego, la orquesta apareció al completo, sin la participación de Bird: Dizzy, Dave Burns, Matthew McKay, Ray Orr y Elmon Wright (trompetas); Joe Taswell Baird y William Bill Shepherd (trombones); John Brown y Howard Johnson (saxos altos); James Moody y Joe Gayles (saxos tenores); Cecil Payne (saxo barítono); John Lewis (piano); Milt Jackson (vibráfono); Al McKibbon (contrabajo); Joe Harris (batería); Lorenzo Chiquitico Salan (bongó); Kenny Pancho Hagood (voz). La banda interpretó «Cool Breze», «Relaxin' at Camarillo», «One Bass Hit», «The Nearness of You», «Salt Peanuts», «Cubana Be, Cubana Bop», «Hot House», «Toccata for Trumpet and Orchestra», «Oop-Pop-A-Da», «Things to Come» y «Yesterdays». Chano Pozo hizo su debut con la tumbadora en «Cubana Be, Cubana Bop». En la parte final, Ella Fitzgerald se hizo acompañar por la orquesta de Gillespie, con Hank Jones al piano, para cantar: «Almost Like Being in Love», «Stairway to the Stars», «Lover Man», «Flyin' Home», «Lady Be Good» y su infaltable «How High the Moon», pero su *performance* quedó fuera de las grabaciones debido a problemas confrontados con el micrófono. Según las notas al disco resultante de la memorable grabación del concierto del Carnegie Hall, lo mismo ocurrió con la interpretación de «Yesterdays» de Milt Jackson, en la cual la sección de vientos quedó inaudible.

Aun así, el concierto conmocionó al auditorio: dejó estupefactos a unos, confundidos a otros, pero indiferente a nadie. Algunas fuentes han colocado en los labios de Ella Fitzgerald la lapidaria sentencia: «Esta noche ha nacido un nuevo sonido en el *jazz*».

Chano asombró con su desempeño en «Cubana be, Cubana bop», probablemente el tema que consiguió atraer la mayor atención. En la crítica publicada por la revista especializada *Down Beat*, Michael Levin, sin mencionar el nombre Chano, hizo referencia a su desempeño, al de Lorenzo Salan Chiquitico y a la acogida del público.

Lo que más gustó a la multitud fue, incuestionablemente, el número "Cubana Bop", con sus solos de bongó y tumbadora, y que ilustran un punto al cual el toque [el toque de la percusión] ha aportado mucho: el jazz puede tomar mucho de los estilos rítmicos suramericanos y afrocubanos.[323]

Luego de aquel concierto, aún saboreando el éxito, Dizzy y sus músicos cumplieron una semana de contrato a partir del jueves 9 de octubre y hasta el viernes 15 en el Adams Theater de Newark, Nueva Jersey, donde compartieron de nuevo cartel con la Fitzgerald. Ya para estos conciertos Dizzy decidió prescindir del bongosero Salan y dejar únicamente en la percusión afrocubana a Chano Pozo.

Le siguió el debut en Binghampton, estado de Nueva York, el viernes 17; al día siguiente se presentaron en la Cornell University, donde incluyeron en el programa una «Afrocuban Drum Suite» —que fue la versión definitiva de «Cubana be, Cubana bop»—;[324] y el domingo 19 lo hicieron en Boston, en el Symphony Hall.

Sobre la primera vez que se interpretó la versión definitiva de esta *suite* afrocubana, George Russell recordó:

> Estrenamos "Cubana Be, Cubana Bop" en el Carnegie Hall, y la gente se sorprendió e impresionó realmente. Después del Carnegie Hall, teníamos otro concierto en el Boston Symphony Hall, y yo salí con la banda. Mientras viajábamos en el autobús, Chano, que iba sentado en la parte trasera, comenzó a entonar y tocar unos cantos africanos, mágicos. Una música folklórica sumamente misteriosa. Entonces, le comenté a Dizzy: "Tú debes abrir la sección intermedia completa trayendo a Chano al frente, y dejándole hacer. Con esto, nosotros iremos construyéndolo todo". Lo probamos esa noche en el Boston Symphony Hall y, para que tengan una idea de la temperatura que alcanzó esto, la gente negra en el auditorio se sintió confundida. El blanqueamiento de la cultura había actuado tan despiadadamente, que la raza negra en Estados Unidos, en ese momento, había sido separada completamente de su cultura nativa. Se les enseñó a avergonzarse de su cultura y, por tanto, los negros que formaban parte de la audiencia en Boston

323. Michael Levin: «Dizzy, Bird, Ella Pack Carnegie». *Down Beat*, no. 14/22, 22 de octubre de 1947, p. 1, 3 (c), citado por Ken Vail: ob. cit., p. 51.

324. Existe un registro fonográfico de la actuación. Véase anexo III de esta edición.

actuaron en consecuencia, porque empezaron a reír cuando Chano llegó al escenario con sus ropas nativas y comenzó.[325]

Sobre el proceso de creación de esta obra, Russell contó años después:

Diz había escrito un esbozo que era en esencia "Cubana Be"; fue lo que más tarde se convirtió en la parte titulada "Cubana Be", aunque yo escribí una larga introducción que en esa época era modal, es decir, no se basaba en ningún acorde, algo que era una innovación en el jazz, porque en realidad la época modal no se inició hasta que Miles [Davis] la popularizó en 1959. Así que esa pieza se escribió en 1947, y la concepción general de mi introducción era modal; después entraba el tema de Dizzy y lo tocábamos. A continuación yo escribí la segunda parte, "Cubana Bop".[326]

En cuanto a la autoría de «Cubana be, Cubana bop», Russell recordó:

Por supuesto, Dizzy y yo éramos los compositores, pero cuando se acercó el momento de realizar la grabación del tema con la Victor, Chano insistió en que él también quería aparecer como compositor. Bueno, en cierto sentido tenía razón, porque las improvisaciones suyas que había en medio las había creado él. No estaban escritas, sino que eran improvisaciones propias de él. Así que, por respeto a Chano, todos acordamos que él fuera el tercero. Apareció como uno de los compositores.[327]

Como se aprecia, Chano controlaba perfectamente los rudimentos del derecho autoral, con los que ya había tenido que lidiar desde sus primeros años como compositor en Cuba y, en consecuencia, actuó en defensa de lo que consideró que era justo para sí mismo.

El experimento creativo que resultó «Cubana be, Cubana bop» —que antecedió a «Manteca»—, y la inserción de Chano en él, fue razonado por Russell en estas palabras:

325. George Russell: Citado por Alyn Shipton: *Groovin' High: The Life of Dizzy Gillespie*, Oxford University Press, Oxford, 1999, p. 200.

326. George Russell. Citado por Dizzy Gillespie y Al Fraser: ob. cit., p. 347.

327. Ídem. Russell se refiere a la fijación de «Cubana be, Cubana bop» el 22 de diciembre de 1947 en el disco RCA Victor V-20-3145, 78 rpm, según se indica en el texto citado.

La forma que tenía Diz de ensamblar las progresiones de acordes era muy singular, ¿sabes?, y su tema "Cubana Be, Cubana Bop" era realmente magnífico, asombroso para la época. Realmente imaginativo desde el punto de vista armónico. Las ideas de Chano venían de África. Cuando las escuché con esa mezcla de típica percusión estadounidense y cosas afrocubanas, me parecieron incendiarias. Eso era justo lo que nos esforzábamos por captar, esa especie de universalidad. En esa pieza había toda clase de influencias, pero lo principal era la fusión de elementos afrocubanos y jazz tradicional. No tradicional, sino la percusión del jazz contemporáneo del momento. Así que donde se hacía hincapié era en el ritmo.[328]

Dizzy coincidió con Russell en general, y detalló cómo fue la participación de Chano en la estructura de esta pieza:

[...] yo tocaba un montuno con Chano, solos él y yo, la trompeta y las congas. [...] Y entonces Chano tomaba el mando, y hacía él solo el resto, que era mucho, mucho. Hasta que después comenzábamos a cantar "Cubana Be, Cubana Bop"[329]

El saxofonista Cecil Payne, después del concierto del Carnegie Hall, resumió sus impresiones relativas a la presencia del cubano:

Chano Pozo entró en la banda y cambió el feeling, el sentimiento –no el feeling, sino el patrón rítmico de la banda– tocando "Cubana Be". Dizzy estaba concentrado en el tiempo latino, en los diferentes patrones rítmicos que Chano mostraba. En las giras Chano iba cantando y tocando todo el tiempo en la parte trasera del autobús.[330]

Para Leonard Feather, importante crítico y promotor, y uno de los primeros en apoyar el *bebop* como nueva corriente dentro del *jazz*, la entrada de Chano a la banda y sobre todo el estreno de «Cubana be, Cubana bop» fueron hechos absolutamente trascendentales. Con sinceridad, Feather declaró:

Poco a poco fui haciéndome consciente del lenguaje latino, cuando Diz contrató a Chano para la banda y comprendió el potencial que tenía incorporar ritmos afrocubanos. Yo en realidad no era consciente de ello. Se podría decir que

---

328. Ibídem, pp. 347-348.

329. Ibídem, pp. 346-347.

330. Ira Gitler. Ob. cit., p. 292.

presentó el poner a Chano Pozo en la banda como un hecho consumado. Una vez hecho, parecía algo totalmente natural, pero, al igual que había ocurrido con el bebop, las cosas nunca se preveían. Y, sin embargo, cuando él presentó esto, te decía: "Cómo es que a nadie se le había ocurrido antes". Mira, eso forma parte del genio de Dizzy, que tenía ideas que quizás alguien debería o podría haber tenido antes, pero nadie las tuvo.[331]

Gillespie explicó el modo en que pudieron imbricarse los elementos afrocubanos con el *jazz* que se hacía en Estados Unidos en 1947 y que fue, en definitiva, el contexto en el que Chano debió insertarse de modo creativo y en el que los músicos de Dizzy debieron recibirle y permitirle entrar:

> En "Cubana Be, Cubana Bop" Chano entonaba una especie de canto litúrgico junto a los muchachos de la banda, él cantaba y ellos le respondían. Al mismo tiempo, tocaba y cantaba otras cosas, y yo nunca sabía dónde estaba el primer ritmo. El inicial, ¡el de uno! En realidad, cuando comprendí cómo escuchaba él el ritmo, los dos desarrollamos una forma de trabajar juntos, y yo podía indicarle que se uniera a la banda en el momento justo, porque su ritmo y el nuestro eran distintos. Así comenzó realmente la fusión entre la música cubana y el jazz. [...] Cuando los cubanos llegaron aquí, su música iba en 2/4 y la nuestra en 3/4, 4/4 o en compás partido. Hay una gran diferencia. Cuando las bandas cubanas venían aquí los estadounidenses no podían leer su música muy bien en un compás de 2/4. No podían porque, en lugar de ocho notas, había dieciséis, y les parecía demasiado abigarrado, demasiado para ellos. Por lo tanto, los músicos de aquí lo transcribieron como si fuera un compás de 4/4, y se cargaron el sentimiento de la música. El compás 4/4 destruye por completo el sentimiento de la música cubana porque ellos tocan en 2/4 en lugar de en 4/4. Ésa era la diferencia, y nosotros teníamos que acostumbrarnos a sus matices.[332]

331. Leonard Feather. Citado por Dizzy Gillespie y Al Fraser: ob. cit., p. 337.

332. Ibídem, cit., p. 344.

We both speak African: ¡Mantecaaa!

La comunicación entre Gillespie y Pozo siempre fue uno de los aspectos más intrincados y asombrosos de esta relación musical. El desconocimiento total del idioma del otro y el escasísimo tiempo que duró el vínculo creativo entre ambos fueron realidades indiscutibles. La explicación que Gillespie dio al modo en el que el entendimiento mutuo se hizo posible apeló a los ancestros mismos y al período de la esclavitud en Estados Unidos.

> Chano chapurreaba para decir que como yo no hablaba español ni él inglés, hablábamos en africano. "Diji no pik pani. Mi no pik angli. Bo pik african". Se refería a algo que comenzó en la época de la esclavitud. En Estados Unidos no nos dejaban utilizar nuestra forma de expresión primigenia, que era el tambor, porque podíamos hablar con él, y pensaban que así podríamos alentar una revuelta, una revolución. Entonces, ¿para qué dejarte hablar? Para que pudieras comunicarte con alguien situado a tres kilómetros de distancia y decirle: "Vamos a insubordinarnos y acabar con esos cabrones. ¡Prepárate!". Para los amos el sonido del tambor era una lengua extranjera con la que sabían que podíamos hablar, así que dijeron: "Basta ya de tambores. Si los sorprendemos usándolos acabaremos con ustedes". Después de Nueva Orleans, los negros pudieron ir a la ópera y escuchar esa música, y les dejaban tener instrumentos, pero nunca tambores". Cuando nos prohibieron y arrebataron los tambores, nuestros ancestros tuvieron que idear otras formas de expresión, para expresar sus emociones. Así que comenzaron, como en los campos, a cantar y a dar palmas, al tiempo que metían rítmicamente el azadón en la tierra. Llevaban el ritmo en la venas, pero no tenían ningún medio, ningún instrumento para articularlo y hacer que el sonido se oyera muy lejos. Para hacerlo necesitaban el instrumento principal, el que da ritmo, el que tocas con las manos. Nuestros ancestros seguían teniendo la pulsión de crear polirritmos, pero fundamentalmente, a partir de ese momento, lo que hicieron fue desarrollar uno solo, que fue muy fácil de adaptar. Eso ocurrió en Estados Unidos. Nos hicimos monorrítmicos, pero los afrocubanos, los suramericanos y los antillanos siguieron siendo polirrítmicos. No renunciaron a sus ritmos. Y en Estados Unidos nuestro ritmo era tan básico que otros negros del hemisferio podían escucharlo fácilmente.[333]

---

333. Ibídem, pp. 341-342.

Testimonios y evidencias permiten afirmar que Dizzy y sus músicos percibieron a Chano no como un cubano total, sino también y mayormente como africano, a partir no solo de su uso del tambor —que ya veían como un instrumento musical más, aunque novedoso por no ser propio— sino también de los dialectos o lenguas en las que Chano enunciaba sus cantos e invocaba a sus orishas.

En la vida diaria con los músicos de la banda Chano trataba de comunicarse también, pero nunca llegó a aprender el inglés más allá de lo imprescindible. Cecil Payne contó que «Scratch, el asistente, siempre estaba tratando de enseñarle, de que aprendiera a hablar inglés. Pero solo lo hablaba bien cuando se enojaba. ¡Cuando estaba molesto lo hablaba bien!».[334]

Chano fue el primer conguero que tocó de manera regular en una banda de *jazz* americana, pero, como era de esperar, la arrancada hacia la integración no fue nada fácil. Venía de un mundo sonoro completamente diferente y el primero en notarlo fue el propio Gillespie. Explicó en su biografía:

> [...] le costaba mucho [tocar] de forma coordinada. Había ciertas cosas de nuestra música que no comprendía. Los cubanos hacen ti-ti-ti, ti-ti, que es la clave cubana. Si vas en contra de la clave, es como ir en contra de nuestro ritmo con su toque diferente de 1-2-3. Eso Chano Pozo no lo entendía muy bien, y tocaba a lo cubano, con el ti-ti, es decir los dos golpes adicionales a nuestro ritmo. Se colocaba en un ritmo distinto al de los demás. Yo me preguntaba: "Cómo le voy a explicar a este tipo que va en contra del feeling del swing". No leía música, así que no podía decirle que entrara a cuatro. No leía música, pero era un gran compositor. De manera que me acercaba y le susurraba al oído, porque había un tema que tocábamos titulado "Good Bait" que él comprendía perfectamente. Así que siempre que entraba con el ritmo equivocado, yo me acercaba y le susurraba al oído: "Ta-ta, ta-ta-ta". Lo cambiaba inmediatamente [...] Era fantástico.[335]

La destreza y autenticidad del Chano multifacético dejó estupefactos a músicos y público a medida que fueron sucediendo los conciertos de la banda de Diz. Cecil Payne recordó: «Gillespie comentaba siempre cómo Chano podía tocar en un ritmo, cantar en

167

334. Ira Gitler. Ob. cit., p. 292.

335. Dizzy Gillespie y Al Fraser. Ob. cit., pp. 342-343.

otro y bailar en un tercero».[336] Aunque la iconografía de Chano en Estados Unidos y Europa lo muestra con una sola tumbadora, hay informaciones sobre la utilización por Chano de múltiples tumbadoras en algunos conciertos, lo que, lógicamente, amplió no solo sus posibilidades rítmicas sino también expresivas.

La repercusión que tuvo el surgimiento de Chano Pozo en el panorama jazzístico de Nueva York puede explicarse a partir de un artículo publicado por la revista *Life* en octubre de 1947: «Cuba's Tin Pan Alley», bajo la firma de Winthrop Sargeant. El artículo era un recorrido desde la óptica del periodista, recién llegado de Cuba, por el panorama de la creación musical cubana en ese momento, desde Las Fritas en la mítica Playa de Marianao,[337] el quehacer múltiple y monumental de Ernesto Lecuona, hasta la mención —con foto incluida— de Chano en el rol de compositor de temas muy populares, y los singulares sucesos acaecidos en torno a su relación con los representantes de su casa editorial en La Habana. El artículo, que se publicó varios días después del fantástico concierto del Carnegie Hall el 27 de septiembre, y que sirvió de debut neoyorkino al cubano, puso mayor énfasis en el anecdotario de violencia que acompañaba a Chano que en sus logros como compositor.[338] En general, la crítica especializada se enfrentó con emociones encontradas —nunca indiferentes— a la inserción de Chano en la banda de Dizzy.

El viernes 31 de octubre Dizzy Gillespie inició un contrato de una semana en el Apollo Theater de Nueva York, como figura principal junto a Sarah Vaughan, y compartiendo cartel con The Two Zephyrs y la pareja humorístico-dramática Apus & Estrellita. En el anuncio impreso apareció destacado el nombre de Chano Pozo.

El Paradise Theater, en Detroit, recibió a la banda de Gillespie el viernes 14 de noviembre para presentarse por espacio de siete días junto a la Fitzgerald. Luego pasaron al club El Sino, en el mismo

336. Ira Gitler. Ob. cit., p. 292.

337. Desde finales de la década del veinte se estableció en la Playa de Marianao, justo en el ala izquierda en dirección a Jaimanitas, una zona de precarios tugurios donde comenzaron a tocar músicos empíricos y donde reinaron el son, la rumba y la guaracha. Había bares de prostitutas de todo tipo. Era una zona marginal, pero sumamente popular, donde se hacía verdadera música popular. La figura que llegó a reinar ahí fue un mítico timbalero llamado Silvano Shueg, el Chori. Se hizo famoso internacionalmente sin moverse de Cuba.

338. Winthrop Sargeant: «Cuba's Tin Pan Alley» *Life*, Nueva York, octubre de 1947, p. 149.

Detroit, contratados por dos semanas. En los carteles y anuncios se volvió a destacar el nombre de Chano como «Authentic Afro-Cuban Drummer and His Exciting Congo Drums!».[339] En este club de Detroit cerraron la temporada el jueves 4 de diciembre de 1947.

Poster Club El-Sino, anunciando actuación de Dizzy Gillespie con Chano Pozo.

A inicios de diciembre, el viernes 5, la orquesta de Dizzy abrió una temporada de una semana en el Regal Theatre de Chicago, junto a la cotizada cantante afroamericana Nellie Lutcher. Dos días después de concluir en el Regal, la banda se presentó en el Club Riviera en St. Louis.

El domingo 21 de diciembre Dizzy realizó grabaciones con la Metronome All Stars para el sello Columbia, en Nueva York. En esta formación Chano no fue incluido.

Con una banda renovada —respecto a la del memorable concierto del Carnegie Hall en septiembre— Dizzy entró en los estudios de la RCA Victor los días 22 y 30 de diciembre de 1947 para realizar una serie de grabaciones que fueron absolutamente históricas: las primeras del *afrocuban jazz*. La orquesta de Gillespie estuvo integrada en esta ocasión por Dave Burns y el propio Dizzy (trompetas), junto a Benny Bailey y Lamar Wright, quienes reemplazaron a Matthew McKay y Ray Orr; Bill Shepherd y Ted Kelly sustituyendo a Joe Taswell Baird (trombones); Joe Gayles y George Big Nick Nicholas, quien reemplazó a James Moody (saxo

339. Ken Vail. Ob. cit., p. 53. La frase podría ser traducida como: «auténtico percusionista afrocubano y sus excitantes tambores del Congo». Con la expresión "Congo Drums", común en la década de los cuarenta, se pretendía marcar una diferencia entre la batería (*drums*) y las tumbadoras (*congo drums*). Esto probablemente derivó después en el apelativo 'congas' con el que se solía nombrar a ese instrumento de percusión en muchas zonas de Estados Unidos, América Latina y Europa.

tenor); Cecil Payne (saxo barítono); John Lewis (piano); Al McKibbon (bajo); Kenny Clarke en lugar de Joe Harris (batería); Kenny Pancho Hagood (voz); y Chano Pozo (tumbadoras y bongó).

En la sesión del 22 de diciembre de aquel 1947 dejaron fijados los temas «Algo bueno» (una versión de «Woody'n You», con nuevo nombre y arreglo de Gill Fuller, que reforzó la original con nuevo colorido y la acertada percusión de Chano), «Cool breeze» y «Cubana be, Cubana bop» (con Chano en una vibrante introducción y un ajuste notable entre él y los músicos de la orquesta en los cantos).

Cuatro días después, el viernes 26, Dizzy y su banda se presentaron en concierto junto a la cantante Sarah Vaughan en la Brooklyn Academy of Music, en Nueva York. Al siguiente día, el sábado 27, ofrecieron un concierto en el Town Hall junto al comediante y cantante Timmie Rogers. Esta presentación fue memorable por la fascinación que Chano, con su actuación, sus toques y cantos, provocó en el auditorio, que ya lo reconocía definitivamente como un miembro relevante en aquella banda de *beboppers* encabezada por Diz. Para Marshall W. Stearns[340] «la poderosa y principalmente rítmica influencia de la música afrocubana sobre el *jazz* y, especialmente, en el *"bop"*, alcanzó su punto culminante [...] en el concierto del Town Hall».[341]

El martes 30, de vuelta en el estudio de la Victor en Nueva York, fijaron los temas «Woody'n You», «Good Bait», «Ool-Ya-Kool» y «Minor Walk» y la primera e histórica grabación de «Manteca». La formación de la banda fue la misma que la del día 22, exceptuando la sustitución de James Moody en el saxo alto por Howard Johnson.[342] «Manteca» fue, hasta ese momento, el punto culminante en la forja de ese estilo que se dio en llamar *jazz afrocubano*. La revista *Down Beat*, en su edición de septiembre de 1948, reaccionó al reciente fenómeno musical y lo calificó: «La combinación del ritmo (ritmos afrocubanos), los códigos del *bop* y la orquestación

340. Marshall W. Stearns: 18 de octubre de 1980-18 de diciembre de 1966, fue un musicólogo norteamericano y crítico de *jazz*, fundador del Instituto de Estudios sobre *Jazz* en Estados Unidos.

341. Marshall W. Stearns: *La historia del jazz*. La Habana: Editorial Nacional de Cuba,1966, p. 212.

342. Datos sobre las sesiones de grabación de Dizzy Gillespie y su banda han sido consultados en <www.jazzdisco.org> y en la discografía de Chano Pozo y Dizzy Gillespie compilada por el investigador Sergio Santana Archbold (inédita).

es dinamita», y le adjudicó el lugar primero en la lista de *tops* sobre grabaciones recientes.

Los nombres de Chano Pozo y «Manteca» comenzaron a correr de boca en boca por todo Nueva York y luego mucho más allá: publicada junto con «Cool breeze» en disco de 78 rpm,[343] «Manteca» fue uno de los temas más escuchados durante el año 1948, y se convirtió en la pieza insignia de Dizzy Gillespie, y probablemente en la más notable y característica de esa etapa del *bebop*, y también de lo que algunos bautizaron como *cubop*. El impacto de «Manteca» en los músicos que desde diferentes ópticas se acercaban a lo afrocubano quedó resumida por Al McKibbon: "esa mecha inicial, 'Manteca', me abrió realmente los ojos, la mente, el corazón, todo."[344]

«Manteca» terminó siendo para la banda de Dizzy no solo una pieza musical, sino todo un espectáculo cuando la interpretaban en directo, que, se dice, duraba no menos de cuarenta y cinco minutos, en los que Chano tensaba todas sus cualidades como tamborero, cantante y bailarín para convertirse en la figura central sobre la escena.

Para la creación de «Manteca» sin duda Chano tomó elementos de la música popular bailable cubana, enraizada en su propia experiencia musical; esto se hacía muy evidente en la sección inicial de la pieza. A partir de esta constatación, la multiplicidad de versiones manejadas desde los inicios mismos ha aportado elementos para que cada quien construya su propia conclusión acerca de la creación de este clásico: algunos músicos cubanos aseguraron que se decía «manteca» en el argot callejero para no mencionar las palabras «droga» o «marihuana» (algo similar se dijo respecto a «tanga», a raíz de la creación del mítico tema de Mario Bauzá). En sus memorias Dizzy contó:

> Cuando estaba con la banda, Chano se presentó a hablar conmigo y me dijo: "Tengo una idea para una melodía". En español, la "manteca" es la nata de la leche y también es grasa, y en esa época todo el mundo decía: "Gimme some skin", que es algo así como choca los cinco [dedos]. Es decir, que "manteca" es algo grasiento. De ahí salió el título. Era bastante ingenioso. [Chano] Ni siquiera sabía inglés, pero escribió una melodía con un título que tenía connotaciones en inglés. Cuando vino, ya tenía pensado

---

343. Referencia: RCA Victor V-20-3023. Véanse Anexo II y III de esta edición.

344. Al McKibbon. Citado por Dizzy Gillespie y Al Fraser: ob. cit., p. 344.

qué iba a hacer el contrabajo, cómo iba a arrancar y cómo iban a entrar después los saxos. Tenía ese riff. Y también los de los trombones y las trompetas.[345]

Tal aseveración en boca de Gillespie demuestra la musicalidad innata y la capacidad intuitiva de Chano para crear y hasta arreglar un tema, siempre a partir de la percusión, del toque del tambor, y también su ductilidad para insertarse en el formato de Gillespie y comprender qué se quería de él, cubano percusionista e iletrado musical. Diz insistió en que aquello estaba muy bien, pero que «si lo hubiese dejado a su aire, la cosa habría sido estrictamente afrocubana, hasta el fondo. No habría habido ningún puente. Y yo lo escribí porque el tema lo necesitaba».[346]

Walter Gilbert Fuller, el arreglista, contó esto de una forma un tanto diferente, contraria a la opinión de Gillespie, minimizando el rol de Chano. Según él, Chano solo tarareó lo que suponía que debían hacer los saxos:

> Creo que el primer tema auténticamente latin que hicimos fue "Manteca". Lo compuse en mi apartamento, en el 94 de La Salle, con nadie más que con Dizzy, Chano y Bill Graham. Chano tarareaba los cambios, y con lo que nos partimos de risa esa noche fue cuando le preguntamos: "Cómo quieres que sea el contrabajo? ¿Cómo crees que tiene que ser? ¿Qué quieres que hagan las trompetas?". Y él decía: "¡Piii-di-do! ¡piii-di-do!" Eso es lo que hacía. Al final le dije: "De acuerdo, ya tengo bastante. Sigue, que yo lo arreglaré". Porque nos quedamos allí unas dos horas con ese rollo. Como decía Dizzy, Chano sabía perfectamente todas las figuras que quería. Después nos sentamos al piano para tratar de darle forma a la cosa. Dizzy se puso al piano y preguntó: "¿Qué les parece esto?" Así que cogimos la armonía de Dizzy y dijimos: "Nosotros arreglaremos el resto, no te preocupes". Cuando Dizzy dice que Chano comenzó con los saxos, no es cierto. No tenía nada de eso. Tenía esa línea, esa línea melódica.[347]

---

345. Dizzy Gillespie y Al Fraser: ob. cit., p. 345.

346. Ídem.

347. Walter Gilbert Fuller. Citado por Dizzy Gillespie y Al Fraser: ob. cit., pp. 345-346.

Al referirse a aquellas grabaciones de diciembre de 1947, Max Salazar glosó unas palabras de Gillespie:

> Todos mis números afrocubanos, excepto "Cubana Be" (escrito por George Rusell) fueron compuestos por Chano y por mí. Eran ideas de Chano a las que yo siempre agregaba algo. Pozo siempre cantaba o tarareaba la parte de los instrumentos, y después solía preguntar si se le había olvidado algo. Man, siempre había algo que se le olvidaba. Chano y yo teníamos versiones diferentes de "Tin tin deo". La mía tenía cuerdas y la de Chano era estrictamente ritmo y melodía. Chano lanzaba su idea que servía para una introducción, que yo expandía como introducción y como música. Cuando Chano concibe la idea de "Manteca", lo suyo servía para la primera parte... el sonido de todos los instrumentos. Chano cantó la parte del contrabajo, que introducía el tema. Cantó las partes de los saxos y después agitó su mano derecha y dio una patada en el piso para indicar el sonido dinámico de las trompetas. Escuchaba cómo repetía las frases y proyectaba su voz in crescendo, pero después de eso no supo llevarlas a ninguna parte. Entonces le dije que hacía falta un puente. Me senté en el piano y creé ese puente. Después de que lo grabamos no pensé mucho más sobre esto... fue otra buena grabación más. Luego resultó que donde quiera la gente quería que la tocara.[348]

La obra «Manteca» terminó por ser registrada con Dizzy Gillespie y Chano Pozo, más Walter Gilbert Fuller, quien, según Gillespie, estructuró, arregló y orquestó el tema.[349] Sin embargo, algunas fuentes aseguran que inicialmente la obra fue acreditada a Gillespie y Fuller, propietarios de la firma editorial Consolidated Music Publishers. Ellos tuvieron la partitura original registrada de «Manteca», que inexplicablemente dejaba fuera el nombre de Chano Pozo en favor de la contribución aportada por Fuller, comparativamente mínima, en su calidad de arreglista y no de compositor. Muy breve fue el tiempo que transcurrió desde entonces hasta la trágica desaparición de Chano, lo que hace pensar que quizás no alcanzó a recibir ni un centavo por una obra que luego ha sido uno de los grandes títulos del *jazz* de todos los tiempos.

---

348. Max Salazar: «Chano Pozo. Part ii». *Latin Beat*, vol. 3, no. 4, San Francisco, mayo de 1993, p. 23. Traducido al español por la autora.

349. Dizzy Gillespie y Al Fraser: ob. cit., p. 346.

Por esa misma causa, posiblemente, el error fue enmendado y la enorme omisión de su nombre quedó subsanada en el registro autoral de «Manteca».[350]

Años después, decantada la excelencia de la obra, probada su funcionalidad y con una mayor experiencia, Dizzy Gillespie explicó la importancia capital de esta obra:

> "Manteca" era en realidad una mezcla de música afrocubana y jazz. Esa fue la primera ruptura definitiva con el antiguo ritmo. Es dinamita. Y fue por Chano Pozo, el gran compositor e instrumentista cubano. Chano era realmente un adelantado a su tiempo. Los percusionistas, tamboreros actuales no se han apartado de su estilo. Todavía no se han apartado de verdad de lo que Chano Pozo tocaba. Hacen algunas cosas diferentes, claro, pero fue Chano Pozo el que fijó las bases fundamentales.[351]

El escaso tiempo que tuvo Pozo para demostrar toda su valía al insertarse en los formatos del *jazz*, y la subestimación incuestionable a la que por décadas estuvo sometido no solo su legado sino también su propia ejecutoria, enfrentando a detractores y defensores, han sido causas que sustentaron valoraciones incompletas sobre los procesos musicales en los que Chano estuvo involucrado, y sobre su participación en ellos. No es posible obviar algunos razonamientos y llamados de atención del músico, ensayista y musicógrafo cubano Leonardo Acosta respecto a la absolutización del papel de Chano Pozo en la introducción de los elementos rítmicos afrocubanos en el *bebop* y el *jazz* en general:

> Hay quienes niegan que Chano fuera el mejor tamborero de su época, opinión enteramente subjetiva que no vale la pena discutir. Otros, por el contrario, no conformes con el gran talento e indiscutibles aportes de Chano, exageran su importancia dentro del jazz y el bop, afirmando que este estilo fue aceptado gracias a la presencia de Chano en la banda de Dizzy, y sostienen que las variaciones rítmicas introducidas por los músicos de bop se deben a su aporte, desconociendo los cambios introducidos en la batería desde 1941 por Max Roach y Kenny Clarke,

---

350. S. Duncan Reid: *Cal Tjader: The Life and Recordings of the Man Who Revolutionized Latin Jazz*. Jefferson, North Carolina and London: Mc. Farland & Company, Inc. Publishers, [s. a.], pp. 97-98.

351. Dizzy Gillespie y Al Fraser: ob. cit., p. 345.

«Manteca» Dizzy Gillespie and his Orchestra. RCA VICTOR

por solo citar a dos músicos entre los creadores del bop. Tampoco es cierta la afirmación de que Chano "no adaptó" su forma de tocar a los requerimientos del jazz y a los arreglos de la banda de Dizzy, sino que "impuso" su estilo propio y hubo que seguirlo. Por el contrario, el gran mérito de Chano fue adaptar los patrones rítmicos de la tumbadora (en los géneros tradicionales cubanos) a los que habían establecido los creadores del bop, cambiando ciertos acentos para evitar que la parte de la tumbadora en la polirritmia cubana chocara con las acentuaciones típicas del bop, sobre todo en el platillo (corchea con puntillo, semicorchea negra, etc.).[352]

Añadió Acosta: «No hay que olvidar al respecto que, antes de llegar a Nueva York, Chano Pozo había tocado con grupos de *jazz* en La Habana».[353] En efecto, y contrario a lo que supuso Gillespie, un hecho sumamente importante demostraba que Chano conocía el *jazz* —la propia orquesta Havana Casino tenía un formato de jazz band— y que había tocado con formaciones de *jazz* en Cuba antes de viajar a Nueva York:

---

352. Leonardo Acosta: *Un siglo de jazz en Cuba*, ed. cit., p. 123.

353. Ídem.

Chano Pozo había actuado de solista en un show presentado en el teatro Alkázar con el cuarteto de jazz de Mario Santana, que estuvo integrado por el propio Santana al piano, el contrabajista Luis "Pellejo" Rodríguez, el baterista César Sánchez y el bongosero Panchito Bejerano.[354]

Este hecho pudo haber facilitado la adaptación de los patrones percusivos de Chano a las necesidades de la banda de Gillespie, aunque este, a partir de su experiencia personal, opinara en su libro autobiográfico que Chano no estaba muy actualizado sobre lo que estaba pasando en la música en los Estados Unidos en aquellos momentos.[355]

En los demás músicos de la banda de Gillespie impactó el peculiar proceder de Chano y los nuevos abordajes musicales que introdujo. El bajista Alfred Benjamin McKibbon, conocido como Al McKibbon, acompañó a Chano en muchos de los conciertos de la banda de Gillespie, en especial durante la gira europea a inicios de 1948, y vivió lo suficiente como para poder contar sus recuerdos junto al mítico tamborero del solar El África. McKibbon reconoció haber aprendido con Chano los tumbaos cubanos y los ritmos afrocubanos, y también mucho más:

> Cuando escuché a Chano tocar las tumbadoras, me sentí un poco descolocado [...] era otro acento para la sección de ritmo con el cual creía sería imposible funcionar. Pero Chano todavía no estaba preparado para salir a la batalla. Chano tenía en su cabeza la clave cubana. A veces cuando tomábamos un break para descansar, sus golpes se metían en los riffs del bop. Pero esto no podía ocurrir de nuevo, porque Dizzy le tarareaba la melodía a Chano y él ya sabía así cuándo tenía que entrar. El acento del jazz y el ritmo está basado en compás 4/4 y los acentos debían ser en el segundo y cuarto golpe. Chano marcaba en el cuarto y el primero. Entonces, yo tuve que aprender a tocar un nuevo patrón para el contrabajo, que lo hiciera más sencillo, que me permitiera de modo más fácil tocar junto con la tumbadora. Yo vivía entonces en el Spanish Harlem, en la 112 Street entre la 5ta. y Lenox Avenue. Ahí escuchaba cómo tocaban en las calles las percusiones, cómo improvisaban en esos toques, lo que me dio una idea de cómo podría ajustar mi contrabajo

354. Ibídem, p. 80.

355. Dizzy Gillespie y Al Fraser. Ob. cit., p. 345.

a todo eso. Cuando Diz me enseñó la partitura de "Manteca", yo no supe qué era lo que tenía que hacer el otro músico. Chano armó esto junto con Dizzy y Kenny Clarke. Cualquier cosa que él tocara, yo lo escuchaba. Recuerdo que durante la gira Chano se sentaba al final de autobús, y se ponía a repiquetear sobre el respaldar del asiento que tenía delante, tocando cosas que para mí eran completamente extrañas, yo lo ignoraba todo. Le dije que me enseñara cómo hacer esos toques, pero él se negó, diciendo: "Tú eres un curioso, yo no enseño nada". Se negó a enseñarme. Los toques de Chano me ayudaron a aprenderme los tumbaos. Al final me dio algunas clases cuando fuimos compañeros de camarote en el buque sueco de pasajeros S.S. Drottningholm cuando nos dirigíamos en gira hacia Europa. Chano era un tipo cerebral, muy inteligente... frustrado por las dificultades que tenía para dominar el idioma inglés. Entonces era arrogante, como si él fuese una estrella, pero si tú le caías bien, él era capaz de hacer cualquier cosa por ti.[356]

En otra ocasión, Al McKibbon definió así aquel momento de su vida:

Para mí, entrar en la banda a finales de 1947 y conocer realmente a Dizzy y sus ideas musicales, ver cómo sentía las influencias africanas y afrocubanas, fue una especie de revolución. Realmente fue demoledor; entonces yo era muy joven. Él sabía y sigue sabiendo de dónde viene todo, es decir, de África y de los afrocubanos. En música, todo lo original que se hacía procedía de África. Así que cuando metió a Chano Pozo en la banda fue mortal, porque a mí siempre me habían intrigado las percusiones, y escuchar a alguien tocar un tambor con las manos era algo nuevo para mí. Yo soy del Medio Oeste, y ahí estaba ese tipo golpeando el maldito tambor con las manos y contando algo. Y Dizzy le veía dentro de la banda. Yo no podía... no podía. Para mí, todo se acababa con la sección rítmica de Count Basie [...] yo pensaba que era lo máximo. Pero Dizzy siempre tuvo mucha visión de futuro, veía a Chano Pozo tocando en su banda. Yo me decía: "¡Bufff, qué rollo!". Pero [Chano] entró y nos llevó a otra dimensión, y fue el primero en una banda de jazz, es decir, el primero con congas. Y fíjate lo que ha venido después. Aprendí a tocar música

356. Max Salazar: «Chano Pozo. Part III». *Latin Beat*, vol. 3, no. 5, San Francisco, junio-julio de 1993, pp. 16-17. Traducido al español por la autora.

latina gracias a la influencia de Chano Pozo.[357]

No todos los músicos, sin embargo, estaban convencidos de la decisión de Diz ni del talento de Chano con la percusión afrocubana. Roy Brown contó a Alyn Shipton años más tarde:

> Chano Pozo empezó en la banda y poco después me fui yo. En la vida real, uno de los motivos fue que nunca me pude ajustar a tener que lidiar con tocadores de tumbadoras, aunque él [Dizzy] haya hecho con esto una de las mejores cosas. Chano tocando "Manteca" u otro tema latino me parecía algo fenomenal, pero tocando, participando en nuestros arreglos, nunca pensé que podría ser bueno. Nunca me sentí cómodo en ningún tema. Pensaba que esos tipos hacían todo eso justo en momentos en que nosotros estábamos tratando de tocar con swing y sacar el tema adelante, y que lo hacían para inhibirnos. Eso suponía. Simplemente, no me acostumbré.[358]

El trompetista Benny Bailey, quien entró en la orquesta de Gillespie poco después del concierto del Carnegie Hall en 1947, reconoció años más tarde que en aquellos días estaba muy lejos de valorar correctamente el talento de Chano. Confesó que la primera vez que lo escuchó asumió que probablemente cualquiera que viniera de Cuba podía tocar igual y que solo gradualmente llegó a la convicción de que Pozo era un músico con un talento en verdad inusual. La preparación a la que Chano se sometía cada noche tenía para Bailey un aire místico, lo mismo que lo que hacía a sus tambores:

> Los preparaba él mismo, con secciones del tronco de un árbol y cubriéndolos con cuero de chivo. Hoy día tú puedes comprar una tumbadora, pero en aquellos días no era posible, y las que Chano tocaba no eran ni remotamente comparables a las modernas. Aquellas eran muy bastas, muy rústicas y Chano debía calentarles el cuero cada vez con un sterno antes de salir a tocar; ahora las tumbadoras tienen llaves incorporadas para tensarlas. Pero aquellas cosas se hacían oír, sonaban fuerte, podías escucharlas desde lejos, [...] ahora

---

357. Dizzy Gillespie y Al Fraser ob. cit., p. 345.

358. Alyn Shipton. Ob. cit., p. 201.

sonarían como juguetes. Y las manos de Chano eran todas callosas, manos muy duras. Así que él se hacía oír tan alto como Kenny Clarke. Aquellos tambores eran formidables y él era un tipo fuerte, con manos duras como la madera.[359]

El desempeño del cubano, su creatividad y ductilidad musical terminaron por imponer un criterio positivo entre los músicos de la orquesta de Dizzy.

359. Ibídem, pp. 201-202.

ESTRAD

TIDSKRIFT FÖR DEN MODERNA DANSMUSIKEN

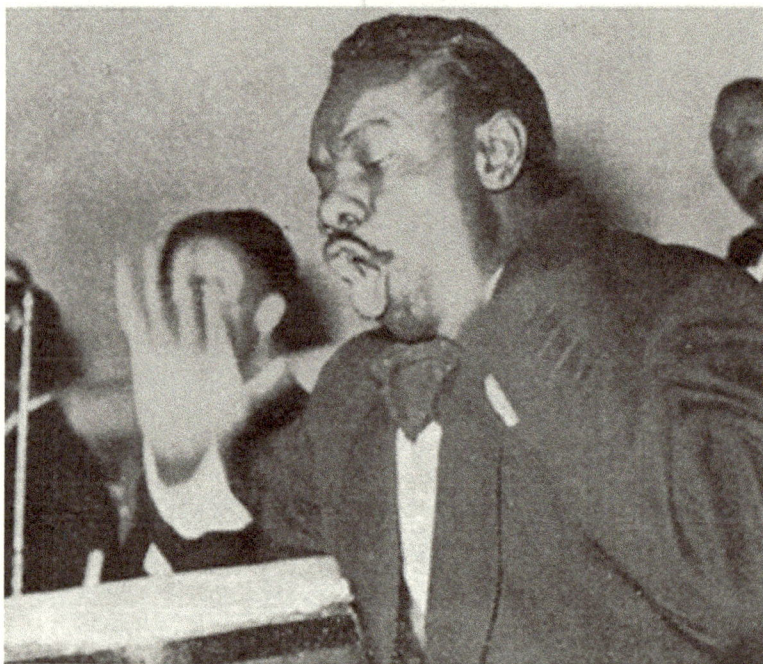

AVORITERNA VALDA

amma orkester som i fjol

NR **9** SEPTEMBE
TIONDE ÅRGÅNGE
1948 – PRIS 75 ÖR

Chano Pozo en portada de la revista sueca ESTRAD. Octubre de 1948.

El año decisivo (1948-1949)

A Europa con Gillespie

A algunos países del Viejo Continente llegaron las noticias —y la música— con las innovaciones que el *bebop* había introducido en el *jazz*, y particularmente la banda de Dizzy Gillespie despertó vivo interés y curiosidad, sobre todo a partir de los últimos conciertos realizados en 1947. Así surgió y se concretó la primera gira de la orquesta, prevista para que diera conciertos en Suecia, Dinamarca, Checoslovaquia, Holanda, Alemania, Bélgica, Francia e Inglaterra durante los meses de enero y febrero de 1948.

El *manager* de Dizzy, Billy Shaw, fue quien realizó las contrataciones de la gira, pero poco antes de partir decidió permanecer en Nueva York y designó a su hijo Milt para que viajara en su lugar. Junto a él, en el muelle 118 del puerto de Nueva York, toda la banda abordó el buque Drottningholm, de bandera sueca, el viernes 16 de enero de 1948[360] con destino al puerto de Göteborg, Suecia, con reservas de primera clase y con la perspectiva de un número indeterminado de contrataciones. Sin embargo, ya en el barco se percataron de que la situación distaba mucho de ser ideal, y debieron viajar en tercera clase, sin posibilidad alguna de modificar ese estado de cosas. Y de súbito se enfrentaron al anuncio de noticias muy alarmantes: se avecinaba una tormenta, un huracán. Estaban ya en medio del Atlántico Norte y la calma reinante les hizo dudar de los avisos de peligro, como suele suceder en estos casos. Aunque pareciera increíble, la calma que precedió a la tormenta fue casi tangible. Así lo contaron Kenny Clarke y Al McKibbon:

> Estábamos en la mismísima bodega. En realidad, en clase turística, ya sabes. Y cuando llegamos al Mar del Norte, tuvieron que dar la vuelta al barco y ponerlo con la popa para delante, de cara al mar, para impedir que volcáramos. Oye, ¡qué miedo! Miré a cubierta y todo estaba acordonado; abrí la puerta del camarote y me asomé, porque no dejaban subir. Muy por encima del barco se veía una inmensa ola negra, y toda esa agua cayó sobre cubierta. El barco entero se ladeó. Yo perdí

360. Ken Vail. Ob. cit., p. 55.

unos siete kilos durante la travesía. Cada vez que el barco se bandeaba yo vomitaba, y Chano Pozo también.[361]

Dave Burns recordó la magnitud de la tormenta y la situación desesperada por la que atravesaron durante varias horas, lo que llevó a algunos músicos a encomendarse al cielo y rezar, ante un inminente desenlace fatal. Nunca había visto nada igual, confesó. Al McKibbon contó años después al investigador y musicógrafo Raúl Fernández que en la travesía compartió camarote con Chano, y que el cubano lo pasó fatal.[362] Los más afectados por los males de la travesía fueron John Lewis y Chano, según testimonios recogidos por Alyn Shipton.[363]

El primer concierto estaba programado en la ciudad sueca de Göteborg para el lunes 26 de enero a las 8:30 de la noche, en el Mässhallen, con la previsión de que el Drottningholm arribara a puerto el día anterior, pero eso no ocurrió: a las 10:15 de la noche de aquel lunes todavía los chicos de Dizzy estaban a dos minutos en barco de la costa de Göteborg, y tuvieron que enviar un remolcador para llevarlos a puerto. El teatro estaba medio vacío, pero gran parte del público había esperado, y decidieron ofrecer el concierto de todos modos, aunque con dos horas y media de retraso.[364]

El presagio de calamidades entre alegrías continuó al concluir esa primera actuación, ante la imposibilidad de hallar alojamiento en la ciudad: esa noche muchos vagaron por las calles desconocidas de Göteborg esperando el amanecer. Aun así, ya fuera porque le tomaron cariño a la costera urbe, o porque la necesidad obligó, en su autobiografía Gillespie rememoró: «Göteborg se convirtió en nuestra base de operaciones durante el mes que tocamos en Suecia, y siempre que volvíamos teníamos el mismo problema con los hoteles».[365]

El martes 27 de enero de 1948 la banda de Dizzy hizo tres conciertos en el Vinterpalatset de Estocolmo; el miércoles 28 tocó en la ciudad de Karlstad; el jueves 29, en Örebro; en Borlange, el viernes 30; y el sábado 31, en Västeras. El domingo 1 de febrero hicieron un

361. Kenny Clark y Al McKibbon citados por Dizzy Gillespie y Al Fraser: ob. cit., p. 351.

362. Correo electrónico de Raúl Fernández a la autora, 16 de mayo de 2017.

363. Alyn Shipton. Ob. cit., pp. 203-204.

364. Ken Vail. Ob. cit., p. 56.

365. Dizzy Gillespie y Al Fraser: ob. cit., pp. 352-353.

concierto en Gävle, seguido de otro en Storvik. Viajaron a Estocolmo para ofrecer otra presentación el lunes 2 de febrero en la misma sala donde ya habían tocado: en el Vinterpalatset. Presentado por el locutor Folke Olhagen, el programa abarcó los temas «I waited for you (intro)», «Our delight», «I can't get started», «Ool-ya-koo», «Manteca», «More than you know», «Mamselle», «Oo-pop-a-da», «Ray's idea» y «I waited for you». El musicógrafo norteamericano Ken Vail afirmó que parte de este concierto quedó grabado.[366] Aún faltaban más conciertos en Suecia: el martes 3 de febrero se presentaron en Norrköping; el miércoles 4, en Malmö; el jueves 5, en Helsingborg; en Göteborg actuaron el viernes 6; y en Varberg, el sábado 7. El domingo 8 de febrero se produjo su último concierto en Suecia, en la ciudad de Halmstad, luego de dos semanas de intensa actividad.

Den mycket oniskrivne bongospelaren Pozo Gonzales.

Chano en Suecia con la banda de Dizzy Gillespie. Año Enero-febrero de 1948.

La prensa de Suecia dejó constancia del impacto causado por la banda de Gillespie y los nuevos abordajes que en materia de *jazz* se escucharon en el primer concierto. Pero en particular resaltó la elogiosa curiosidad que despertó Chano Pozo y su genial desempeño con su tumbadora, pues una foto suya se publicó, identificándolo como Pozo González, en uno de los medios de prensa que se ocuparon de reseñar los conciertos. Rolf Dahlgren, crítico de la revista sueca especializada en *jazz Estrad*,[367] escribió: «No hay lugar a dudas: el estilo bebop influirá en la música que se haga en el futuro».[368] Ocho meses después, y en premonitorio homenaje, la misma revista, de frecuencia mensual y especializada en «música moderna para bailar», le dedicó a Chano Pozo la portada de su nú-

366. Ken Vail. Ob. cit., p. 57.

367. La revista mensual *Estrad* inició su publicación en 1939.

368. Alyn Shipton. Ob. cit., p. 205.

mero de septiembre de aquel 1948 con una elocuente imagen del mítico tamborero cubano en pleno trance del toque.

Según Gillespie, los conciertos en Suecia y Dinamarca ocurrieron entre el 26 de enero y el 9 de febrero. Algo que impresionó a Dizzy, según Leonard Feather, fue el tipo de audiencia para la que tocaron.

> No era precisamente una multitud de gente joven, como la que solíamos tener delante en nuestro país: era un público entre seis y sesenta años de edad. [...] Esa multitud no paraba hasta que yo levantaba mi mano para anunciar la próxima canción, y entonces el silencio se hacía tan palpable que podías oír el caer de una gota. [...] En Dinamarca fue lo mejor. Tocamos ante nueve mil personas en una tarde y por la noche, haciendo tres conciertos el mismo día.[369]

Los conciertos de Copenhague tuvieron lugar, probablemente, el lunes 9 de febrero, aunque no se han encontrado datos exactos acerca de fechas y lugares.[370]

Un joven danés que respondía al nombre de Ebbe Traberg, con dieciséis años, asistió a uno de los conciertos de Copenhague. Años más tarde este danés se convirtió en periodista, poeta, empedernido *jazz fan* y crítico de *jazz*. El impacto que aquel concierto le causó, sobre todo ver en acción a Chano Pozo, marcó un referente que se mantuvo inconmovible a lo largo de más de cuarenta años de estudiar y degustar el *jazz*, y fue siempre su patrón para valorar el papel de la percusión en el *jazz* contemporáneo. «Neil Clarke es el único percusionista que me ha impresionado después de Chano Pozo», dijo enfático Traberg.[371] Refiriéndose a la experiencia vivida en febrero de 1948, expresó: «Fue una de las experiencias más escalofriantes que he vivido. Sigo sin encontrar

---

369. Alyn Feather Leonard: «Europe goes Dizzy. Mad management can't stop glad hand extended to bop in Sweden, Denmark, Belgium, and France».*Metronome 64*, no. 5, 1948, p. 19, citado por Ken Vail: ob. cit., p. 58.

370. Ken Vail: Serie *Jazz Itineraries*, ob. cit., recopiló los conciertos de Gillespie, pero se abstuvo de mencionar conciertos en Dinamarca durante la gira de la banda en el invierno de 1948. Dizzy, en su autobiografía, los mencionó, pero no aportó fechas ni ciudades.

371. Notas al programa del concierto de Randy Weston Trío en el Auditorio Nacional de Música, organizado por la Universidad Autónoma de Madrid, el 5 de noviembre de 2004.

nada que pueda comparársele ni remotamente».[372] Para el mundo del *jazz* en Dinamarca y en España —donde residió por más de treinta años—, la de Ebbe Traberg fue siempre una voz autorizada y tomada en cuenta.

Los triunfos en Suecia y Dinamarca hicieron olvidar la accidentada travesía en barco y los trastornos de hospedaje. Sin embargo, un nuevo contratiempo surgió: las sospechas de Dizzy sobre el organizador local de la gira, Harold Lundquist, comenzaron a aumentar, pues Lundquist demoraba los pagos a pesar de que la banda tocaba en locales abarrotados. Como Dizzy no logró acorralarlo y revertir la situación, decidió cancelar los conciertos previstos para Checoslovaquia, Holanda y Alemania, y permanecieron en Suecia todo ese tiempo. La situación se tornó realmente peligrosa al interior de la banda, pues el asunto del dinero enrareció el ambiente al punto de que Milt Shaw se vio en la necesidad de telefonear a su padre Billy, quien viajó de inmediato al encuentro de la banda para intentar poner las cosas en orden. La policía sueca lo detuvo a su llegada, cuanto intentó darle una pateadura al sueco Lundquist, quien después fue detenido, con lo cual la banda pudo tener de vuelta una buena parte del dinero que se le debía.

La banda, para mayor inconveniente, supo que no tocaría en Inglaterra, donde las innovaciones de Gillespie habían calado hondo en los *jazz fans* y músicos británicos. Según Jordi Pujol:

> [...] un numeroso grupo de jazzmen encabezado por el conocido director orquestal Ted Heath había conseguido que el Sindicato de Músicos Británico hiciera una exceptuación a la prohibición que, desde 1935, impedía tocar a las orquestas norteamericanas en el país. Finalmente, y cuando todo estaba previsto para la llegada de la banda de Dizzy, vino la gran decepción de músicos y aficionados: una orden de última hora del Ministerio del Trabajo inglés que denegaba la decisión del sindicato.[373]

Después de Dinamarca, llegaron a Bélgica bajo el auspicio del Hot Club de Bruselas,[374] donde ofrecieron conciertos el 11 en Antwerp,

---

372. José Manuel Gómez: «Los 101 mejores discos de *jazz*, Machito, Miles Davis y Ebbe Traberg», en blog *Lo crudo y lo cocido*, consultado en <http://blogs.tiempodehoy.com/locrudoylococido/2012/10/23/los-101-mejores-discos-de-jazz-y-2-machito-miles-davis-y-ebbe-traberg>, 27 de julio de 2017.

373. Jordi Pujol. Ob. cit., p. 78.

374. Los Hot Club se organizaban en diversos países por músicos de jazz y faná-

y en Bruselas el 12 de febrero. Gillespie no olvidó la actuación intuitiva, inteligente y a la vez profesional de Chano Pozo en esta última presentación:

> Hizo algo que entusiasmó muchísimo al público. Estaba sentado en su silla tocando la tumbadora, y llegado el momento de hacer su solo se puso de pie y empezó a cantar cantos africanos mientras continuaba tocando. La estrecha cinta fijada a su tumbadora se rompió y esta cayó al suelo. Chano se inclinó sin dejar de cantar, mientras su mano izquierda buscaba la cinta. La recogió y, poco a poco, hizo subir la tumbadora a su posición vertical. Luego, con un rápido movimiento, se sentó otra vez en la silla y, simultáneamente, continuó tocando como si todo eso formara parte de su número. No era así, pero el público quedó encantado.[375]

Sin embargo, el *Bulletin du Hot Club de Belgique,* que representaba en cierto modo el criterio de especialistas y *jazz fans,* hizo una evaluación diferente de lo que ocurrió en esos conciertos en Antwerp y Bruselas, y, curiosamente, dirigió su atención a dos puntos cardinales: la articulación del elemento afrocubano, representado por Chano, con la banda de Gillespie, y el desempeño individual del tamborero cubano, que fue elogiado, con independencia de su inserción en el arreglo orquestal y su resultado general, a pesar de que el resumen crítico transparentó desconocimiento hasta para distinguir un bongó de una tumbadora:

> Gran novedad y riqueza de arreglos (creo que "Things to Come", "One Bass Hit", etc.). Un verdadero aburrimiento las piezas afro-cubanas ("Cubano Be, Cubano Bop" [sic], "Algo bueno"). Debilidad en el pianista John Lewis (estaba algo enfermo). Destacable el desempeño del bajista Al McKibbon (una muy agradable sorpresa). Inútil la inserción del bongó [se refiere a la tumbadora] de Pozo González (aunque por otra parte, interesante) [376]

ticos para promover este género. En la década de los treinta se fundaron los Hot Club de Francia y Bélgica.

375. Max Salazar: *Chano Pozo. Part II,* ed. cit., p. 24. Traducido al español por la autora.

376. Carles de Radzitzky y Albert Bettonville. «Discs/Discussions». *Bulletin du Hot Club de Belgique.* Bruselas, marzo de 1948.

Y a continuación, le seguía una especie de veredicto sobre el abordaje experimental de Gillespie con la sección rítmica de su banda:

> No creemos que la inclusión del bongo [se refiere a la tumbadora] en la sección rítmica sea un éxito, aunque Pozo Gonzales [sic] toca perfectamente. Gillespie sin duda ha querido crear una música negra moderna, añadiendo ritmos africanos y cubanos, ejecutando temas sur-americanos [sic] como la "Afro Cuban suite" y "Algo bueno". Este género, que ha conocido un gran éxito en América, no lo ha tenido entre los jazz-fans de Bélgica.[377]

Meses después, la revista *Billboard* dio su versión del impacto que los conciertos de Dizzy y su banda tuvieron en los músicos belgas: había demanda de partituras, libros didácticos y orquestaciones de *bop* en Bélgica, al punto de que la editorial J. J. Robbins & Sons realizó una serie con obras de Gillespie —y luego de Charlie Parker— especialmente para su venta en países escandinavos y Bélgica.[378]

Tras las calamidades con el organizador sueco de la gira, que los dejó varados en Antwerp, Bélgica, y con poco dinero para enfrentar los días siguientes, se planteó el problema de quién se encargaría del resto de la gira. El crítico francés de jazz Charles Delaunay[379] recibió la llamada de un alarmado Willy de Cort, presidente del Hot Club de Bruselas, para avisarle de una banda de músicos negros norteamericanos que se hallaba tirada en Antwerp en aquellas condiciones. Delaunay decidió que la banda de Dizzy tenía que presentarse en Francia, sí o sí.

Según el crítico francés, desde que se recibieron en Francia los primeros discos con lo más reciente de Dizzy y Charlie Parker, en 1946, junto con el asombro se desató la polémica, que dividió en dos bandos perfectamente delimitados a los amantes del *jazz* y también a la crítica en Francia. Dijo Delaunay:

> El auténtico mundo del jazz se partió inmediatamente en dos [...] Había dos grupos cerrados, muy enfrentados.

377. Ídem.

378. «Bop Hits Sheets». *Billboard*, Nueva York, 30 de octubre de 1948, p. 7.

379. Charles Delaunay: Vineuil-Saint Firmin, 18 de enero de 1911-París, 16 de febrero de 1988. *Jazz fan* y experto en el género, fue cofundador y durante mucho tiempo líder del Hot Club de Francia. Fundó el sello Discos Vogue. A su autoría corresponden varios libros sobre el *jazz* en Francia.

Todas las críticas iban en uno u otro sentido, sin que hubiera posibilidad de apreciar ambas tendencias. [...] Los que estaban ciento por ciento a favor del bebop, y ciento por ciento a favor del Dixieland,[380] llegaban a pelearse en la calle, en los conciertos, e iban a los de los otros solo para abuchearlos. Era una locura.[381]

Al aceptar acoger los conciertos de Dizzy y su *big band*, Delaunay y el Hot Club de París se convirtieron en los pioneros en llevar en directo a Francia, y especialmente a París, el *bebop*. Explicó Delaunay:

Le pedí a alguien que fuera a Bruselas esa misma noche y que se trajera –como fuera– a la banda a París, y entretanto nos pusimos a montar una campaña con artículos en la prensa y fotografías. En veinticuatro horas lanzamos una campaña fantástica y celebramos los conciertos dos noches después. No sé qué pasó, pero tuvo un impacto tremendo. Todos los músicos acudieron por fin a escuchar a ese trompetista arrasador. También estaban los que iban solamente a ver qué pasaba, y toda clase de público que llenó el concierto a rebosar, así que fue un éxito tremendo. El concierto tenía que empezar a las nueve, pero cuando subieron al escenario eran las once menos veinte. Por fortuna había contratado como telonero a un trío francés que tocaba música a lo Nat King Cole, los mismos números.[382] Tuvieron que tocar durante más de una hora, y tuvimos suerte de que no pasara nada. Ya sabes que en esa época si algo fallaba la gente comenzaba a gritar y nunca sabías en qué iba a acabar todo. Pero esperaron a que llegara la banda.[383]

Los exaltados muchachos de Gillespie habían llegado a París por la estación Gare du Nord a las 8:30 de la noche del 14 de febrero de 1948, pero tardaron más de una hora en pasar los controles aduanales.

---

380. Dixieland: surgido en el sur de los Estados Unidos, es un estilo del llamado jazz hot, en el que predominan los metales y la improvisación, y donde la tuba, la corneta y el piano destacan por encima de los demás instrumentos, mientras que el ritmo y la base armónica descansan sobre la batería, el bajo, el clarinete y el trombón. Tuvo su etapa de auge en la década de 1910.

381. Charles Delaunay. Citado por Dizzy Gillespie y Al Fraser: ob. cit., pp. 355-356.

382. Se refiere al trío de Jacques Danjean (1929-1995), músico, pianista, cantante y compositor francés que inició su carrera a finales de la década de los 40 tras ganar el primer premio en el Conservatorio de París en 1947.

383. Charles Delauny. Citado por Dizzy Gillespie y Al Fraser. Ob. cit., pp. 356-357.

[...] y cuando por fin llegaron a la estación, los muchachos no podían retirar el equipaje inmediatamente porque habían dejado los justificantes. Tuvimos que actuar con rapidez para ver a los agentes de aduanas y al final conseguimos todos los instrumentos y salimos disparados en autobús hacia el concierto. Cuando empezó, todo el mundo estaba completamente borracho, yo incluido. No sé si era porque no habían comido, por cansancio o por qué. Ya sabes que a veces pasan cosas y no sabes por qué. La banda tocó absolutamente relajada y sonó soberbia. Los aplausos no fueron muy cerrados; la gente estaba totalmente en trance, como si no supiera qué le estaba pasando. Fue algo que solo te ocurre una vez en la vida. Es decir, esa era la impresión que teníamos.[384]

Este primer concierto en Francia ocurrió, según Ken Vail, el sábado 14 de febrero en el Apollo Theatre de París.[385] La Salle Pleyel se estremeció el viernes 20 con un espectáculo que comenzó con puntualidad a las 8:30 de la noche. Dos días después hicieron allí una matiné a las 2:30 p.m., y concluyeron sus presentaciones en ese afamado coliseo el lunes 28 de febrero.

Para cualquier persona vinculada al *jazz*, con posibilidades de ejercer tanto la crítica como el criterio, fue imposible quedar inmutable ante el concierto de Gillespie en la Salle Pleyel. Las opiniones iban hacia los dos extremos antagónicos. La novedad que pudo representar la presencia de Chano Pozo y su desempeño en la banda con un instrumento atípico para el *jazz* hasta entonces de cierto modo rivalizó en atención con la polémica entre defensores y detractores del *bebop* como concepto musical y lo que representaron los conciertos de la *big band* de Dizzy. "Amo el jazz, ¡pero esto no es jazz!", dijo muy molesto el crítico de *jazz* y presidente del Hot Club de Francia Hugues Panassie al abandonar la Salle Pleyel a mitad del concierto.[386] André Hodeir, quien desde 1947 era editor jefe de la notable revista especializada *Jazz Hot*, describió un panorama que hace visible la predisposición discriminatoria y la ignorancia vestida de prejuicio racial de una parte de los asistentes:

[...] la sección rítmica [de la banda de Gillespie] se compone de cuatro instrumentos, pero no hay guitarra.

384. Ídem.

385. Ken Vail. Ob. cit., p. 57.

386. Michael Dregni: *Django: The Life and Music of a Gypsy Legend*. Oxford, UK. Oxford University Press Inc., 2003, p. 242.

El cuarto toca bongó [se refiere a la tumbadora], una especie de tam tam directamente adaptado del instrumento africano. Es un tal Pozo González, que tiene una bella cabeza de nativo de la costa oeste africana. "Un verdadero antropófago", ha dicho una señora que estaba a mi lado, con un pequeño escalofrío que recorrió su cuerpo ante la peregrina idea de haber podido encontrarle en algún rincón de una selva virgen. De todos modos, resulta alucinante. Su número, en medio del cual avanza hacia proscenio para bailar con la orquesta, fue acogido de diversas maneras. Un imbécil ha gritado "Que se vaya a Tumbuctú", ¡como si el jazz viniera de San Petersburgo! Pero el hombre consigue atrapar al público: hay que verle, con sus ojos inquietantes mientras repite: "¡Simbad!".[387] Hace silencio: [...] la sala calla, incluso los que momentos antes se burlaban de él, y sobreviene entonces un momento verdaderamente sobrecogedor: grita de nuevo, muy fuerte, "¡Simbad!", y es la relajación general, los aplausos, las risas, la euforia. Desde el punto de vista orquestal, la introducción del bongó en la sección rítmica es una invención muy buena. Eso crea una diversidad rítmica, una especie de polirritmia de la cual se puede esperar mucho, y que se aviene bien al espíritu del nuevo estilo. Puedo añadir que basta ver a Gonzales [sic] para quedar seducido por el swing que sale de cada movimiento de su cuerpo.[388]

Hasta una trifulca surgió afuera del teatro durante el último concierto en la Pleyel, y volvieron los gritos en alusión directa a la presencia africana en la sonoridad de la banda de Gillespie, que identificaban en Chano.[389] De su actuación en uno de los conciertos de la Salle Pleyel dijo el crítico Tom Perchard:

Una versión ampliada de la "Afrocuban Suite" de George Russell ofreció Gillespie acompañado solo por los toques del tambor de Chano Pozo y sus cantos; estos, como las respuestas cantadas de los demás miembros de la banda, entregados en un lenguaje claramente africano. La

387. Con «Simbad» al parecer André Hodier trató de reproducir el sonido o la palabra que creyó escucharle a Chano, pues en sí el nombre propio Simbad no querría decir nada en el contexto de aquel espectáculo.

388. André Hodeir: *Jazz Hot*, no. 21, París, marzo de 1948, p. 7. Traducido al español por Patrick Dalmace.

389. Alyn Shipton. Ob. cit., p. 207.

grabación del concierto muestra a un público en frenesí al final de cada pieza, la excitación es palpable. Gillespie fue vapuleado después. "Váyanse de vuelta a Tumbuctú!" vociferó alguien entre la multitud. "Aprende un poco de francés, ¡tú estás aún medio salvaje!" –le increpaban.[390]

Una apreciación unilateral posterior ofreció el investigador Michel Dregni en su libro sobre la vida de Django Reinhart: «El maestro percusionista Chano Pozo agregó más leña a este fuego al llevar los toques con ritmos latinos al ámbito de las reminiscencias del tambor tribal, al mismo corazón del *hot jazz*. Esto fue ya demasiado...».[391]

Bajo el influjo no solo de su propia percepción, sino también por la avalancha publicitaria que antecedió a los conciertos de Gillespie y su orquesta en París, el etnógrafo y escritor Michel Leiris,[392] seguidor del *jazz*, escribió algunas anotaciones de la experiencia vivida en la sala Pleyel:

> Sobre el concierto de jazz que se dio ayer [23 de febrero de 1948] en la Salle Pleyel en la segunda actuación: Dizzy Gillespie, especialista del nuevo estilo "Be-Bop". ¿Cómo podríamos caracterizar el camino de esta orquesta, cuya publicidad dice que es la más sensacional desde la de Duke Ellington? (1) virulencia extrema del metal y la fuerza de la percusión dividida entre un baterista americano y un cubano que toca un instrumento que llaman "bongo"; (2) gran libertad –menos de lo que esperaba– en el tratamiento de los temas que, además, se exponen según uno de los modos clásicos: a través de solos sucesivos; (3) "africanismos" (o más bien, probablemente, "antillismos") deliberados, a veces volviendo al mal gusto del exotismo simple; pero es cierto que algunos pasajes de las trompetas me han hecho pensar en cosas oídas en Camerún [...] Es en la medida, probablemente, donde estos "africanismos" representan desviaciones del marco de la armonía clásica europea de la que hemos hablado –sin tener la más mínima fundamentación– de una influencia de la música atonal en el "Be-Bop". [...] En resumen, esta nueva vía

---

390. Tom Perchard: *After Django: Making Jazz in Postwar France*, University of Michigan Press, Ann Arbor, Michigan, 2015, p. 54. Traducido al español por la autora.

391. Michael Dregni. Ob. cit., p. 242.

392. Michel Leiris: París, 20 de abril de 1901-Saint-Hilaire, 30 de septiembre de 1990.

parece que habrá que recomendarla mucho más por su extremismo que por ser verdaderamente original. Sería interesante saber si la especie de negrismo a la que parece responder radica en los músicos negros que lo apoyan, en un movimiento espontáneo de regreso a los orígenes o simplemente en el deseo de satisfacer una demanda de sensaciones exóticas que emana del público blanco.[393]

Continuó anotando cuatro días después, el 27 de febrero de 1948:

Otro elemento de novedad encontrado en el jazz de Gillespie: eliminación casi completa de los "blues", apartándose un tanto del tono quejumbroso heredado de los tiempos de la esclavitud (donde todavía está detenido Louis Armstrong, que mantiene a Tío Tom a su lado), sustituyendo el carácter propio que emana de esos orígenes del jazz por una clase de agresión alegre. Reflexión, quizás, de un cambio en la mentalidad de los negros, mucho menos resignados ahora y más demandantes. El testimonio retrospectivo de un joven pianista amateur es más explícito, porque da cuenta de la impresión que le hizo el concierto [...] porque en resumen, si los placeres habituales no se hacen presentes en la cita, el placer de estar asistiendo al decursar de la historia [del jazz] preparado por la lectura de los críticos parece ser satisfactorio: "Gillespie estaba un poco sorprendido". Es lo menos que podemos decir, que se sorprendió. Yo diría incluso que al principio no había ambiente, porque la Salle Pleyel no se presta mucho, y luego porque nos sorprendió, a pesar de que estaba un poco preparado, porque había escuchado los discos, pero realmente la impresión era que rompía los oídos, era extremadamente poderoso. Y aun así, un poco sorprendente, decimos, no vamos así de Nueva Orleans a "Be-bop" sin (riendo) previa preparación. Había cosas que eran impactantes. Recuerdo que el bongosero era Chano Pozo y me sorprendió ver un bongó además del baterista. Sorprendido por el mal, así que era confuso [...] Fue confuso. Pero [...] al final del día la impresión era que fue muy agradable de escuchar. [394]

393. Michel Leiris. Anotaciones del 23 de febrero de 1948. *Journal* 1922-1989, edición establecida, presentada y anotada por Jean Jamin, Gallimard, París, 1992 - Lakeside, California; 19 de agosto de 2018, p. 462. Traducido al español por Patrick Dalmace.

394. Michel Leiris. Anotaciones del 27 de febrero de 1948, ed. cit., p. 463. Traducido al español por Patrick Dalmace.

Para suerte de los que vinieron y vendrán después, uno de los conciertos de la Salle Pleyel, el del 28 de febrero, fue grabado y quedó para la posteridad como la prueba de la entrada triunfal del *bebop* en Francia. El disco resultante de ese concierto transpira el entusiasmo, el buen talante y la excitación en que siempre quisieron estar casi todos en la banda, y no fue menos aquella noche parisina. Comenzaron con «Oop-Pap-A-Da», y siguieron con «Round 'bout midnight», el maravilloso «Algo bueno»; «I can't get started», «Two bass hit», «Good bait», «Afrocuban suite» —donde Chano brilló en su solo con luz y sonido propios—, «Ool-Ya-Koo» y «Things to come». Las notas discográficas fueron redactadas por Charles Delaunay, el artífice práctico de esos míticos conciertos.

La formación de la banda de Dizzy en estos conciertos en la Salle Pleyel incluyó a Howard Johnson y John Brown (saxo alto); Cecil Payne (saxo barítono); George Nicholas y Joe Bayles (saxo tenor); Ted Kelly y William Shepherd (trombón); Ernest Bailey, David Burns, Dizzy Gillespie, Elmon Wright y Lamar Wright Jr. (trompetas); Al McKibbon (contrabajo); Kenny Clarke (batería); John Lewis (piano) y Kenny *Pancho* Hagood (voz).[395]

Luego, los músicos viajaron a Lyon, donde se presentaron el miércoles 3 de marzo en el Palais d'Hiver. Dos días después lo hicieron en la Grand Gala de la Presse, en Marsella, donde también actuaron The Peters Sisters y Mezz Mezzrow.[396]

Algunas fuentes han asegurado que durante la estancia en Francia de Gillespie y su banda, con Chano Pozo, se presentaron varias veces en el Champs Elysées Club, donde el cartel de *sold out* fue colgado en cada ocasión.

En su andar de música y broncas por Pueblo Nuevo y Cayo Hueso, el joven Chano no pudo siquiera imaginar que su tumbadora sonaría a miles de millas de La Habana, en París, como parte de una banda que haría historia. Para Alyn Shipton, uno de los biógrafos de Gillespie, «la gira europea de la *big band* de Dizzy en 1948 se convirtió en uno de los eventos seminales más importantes en la historia del *jazz* moderno en Europa».[397] La propia historia del *jazz* en Europa, y la penetración de los elementos de *bebop* en la creación jazzística en ese continente, demuestran esta

---

395. Créditos en *Dizzy Gillespie: The Fabulous Pleyel Jazz Concert*, vol. 1, sello Swing, LP, Francia, 1953.

396. Ken Vail. Ob. cit., p. 57.

397. Alyn Shipton. Ob. cit., p. 202.

afirmación, y sin duda debió pasar algún tiempo para valorar en su justa medida la impronta de Chano Pozo en todo esto.

Los pasajes para regresar a Nueva York en el buque Queen Mary habían sido cancelados por Lundquist. Mientras esperaban encontrar boletos en algún otro navío, de vuelta en París, tocaron un par de noches en el club Les Ambassadeurs. Allí también una noche se produjo una monumental pelea, con la exaltación polarizada de los tradicionalistas defensores del *swing* y los de la corriente modernista, según recordó Howard Johnson: «Había dos grupos, uno era moderno y el otro partidario del jazz antiguo; los críticos eran Charles Delaunay y Hugues Panassié y [...] hubo una gran trifulca en el "gallinero" entre las dos fuerzas enfrentadas».[398]

Borrachos de éxito, una parte de los chicos de Dizzy embarcó el viernes 12 de marzo a bordo del vapor francés DeGrasse, de regreso a Nueva York. El trompetista Benny Bailey y el pianista John Lewis decidieron quedarse unos días más para disfrutar París, y también pospuso el regreso Kenny Clarke, quien aceptó una conveniente oferta para trabajar como profesor de batería a fin de mejorar el nivel de las secciones de ritmo en algunos grupos locales. Cuatro días antes, el lunes 8 de marzo, Dizzy, Milt Shaw y Chano Pozo abordaron el vuelo 61/49 de Air France.[399] Chano sufría de unos terribles dolores de espalda, como consecuencia de la bala que nunca pudo serle extraída y que le provocó innumerables molestias durante su corta vida. Esto hizo imposible que se sometiera de nuevo a la larga travesía marítima.[400]

398. Howard Johnson. Citado por Dizzy Gillespie y Al Fraser. Ob. cit., p. 358. Hugues Panassié representaba la corriente más tradicionalista.

399. Manifiesto del vuelo 61/49, Air France, París-Nueva York, 8 de marzo de 1948, obtenido en <www.ancestry.com>. Según este documento, Chano portó su pasaporte cubano —a punto de expirar— y se indicó que su permiso de residencia en Estados Unidos era el no. 1476077.

400. Leonard Feather: *«Europe goes Dizzy. Mad management can't stop glad hand extended to bop in Sweden, Denmark, Belgium, and France».* Ed. cit., p. 58.

Beboppers, rivalidades y dinero

Tras días de una travesía más o menos tranquila los músicos de la banda de Dizzy llegaron al muelle 88 de North River, Nueva York, el jueves 18 de marzo, donde cientos de *beboppers* ataviados como correspondía —con boina, bufanda, gafas de sol y perilla— se habían congregado y les esperaban delirantes. El entusiasmo de estos duró más, pues apoyaron con su presencia el concierto de bienvenida que se organizó en el Town Hall, inmediatamente después del regreso de Dizzy y sus músicos. La fiesta de esa bienvenida tuvo lugar en el Ebony Club.

Después de este concierto algunos músicos abandonaron la banda; Dizzy decidió decretar descanso por algunos días mientras él mismo intentaba reorganizar la formación para comenzar los ensayos,[401] con la expectativa inmediata de un contrato para presentarse durante una semana a partir del 30 de abril de 1948 en el Apollo Theater de Harlem, donde fue anunciado como El Rey del Bebop, y compartió cartel con Beale Street Boys, Rivers & Brown Al Hylton y Billy Nightingale.[402] Los nuevos integrantes de la orquesta fueron Ernie Henry (saxo alto); Ray Abrams (saxo tenor); y Willis Cooper (trompeta), quienes reemplazaron respectivamente a Howard Johnson, George *Big* Nick Nicholas y Lamar Wright Jr. La sección rítmica también sufrió cambios y quedó integrada por James Forman (piano); Grachan Moncur (contrabajo); y Teddy Stewart (batería). Además Dizzy sumó, por recomendación de Miles Davis, a Hampton Reese en el corno francés, y al trombonista Candy Rose.[403] Los conciertos, que concluyeron el 6 de mayo, fueron exitosos.

Con esta formación Dizzy volvió por segunda vez al escenario del Carnegie Hall, el sábado 8 de mayo, en un concierto de medianoche también organizado y promovido por Leonard Feather, donde Gillespie recibió de manos de Woody Herman un diploma por haber sido seleccionado Músico del Año por la revista *Varsity*. Se estrenó en esa ocasión la «Swedish suite» de Gillespie. El mis-

---

401. Alyn Shipton. Ob. cit., p. 208.

402. Ken Vail. Ob. cit., p. 59.

403. Jordi Pujol. Ob. cit., p. 80.

mo concierto fue repetido el martes 11 en la Academy of Music de Filadelfia. Tocaron en un baile el domingo 16 en el New Savoy Ballroom de Chicago; el 27 en la Mezquita Siria de Pittsburgh, en concierto organizado por Norman Granz. Los días 10, 11 y 12 de junio Dizzy y su banda cumplieron contrato en el Rajah Theater de Reading, Pensilvania. Al regresar a Nueva York, la orquesta fue contratada por dos semanas en el mítico Royal Roost, entre el 16 y el 29 de junio de 1948, y compartió cartel con el pianista Thelonious Monk, uno de los nombres descollantes del *bebop*.[404]

La prensa norteamericana no los había recibido como héroes precisamente: continuaban las críticas ácidas y comparativas, cuestionadoras de la pertinencia del *bebop*. Esta situación se hizo sumamente alarmante después del concierto en el Carnegie Hall, cuando muchos comenzaron a preguntarse si la música de Dizzy no tenía algo del «*jazz* progresivo» de Stan Kenton. Contó años más tarde Gillespie:

> ¿Stan Kenton? Mi música no tiene nada de frialdad, de esa frialdad suya. Yo no toco ni una nota que haya recibido influencias de nada que Stan Kenton haya hecho en la vida. Ni una sola. Aquí el que copia es Kenton. Contrató a un percusionista, un tumbador, cuando me vio a mí con uno. Cogió a Carlos Vidal, se lo quitó a Machito, y le puso en su banda junto a otro percusionista latino, Jack Costanzo.[405] Pero Stan no sabía qué hacer con él. Los dejó ahí puestos y fueron ellos los que decidieron qué había que tocar. Todo esto ocurrió después de que Stan se pasara por el Savoy y nos escuchara cuando Chano Pozo estaba en mi banda. Yo no soy un experto en música latina, pero los que la tocan me respetan porque yo sé cómo incorporar su música, cómo juntarla con la mía, y encajarla bien.[406]

---

404. Ken Vail. Ob. cit., pp. 59-60. A partir de estas presentaciones, Gillespie prescindió de Hampton Reese. Jordi Pujol: ob. cit., p. 81.

405. Jack Costanzo. Conocido como Mr. Bongó (Chicago, Illinois, 24 de septiembre de 1919), percusionista norteamericano de origen italiano. Desde finales de la década de los cuarenta fue de los primeros norteamericanos en asumir la percusión afrocubana, tocando y grabando con Nat King Cole y muchos otros renombrados músicos.

406. Dizzy Gillespie y Al Fraser. Ob. cit., p. 361.

Sobre la polémica desatada entre Gillespie y Kenton a partir de la incorporación de Chano Pozo a la banda del primero, el arreglista Walter Gilbert Fuller recordó:

> Debió ser en 1947 o 1948, por ahí. Tuvimos una batallita musical con Stan Kenton en el Savoy Ballroom. Stan cogió una curda y, tambaleándose, se fue hacia Dizzy y le dijo: "Yo puedo tocar tu música mejor que tú". ¿Qué se podía decir? El tío estaba borracho. Dizzy se limitó a mirarle y decirle: "Claro...". Y dejó la cosa ahí. ¿Qué ibas a hacer, comenzar a discutir con él? Estaba borracho. Pero, en esa situación, dijo realmente lo que pensaba. En realidad, Stan no podía componer a nuestra manera. Durante ese battle-of-bands las dos tocaron "Things are Here". Stan tenía unos treinta temas preparados, o algo así. Y les jodimos. Hicimos polirritmias, dos veces simultáneas, y no pudieron tocarlos. Creo que iban en compases de 3/4 y de 2/2, los dos a la vez. De ese modo, tienes que golpear en unos cinco sitios diferentes. Tenían que encajar eso en sus dos compases, y no pudieron.[407]

Años después, en una entrevista, Kenton se refirió a su primera década como líder de su orquesta y su evolución creativa, y de algún modo sugirió su primacía en la incorporación de la polirritmia afrocubana en el formato de la *big band* americana; pero ya se sabe que Dizzy le antecedió. Stan reconoció que escuchó por primera vez a Noro Morales y su orquesta en el Embassy Club de Nueva York a finales de 1946. Esto motivó que después, y a sugerencia de algunos allí, fuera con sus músicos a ver a Machito, quien se presentaba en el Danceland de Broadway:

> Allí fui todas las noches durante cerca de dos semanas y poco después empecé a buscar a un bongosero y un tumbador para contratarlos. Los que encontré estaban muy ansiosos por ver de qué modo íbamos a escribir nuestra música y no sabían el gran suceso que podían ser. Entonces se dejaban caer cada noche por el Paramount Theatre, donde estábamos por nueve semanas, estudiando los arreglos y la orquestación, y nosotros, por nuestra parte, nos dejábamos caer por Danceland, estudiando los ritmos. Fue muy duro todo esto, porque los percusionistas no hablaban una palabra de inglés y yo no hablaba español. Por ese mismo tiempo,

---

407. Ibídem, pp. 361-362.

Dizzy Gillespie estaba también muy interesado en este tipo de cosas, y contrató a Chano Pozo. Nosotros ambos estábamos cautivados por la música y nos metimos en la locura afrocubana. Usted sabe, nosotros fuimos los primeros en comenzar a contratar a percusionistas[408] [...] fue complicado encontrar uno que [hablara] bien el inglés. Resultó maravilloso cuando encontré a Jack Costanzo, que era un percusionista cubano,[409] pero en sí él era italiano... ¡¡¡Qué clase de mezcolanza esa!!![410]

Por cierto, Jack Costanzo conoció personalmente a Chano Pozo. En entrevista realizada por Jesse Varela para *Latin Beat Magazine*, Costanzo afirmó que fue el percusionista cubano Carlos Vidal Bolado quien le presentó a Chano Pozo, en un encuentro casual, cuando el primero le conducía a un *bakery* [411] en la 125th Ave. en Nueva York, con cuyo dueño, le había asegurado, podría encontrar cueros buenos para los bongós.

198

Cuando caminábamos calle abajo con los cueros ya comprados nos topamos con Chano que venía en dirección opuesta. Chano preguntó a Carlos qué hacíamos con esos cueros y este le respondió que eran para mí y que yo era bongosero. Chano respondió: "¡¡¡Quéee!!! ¡¡¡Le vas a romper las manos al italianito este con eso!!!"[412]

Costanzo afirmó que nunca llegó a tocar junto a Chano Pozo. Corría entonces el año 1947, probablemente.

La fiebre afrocubana había calado en muchos *jazzmen* norteamericanos, y los valores de los percusionistas cubanos en Nueva York estaban en alza.

---

408. *«Bongo drummer»* en el original.

409. *«A Cuban drummer»* en el original.

410. Kenton, Stan. Citado por Steven D. Harris: *The Kenton Kronicles. A biography of Modern America's Man of Music, Stan Kenton*. Dynaflow Publications, Pasadena, 2003, p. 51. Traducido al español por la autora.

411. Se trataba de una panadería-dulcería cuyo dueño, además, se dedicaba a la venta de instrumentos de percusión afrocubana traídos desde Cuba. Este, el *bakery* del cubano Simón Jou, aparecerá más adelante nuevamente en la historia de Chano Pozo.

412. Jesse Varela: «Jack Costanzo. Mr. Bongó». *Latin Beat Magazine*, San Francisco, septiembre de 1998.

Tras el regreso de Europa, Chano continuó su vida llamativa, la que siempre tuvo y quería tener, de adicciones peligrosas y gustos caros. Ostentaba quince trajes de diferentes colores, las mejores telas y precios de vértigo; los perfumes y colonias que usaba, y que anticipaban gratamente su entrada a cualquier lugar, solían ser también costosos. Fueron tiempos en los que nunca estuvo escaso de dinero, pues no había abandonado su peculiar estilo de recaudar por sí mismo sus propios *royalties* cuando estos no llegaban con la celeridad deseada. Para ello visitaba a Gabe Oller, quien debía entregarle una caja con veinticinco discos de 78 rpm, que Chano vendía a cincuenta centavos cada uno. Dijo Oller a Max Salazar tiempo después:

> ¡No entiendo nada! Terminé dándole varios cientos de discos. La grabación de ambas caras del disco y las etiquetas me costaron siete centavos de manufactura. Vendí algunos cientos a un dólar. Cuando Chano regresó de Europa, me dijo que Dizzy Gillespie era un tipo excelente para trabajar con él. Ganó más dinero con Dizzy que en cualquier tiempo antes. Chano había adquirido la mentalidad del negocio. Después de que cobró 100 dólares por las dos grabaciones con James Moody para el sello Blue Note, nunca volvió a grabar por menos.[413]

La relación de Chano con el dinero no había cambiado; sus premisas y motivaciones seguían siendo las mismas que trajo de Cuba: el estilo de vida, los gustos y adicciones marcaron siempre esta relación. Como Oller, Richard Carpenter, en ese momento *manager* de Dizzy y su banda, también recordó incidentes con Chano alrededor del dinero y los pagos:

> [...] teníamos un sistema por el que a cualquiera en el grupo que llegara tarde a la salida del autobús –en esa época se viajaba en autobús– o para un concierto, se le multaba. El dinero que sacábamos así iba a parar a un fondo destinado a comprar material de gimnasio, para organizar fiestas y cosas así. Se había fijado que todo el que llegara tarde, y eso incluía a Dizzy Gillespie, a todo el mundo, pagaba una multa. Solía multarles con 25 dólares. Les daba dos preavisos y a la tercera les cobrara los 25 dólares, y los reincidentes tenían que pagar 50. En una ocasión, a Chano Pozo le puse una multa de 50

---

413. Max Salazar. *Chano Pozo. Part II*. Ed. cit., p. 24. Traducido al español por la autora.

dólares. Me dijo: "¡Yo estrella, yo estrella! Yo ver a Dizzy".
Así que se fue a ver a Dizzy, que le miró como si estuviera
loco y le hizo saber: "Si Carpenter te multa, pues te ha
multado, y no hay más que hablar.[414]

En sus memorias Dizzy confirmó que Chano tuvo que pagar.[415]

Una noticia comenzó a circular por el Nueva York latino: pro-
cedente de Miami, a donde había arribado por vía aérea el 19 de
abril, Rita Montaner iba a Nueva York para una breve temporada
en el Teatro Hispano. Se presentó en el coliseo acompañada del
pianista y compositor Felo Bergaza y del actor Carlos Pous. Para
La Única, el reencuentro con sus coterráneos y amigos, en especial
con la declamadora cubana Eusebia Cosme y su fraterno Chano
Pozo, fue un motivo de alegría renovada durante la veintena de
días que permaneció en Nueva York.[416] Rita no podía imaginar
que aquellos eran los últimos momentos que compartiría con su
querido Chano Pozo.

200

414. Richard Carpenter,. Citado por Dizzy Gillespie y Al Fraser: ob. cit. p. 365.

415. Dizzy Gillespie y Al Fraser. Ob. cit., p. 348.

416. Ramón Fajardo Estrada. Ob. cit., p. 304.

De nuevo en la carretera con Dizzy

El verano de 1948 ya era inminente y la banda volvió a la carretera luego del Royal Roost: hicieron conciertos en Asbury Park el miércoles 30 y en Newark el 1 de julio, ambos en el estado de Nueva Jersey. El sábado 3 tocaron en Filadelfia y el 4 volvieron a Nueva Jersey para presentarse en Atlantic City. Fue aquí donde Dizzy encontró a Johnny Hartman: lo escuchó cantar en un club y de inmediato le ofreció contratarlo para la banda. Luego viajaron a Virginia, donde la orquesta tocaba el lunes 5 de julio en Buckroe Beach, antes de partir hacia la Costa Oeste, donde habían sido contratados.

Esta gira de ocho semanas por la Costa Oeste fue crucial para Gillespie y sus músicos: comenzó por todo lo alto en el Trianon Ballroom de San Francisco, el viernes 16 de julio, ante un público que cantaba los temas que identificaba al tiempo que la orquesta los hacía sonar.

Una reseña bajo el título «*Small Crowds Grow As Diz Bops Frisco*», 201 de Ralph J. Gleason, crítico y cronista de la revista *Down Beat*, glosó este concierto, mencionó a Chano Pozo entre los integrantes de la orquesta y comentó sobre su actuación:

> Las estrellas de la banda, escoltando a Diz, son, para el que escribe, Teddy Stewart, quien explota un modo de tocar y una actuación espectaculares, que transita maravillosamente a través de los intrincados arreglos en los que la banda se ha especializado, y Chano, el tumbador, quien por su extraordinaria exuberancia es difícil de derribar. Chano y Stewart poseen tantos patrones rítmicos con los que suelen interactuar que muchas veces llega a parecer que se trata de un solo hombre en la percusión. De todas todas, estamos ante una banda clase A, incluso si fuese el caso de que a usted no le guste el bop. Y si a usted le gusta, entonces, está en presencia de la banda que puede golpear a todas las demás.[417]

Luego de interpretar «Manteca», Dizzy se sentó sobre el piano para dar paso a «Second balcony jump». El cronista, quien repor-

---

417. Ralph J. Gleason: «Small Crowds Grow As Diz Bops Frisco». *Down Beat*. Citado por Ken Vail: ob. cit., p. 61. Traducido al español por la autora.

taba directamente desde el Trianon Ballroom, aseguró haber visto una multitud enardecida.

Gleason estuvo también presente en el próximo concierto, la noche siguiente, el sábado 17 de julio, cuando tres mil personas abarrotaron el Oakland Auditorium. La gira continuó el lunes 19 de julio en el Pasadena Civic Auditorium. Allí Johnny Hartman hizo su debut como vocalista de la banda en un concierto que devino histórico,[418] organizado por el *disc jockey*, productor y promotor Gene Norman, quien años más tarde publicó la grabación en directo de este concierto bajo su sello GNP.[419]

Al día siguiente los acogió el famoso Million Dollar Theater en Los Ángeles, donde permanecieron durante una semana. Permanecieron en esa ciudad durante las tres semanas siguientes, pues fueron contratados para presentarse en el Cricket Club, con récord absoluto de público hasta su concierto final allí el martes 17 de agosto. Al día siguiente tocaron en un baile en esa ciudad californiana y el 19 comenzaron su temporada en el famoso Billy Berg's Club, donde fueron contratados también por tres semanas.[420] La orquesta estaba en la cúspide y a Dizzy sus seguidores le continuaban llamando El Rey del Bebop:

> Cuando llegamos al Billy Berg's en Hollywood [...] los aficionados al bebop abarrotaron el local, y muchos de nuestros antiguos fans del mundo del cine –Ava Gardner, Lena Horne, Howard Duff y Mel Tormé– se presentaron a vernos, atrayendo todavía a más gente que quería verlos a ellos. [...] Todos salíamos a dar un gran espectáculo. Chano Pozo hacía el numerito del agua. Se ponía un vaso con agua en la cabeza y comenzaba a tocar la conga. Después dejaba caer un pañuelo y, aprovechando una rápida interrupción del repiquetear, se arrodillaba, lo recogía y comenzaba a tocar de nuevo,

---

418. Esta fue una de las pocas presentaciones documentadas y grabadas de Chano con la banda de Dizzy, y una de las grabaciones más populares de la etapa del *bebop* en la discografía de Gillespie.

419. Referencia: GNP-23, vol. 4. Veáse anexo III de esta edición. Según Ken Vail: ob. cit., p. 62, el repertorio del concierto en el Pasadena Civic Auditorium incluyó: «Emanon», «One bass hit», «Good bait», «Manteca», «Ool-Ya-Koo», «Stay on it», «Round 'bout midnight», «Algo bueno», «I can't get started», «Groovin' high», «Cubana be, Cubana bop».

420. Ken Vail. Ob. cit., pp. 61-62.

sin derramar ni una gota. ¡El público enloquecía![421]

En efecto, ya a estas alturas Chano había logrado articular, con ese afinado e innato sentido de la oportunidad que parecía tener, un verdadero espectáculo. Comentó el investigador Robert P. Vande Kappelle:

> Como hombre de la escena que era, en sus actuaciones Pozo interpretaba ciertas conocidas rutinas; con frecuencia se presentaba sin camisa, con el torso desnudo, mostrándolo aceitoso y brillante, cantando, bailando y tocando simultáneamente sus tambores.[422]

Después de esas exitosas semanas en Los Ángeles, Dizzy y su banda cerraron la temporada en el Billy Berg's el miércoles 8 de septiembre y regresaron a San Francisco para actuar una noche en el Edgewater Beach Ballroom. Luego viajaron a Denver y Omaha para sendos conciertos, y siguieron a Milwaukee, donde ofrecieron un único concierto en el Showboat,[423] de camino hacia Chicago. Después de este último, en una nota titulada "Diz Presents Milwaukee A 'Clean' Band" un reportero transparentó su perplejidad ante lo visto y oído: «"Manteca", escrita por Diz y Chano Pozo, el percusionista, se hizo casi como un rito tribal, convirtiéndose en algo francamente primitivo».[424]

La banda llegó a Chicago para presentarse en el Regal Theatre por siete días a partir del viernes 17 de septiembre. En vísperas de concluir la temporada en esa ciudad, la revista *Down Beat*, en su edición del 22 de septiembre, publicó una crítica sobre el más reciente lanzamiento discográfico de Dizzy: el disco V-203023 (sello Victor), de 78 rpm, que incluía «Manteca» y «Cool breeze». El columnista, entre otros aspectos, señaló que:

> "Manteca" es el tema que abre el espectáculo que Diz está haciendo en los teatros, y la reacción es comprensible

---

421. Dizzy Gillespie y Al Fraser. Ob. cit., pp. 366-367.

422. Robert P. Vande Kappelle: *Blue Notes: Profiles of Jazz*. Resource Publications, Eugene, Oregon, 2011, p. 8.

423. La información del lugar donde se realizó el concierto la aporta Peter Losin en <www.plosin.com/milesahead/BirdSessions.aspx?s=481000a>, consultado el 27 de septiembre de 2017.

424. John Osmundsen: *"Diz Presents Milwaukee a 'Clean' Band"*. *Down Beat*, 20 de octubre de 1948, p. 11.

porque es un arreglo emocionante y permite a Diz un discurso fluido. Ambos ["Manteca" y "Cool Breeze"] usan el patrón rítmico afrocubano, que tanto ha utilizado [Dizzy] últimamente, y las combinaciones de este tipo de ritmo y las figuras de bop sumadas a la orquestación son pura dinamita. En "Manteca" es la sección de ritmo la que abre, y luego se va construyendo gradualmente una sección sobre otra, hasta que Diz entra con un abigarrado alarde de técnica, después de lo cual trabaja los demás metales contra los saxos y viceversa.[425]

La próxima escala fue el domingo 26 de septiembre en el Pershing Ballroom del Pershing Hotel, donde la orquesta tuvo como invitado a Charlie Parker, con quien Chano Pozo volvió a compartir escenario.[426] El Pershing Hotel se alzaba en la calle 64 en la zona sur de Chicago, y en las décadas de los cuarenta y cincuenta del siglo XX el *jazz* fue el rasgo distintivo de su *night club*, su *lounge* y su *ballroom*. La existencia de una grabación no comercial de origen desconocido, y la posibilidad de que esa noche haya estado allí, subiendo al escenario a tocar con los anteriores, nadie más y nadie menos que el trompetista Miles Davis, ha hecho del concierto de Dizzy y su banda aquel domingo de septiembre uno de los más controversiales y documentalmente intrincados de los respectivos itinerarios musicales de Gillespie, Parker y Davis. Estudiosos y seguidores de la obra de estos gigantes han afirmado o negado la presencia de Davis y el sonido de su trompeta en esa grabación, pero nadie contradice la presencia de Chano Pozo como miembro de la banda de Dizzy. Peter Losin, investigador de la obra y el legado de Miles Davis, es de los que ubica al genial trompetista esa noche en el escenario del Pershing Ballroom junto a Gillespie, Parker y Chano Pozo.[427] Al parecer no existen más evidencias que la posibilidad de coincidir, por sus respectivas agendas, en tiempo y

425. «Dizzy Gillespie: "Manteca" y "Cool breeze"». *Down Beat*, septiembre de 1948, citado por Ken Vail: ob. cit., p. 63. Traducido al español por la autora.

426. La fecha del concierto en el Pershing Ballroom la aportó Ken Vail ("Bird's Diary") citado por Peter Losin (en <www.plosin.com/milesahead/BirdSessions. aspx?s=481000a>). Alain Tercinet (Parker's mood, Editions Parenthèses, Marsella, 1998) coincidió en la fecha, lugar y músicos, pero no mencionó la presencia de Miles Davis. Ken Vail en "Jazz Itineraries 1: Dizzy Gillespie", ob. cit., tampoco mencionó la presencia de Miles Davis. En correspondencia con la autora, Peter Losin ratificó su información.

427. Peter Losin . <www.plosin.com/milesahead/BirdSessions.aspx?s=481000a>.

espacio, los datos de la única edición comercial de esa grabación[428] y los recuerdos de Jesse *Rip* Tarrant, entonces trombonista en la banda de Dizzy, a quien oportunamente citó el investigador danés Leif Bo Petersen: Tarrant mencionó dos actuaciones de la orquesta de Gillespie en Chicago: una con Parker y otra con Bird y Miles Davis:

> Debo decir que la mejor de las actuaciones que ha quedado en mi recuerdo fue la de Chicago. Hicimos un baile y un concierto, y Diz y Bird estaban tocando delante de la orquesta. Oye, eso fue duro, Bird y Diz. Recuerdo que cuando fuimos atrás con Diz, Miles estaba tocando con nuestra banda. Pero pienso que el que sonaba junto con Bird era lo mejor que había escuchado en mi vida.[429]

Chano Pozo con James Moody. Nueva York. Octubre de 1948.

Tarrant afirmó que se unió a Gillespie después de la gira europea en 1948 y nombró a Teddy Stewart, Ernie Henry y James Moody como parte de la banda. Petersen concluyó que, atendiendo a la presencia de estos músicos en la formación de Dizzy, el concierto sucedió entre los días finales de marzo y noviembre de 1948, porque Moody dejó a Gillespie en noviembre, y Davis dejó a Parker en diciembre.[430]

Peter Losin, sin embargo, se aferra a su rigor investigativo sobre Davis y al conocimiento certero que tiene del sonido de la trompeta del mago Miles:

428. Ver anexo III.

429. Jesse Tarrant. Citado por Dizzy Gillespie y Al Fraser: ob. cit., p. 344. Traducido al español por la autora.

430. Leif Bo Petersen: «Charlie Parker Chronology». <www.plosin.com/miles-Ahead/Bird/LBP_1948.html>, 15 de octubre de 2017.

Creo que Miles Davis puede ser escuchado en al menos tres pistas de la grabación del Pershing Hotel: "Good Bait", un fragmento de "Unknown Ballad" [balada desconocida] y "Don't Blame Me". Su estilo es bastante distintivo, incluso tan temprano como en 1948. Hay mucha confusión sobre el personal y la(s) fecha(s) de ese espectáculo, pero el sonido de la trompeta de Miles Davis es bastante difícil de olvidar.[431]

Según Peter Losin, los músicos que pudieron participar en este concierto fueron Charlie Parker (saxo alto); Dizzy Gillespie (trompeta y dirección); Miles Davis, Dave Burns, Willie Cook y Elmon Wright (trompeta); Jesse Tarrant y Andy Duryea (trombón); John Brown y Ernie Henry (saxo alto); Joe Gayles y James Moody (saxo tenor); Cecil Payne (saxo barítono); James Foreman, Jr. (piano); Nelson Boyd (contrabajo); Teddy Stewart (batería); Chano Pozo (tumbadora). En el repertorio, «Manteca» fue el cuarto tema interpretado.[432] El sonido de Chano en la tumbadora es claramente perceptible en ese y en la mayoría de los números que tocó la banda de Gillespie.[433]

De ser cierto, no escapa a nadie la relevancia de este encuentro de Diz, Bird, Miles y Chano, quienes solo habrían coincidido sobre un escenario aquella noche en Chicago.

Al día siguiente, el lunes 27, Diz y su banda, con Chano, tocaron en Hartford y el 29 en Bridgeport, y dejaron la carretera para, de regreso a Nueva York, inaugurar la temporada de otoño en el Royal Roost, donde se presentaron a partir del 30 de septiembre durante cuatro semanas, compartiendo cartel con la cantante Anita O'Day y el sexteto del pianista Tadd Dameron.[434] A partir de 1946 habían comenzado a proliferar los clubes de *jazz* donde se tocaba *bebop*, y el *Roost*, ubicado en un pequeño sótano de Broadway entre las calles 47 y 48, fue uno de los más importantes. Allí tocaron los nombres más relevantes del *bebop*; no por gusto el club fue conocido como The Metropolitan Bopera House

---

431. Correo electrónico de Peter Losin a la autora, 27 de septiembre de 2017.

432. <www.plosin.com/milesahead/BirdSessions.aspx?s=481000a>, consultado el 24 de junio de 2017.

433. Esta grabación no comercial fue publicada en Italia bajo el título *Bird's Eyes. Last Unissued* (vol. 13), Philology W 843-2, CD. Véase anexo III.

434. Ken Vail no incluye estos conciertos en su «Jazz Itineraries 1: Dizzy Gillespie», ob. cit., Peter Losin los documenta <www.plosin.com/milesahead/BirdSessions.aspx?s=481000a>, consultado el 27 de septiem-bre de 2017.

y también como The House that Bop Built. Desde el Roost se produjo una transmisión radial en directo el sábado 2 de octubre de ese año 1948, en la que también estuvo Chano como parte de la orquesta de Gillespie, y en la que interpretó, probablemente por primera vez, el tema «Guarachi Guaro», de la autoría de Chano Pozo. Sucesivas transmisiones similares, pero con diferente repertorio, se realizaron también desde el Royal Roost el martes 5, y los sábados 9, 16 y 23 de octubre, en las que se documentó también la participación de Chano.[435]

Las grabaciones de algunos de los conciertos de las giras de Dizzy y su banda en 1948 que han llegado hasta hoy demuestran la importancia creciente que fue adquiriendo Chano dentro de la orquesta, no solo en el aspecto estrictamente musical, sino en la dramaturgia misma del espectáculo que suponía su *performance* de baile, canto y toque.

Hoy es difícil saber de quién fue la idea, pero lo cierto es que el 25 de octubre de 1948 James Moody y un octeto de excelentes músicos se reunieron en los Apex Studios en Nueva York para realizar unas grabaciones históricas, principalmente porque fueron las últimas de Chano Pozo. Allí estuvieron Ernie Henry (saxo alto); Cecil Payne (saxo barítono); Dave Burns y Elmont Wright (trompeta); Hen Gates (piano); Nelson Boyd (bajo); Art Blakey (batería); Chano Pozo (tumbadora y voz); y el propio Moody, quien además de dirigir a la orquesta tocó su saxo tenor. Gill Fuller tuvo a su cargo los arreglos. A excepción de Blakey, todos habían estado vinculados a la banda de Gillespie.

Seis días antes Moody reunió a los mismos músicos, excepto a Chano y a Art Blakey, a quien reemplazó Teddy Stewart en la batería, para grabar cuatro temas: «The Fuller Bob Man», «Workshop», «Oh, Henry» y «Moodamorphosis». El sello Blue Note Records produjo estas dos sesiones. Para la del 25 de octubre Moody sabía —y sus productores intuían— que Chano era imprescindible, y lo incluyeron en estas piezas, que han devenido icónicos exponentes del *cubop*: «Tropicana», «Cu-ba», «Tin tin deo» y «Moody's All Frantic»,[436] en las que Chano brilló con una coherente inserción en el formato de la banda. En «Cu-ba», la mancuerna Moody-Pozo pareció alcanzar cotas muy altas de sintonía y a la vez de libre creatividad, y estuvo respaldada por la cada vez

435. Ken Vail. Ob. cit., pp. 64-65. Véase anexo III de esta edición.

436. Referencias: Blue Note 553, 554, 555 y 556, respectivamente. Cfr. <www.jazzdisco.org/james-moody/catalog/>. Véase anexo III de esta edición.

más incitante comprensión del mundo sonoro afrocubano que tenía el baterista Art Blakey. «Tin tin deo» era una pieza de reciente creación conjunta entre Chano, Gillespie y Fuller, y la grabación con James Moody y su octeto fue el registro primigenio de este clásico del cubop en la antesala del *latin jazz*, en el que el cubano puso su voz desde la entrada misma del tema hasta el momento de libre improvisación instrumental.

El resultado de estas productivas sesiones encabezadas por Moody salieron por primera vez al mercado en discos de 78 rpm bajo el sello Blue Note Records y la formación se identificó como James Moody and His Bopmen. El primero de estos discos (Blue Note 553) fue reseñado por la revista *Billboard* en su edición del 15 de enero de 1949. Ambas sesiones fueron publicadas nuevamente en 1952, en formato *long play*, según anticipó la revista *Billboard* en su edición del 26 de abril de ese año.[437] Al recorrer la historia del sello Blue Note, el investigador Richard Cook afirmó con acierto que estas sesiones merecen relevancia por ser "un guiño [acaso el primero] hacia el toque afrocubano con la inclusión de Chano Pozo, principalmente en su desempeño en la pieza favorita de la banda: «Tin tin deo»".[438] Muchos estudiosos las han situado entre las grabaciones cardinales en la historia del *jazz*. Chano no alcanzó a tener en sus manos estos discos, ni a escuchar, quizás, su propia ejecución en estos temas: su vida se acercaba a su fin.

Dizzy cerró triunfalmente su temporada en el Royal Roost el miércoles 27 de octubre, y dos días después comenzó una breve temporada de siete días en el Apollo Theatre, en Nueva York, junto con la cantante Ruth Brown, The Wong Sisters y Harris & Scott. Al día siguiente de concluir allí, Gillespie y su orquesta, con Chano, ofrecieron otro concierto en la Cornell University, y volvieron de nuevo a la carretera para una serie de presentaciones que les llevaron a los estados del sur: del miércoles 17 al 26 de noviembre se presentaron sucesivamente en Columbia, Carolina del Sur; New Bern y Henderson, Carolina del Norte; Charleston y Ronceverte, Virginia Oeste; Raleigh, Carolina del Norte.[439] En camino hacia Raleigh, el *bus* hizo una escala en el poblado de Wake

437. «Advance Record Releases». *Billboard*, Nueva York, 26 de abril de 1952, p. 42.

438. Richard Cook. *Blue Note Records. The Biography, Justin, Charles & Co*, Boston, MA., 2003, p. 32.

439. Ken Vail. Ob. cit., p. 66.

Forest cuando un grupo de estudiantes del Wake Forest College, que se autodenominaban «amigos del *jazz*», los invitaron a detenerse cerca del campus universitario y Diz, para sorpresa de ellos, aceptó. Luego del almuerzo al que invitaron a la banda se armó una espontánea *jam session* que quedó en el recuerdo de los asistentes, entre los cuales las opiniones quedaron divididas. Escribió el columnista Harold Hayes para The Wake Weekly:

> Los músicos se explayaron en un concierto no planeado. El percusionista de la banda, Chano Pozo, se montó a horcajadas sobre su tambor y con un ritmo errático sacudió la casa y pudo ser escuchado desde el edificio de administración del campus hasta Wooten's Hometel en South Main Street. Esperábamos que tocaran duro, que fueran fuertes, pero la palabra "fuerte" referida a la banda de Dizzy Gillespie es una grosera subestimación. Algunos estudiantes se preguntaban después si, luego de esto, las vigas que sostenían el techo habían quedado lo suficientemente seguras como para evitar que el edificio se desplomara.[440]

El 22 de noviembre la banda tuvo el concierto en la ciudad de Raleigh, Carolina del Norte, y al concluir la actuación Chano se percató de que habían robado del camerino cuatro trajes de Gillespie y sus dos tumbadoras. La banda debía continuar la gira, pues tenían conciertos previstos del 24 al 26 de noviembre en Danville, Virginia; Timmonsville, Carolina del Sur; Greensboro, Carolina del Norte; y Roanoke, Virginia. Debían tocar también el 29 en Atlanta, Georgia; el 1 de diciembre en Nueva Orleans, Luisiana; el 2 en Jackson, Mississippi; para concluir la gira en Memphis, Tennessee, con una semana de contrato desde el 3 hasta el 9 de diciembre. Chano decidió regresar a Nueva York a comprar otras tumbadoras y reunirse con la banda en alguna de las ciudades sureñas. En aquellos tiempos la tumbadora era un raro instrumento, difícil de encontrar en cualquier lugar, pero Chano sabía dónde conseguirlas en Nueva York. Dizzy explicó después: «Lo llevé en mi carro hasta la estación de trenes. Vi el tren alejarse. Lo que no sabía era que esa sería la última vez que vería a Chano con vida».[441]

---

440. *«The Day Dizzy Came to Town».* The Wake Weekly, Wake Forest, consultado en <https://wakeforestmuseum.org/2014/11/20/the-day-dizzy-came-to-town>, el 23 de septiembre de 2017. Traducido al español por la autora.

441. Max Salazar. «Chano Pozo. Part II». Ed. cit., p. 24. Traducido al español por la autora.

¡Si me saca un revolvito, me va a tené que tirá!⁴⁴²

Tras despedirse de Dizzy y dejar Carolina del Norte, Chano estaba ya en Nueva York el martes 30 de noviembre para comprar sus nuevas tumbadoras.[443] Su vuelta a la Gran Manzana, en cierto modo, le propició alejarse de lo que no soportaba: una discriminación racial que en Nueva York no tenía extremos tan humillantes como en aquellas ciudades sureñas. Chano encaminó sus pasos hacia la 116 y la 107, hacia el *bakery* La Moderna. Su dueño, el cubano Simón Jou, traía de Cuba y vendía con éxito a músicos latinos y norteamericanos tumbadoras, bongós y otros instrumentos de percusión. La fama de su negocio entre los percusionistas creció en lo adelante, sus cueros eran fiables y se dice que años más tarde, cuando lo abrazó el furor por la percusión cubana, hasta Marlon Brando iba por allí a comprarle tumbadoras, bongós y maracas.[444]

Chano iba decidido a comprar y reemplazar los instrumentos que le habían robado. Observó con detenimiento los que estaban disponibles. Encendió una lata de cera para calentar los cueros de las tumbadoras, luego probó el sonido de cada una, y cerca de una hora después eligió finalmente las que quería. El motivo por el que había regresado a Nueva York estaba resuelto, así que podía reincorporarse a la gira con la banda. Pero Chano decidió que no, que iba a esperar a que Dizzy terminara la gira y regresara.

Machito explicó:

> Chano me dijo que Gillespie quería que él lo reencontrara de nuevo en el Sur. Pero Chano no quería ir. Quería esperar a que Dizzy regresara a Nueva York y decirle que no había podido conseguir las tumbadoras. Chano ya tenía las tumbadoras, pero no quería tocar en los estados del Sur, no podía soportar la discriminación que había allí. No le gustaban los servicios separados, las salas de espera segregadas, los bebederos y los hoteles segregados, o viajar en la parte de atrás de los ómnibus.

---

442. De la rumba «Parampampín», de Chano Pozo.

443. Esta fecha consta en la declaración de Edward Bailey, presidente de la Unión de Músicos Local no. 767. «Dizzy Gillespie's Drummer Killed in New York Bar». *The California Eagle,* vol. 69, no. 36, California, 9 de diciembre de 1948, p. 1.

444. Correo electrónico de Richard Blondet a la autora, 22 de mayo de 2017.

Chano dijo que esperaría a Dizzy y se le uniría en la función del teatro Strand.[445]

Muchos años debieron pasar para que su hermana menor, y la que dicen era su preferida, Petrona Pozo, confesara la premonición que le estremeció en el momento mismo en que se disponía a despedir a su hermano en el muelle del puerto habanero, poco más de un año atrás:

> A mí se me hizo tarde y tuve que ir corriendo para el puerto, porque se iba por barco para llevarse el convertible rojo que se había comprado con un dinero que le mandó Miguelito Valdés. Él pensaba estar allá por poco tiempo [...] pero yo sabía que Chano no iba a volver. Lo sabía. Unos días antes él se hizo un registro y le salió que tenía que hacerse santo, hacerse Changó, y dijo que cuando regresara él se lo hacía. Pero yo sabía que Chano no iba a volver. Changó no perdona.[446]

En una decisión de dramáticas e irreversibles consecuencias, Chano prefirió esperar por Dizzy en Nueva York, mientras vivía las estridentes noches del Harlem negro. Según Max Salazar, recién llegado a La Gran Manzana Chano jugó un número de la «bolita» y se reunió con un tal Eusebio Muñoz, conocido como El Cabito, para comprarle veinticinco pitos de marihuana. El Cabito, quien nunca tenía encima el contrabando, regresó al rato con la mercancía para Chano.

Eusebio Muñoz era un mulato claro, casi blanco, de unos 167 cm de altura, y se ganaba la vida como reparador de radios domésticos. Era lo que podía hacer después de desmovilizarse, tras haber servido en el Ejército de los Estados Unidos durante la Segunda Guerra Mundial y alcanzar los grados de cabo. De ahí su sobrenombre entre los cubanos, boricuas e hispanos que le conocían: El Cabito. Muñoz había obtenido algunos reconocimientos y condecoraciones por méritos de guerra, entre ellos el Corazón Púrpura.[447] Junto a su modo de hablar suave, de hombre sensitivo, que caía bien, predominaba la característica del macho latino que era capaz de morir

---

445. Max Salazar: «Chano Pozo. Part III». Ed. cit., p. 17. Traducido al español por la autora.

446. Leonardo Padura Fuentes: «Chano Pozo, la cumbre y el abismo». Ed. cit., p. 213.

447. Onar E Llep: «Ha muerto el Tambor de Cuba». *Bohemia*, La Habana, diciembre de 1948, pp. 60-61.

antes que vivir con la carga de lo que consideraba una deshonra.[448] Después del fin de la guerra, El Cabito se convirtió en uno de los miles que regresaron a los Estados Unidos pero no encontraron un trabajo del que pudieran vivir. El Cabito podía mantenerse porque pertenecía al grupo que llamaban «Los 52-20»: aquellos soldados desmovilizados que recibían semanalmente, durante 52 semanas, un cheque del gobierno norteamericano de 20 dólares. El Cabito también apuntaba en la «bolita»[449] y era *dealer* de marihuana. En 1948 tenía treinta y ocho años y vivía en el número 1079 de la Kelly Street, en el Bronx.

Onar E. Llep, en su artículo «Ha muerto el Tambor de Cuba», afirmó que El Cabito había nacido en Tampa, hijo de padres cubanos, aunque luego se supo que no era cubano, sino boricua. Llep explicó que El Cabito había servido en el ejército en Cuba y México y que luego regresó a Tampa, donde lo sorprendió la guerra. De vuelta en Estados Unidos, colgada al pecho la medalla de «experto tirador», se radicó en Harlem. Chano Pozo y Eusebio Muñoz se conocían.

> La amistad entre ellos se fue haciendo cada vez más estrecha. Mucho se les vio juntos por los cafés, salas de billar, restaurantes y cabarets de Harlem. Había algo entre ellos, no obstante, que los acercaba y distanciaba a la vez. El Cabito, hombre tranquilo, trabajador, escaso de apetitos, se sentía un poco cohibido en presencia del artista mundano, alegre, amigo de las fiestas, que llevaba sobre los hombros el polvo rutilante de la fama.[450]

Llep aseguró que Chano admiraba y respetaba a El Cabito y su historial de guerra a las órdenes del general Patton en las playas de Salerno y Anzio, pero eso solo lo aseguró Llep.[451] Los hechos después pusieron en signo de duda todo esto.

Esa noche, mientras conducía por el Central Park acompañado de otros cuatro músicos, Chano les invitó a fumar, pero al inhalar se percataron de que el «material» no era lo que debía ser, más bien parecía orégano. Las vidas de esos amigos, como la de Chano, habían transcurrido en el culto al sentido de la hombría y a la

---

448. Ídem.

449. Popular juego de azar en la comunidad latina.

450. Onar E Llep. Ob. cit., p. 61.

451. Ibídem, pp. 61 y 80.

respuesta violenta ante las ofensas, y no pudo ser de otro modo: le echaron en cara a Chano que El Cabito lo había tomado por tonto, lo había «vacilado».

Ciego de ira, el tamborero juró que El Cabito tendría que darle una satisfacción de inmediato por tamaña humillación. Iba conduciendo su automóvil por la Avenida Lenox, entre las calles 114 y 115, y dicen que al pasar frente al restaurante La Palma Chano vio a El Cabito sentado en el primer asiento junto a la barra, cerca de la ventana. Chano detuvo el auto y se lanzó hacia el interior del restaurante, agarró al hombre por el cuello, y le dijo: «Tú no te va a reír de mí» y probablemente debió haber pronunciado alguna palabrota impublicable. Según los testimonios recogidos por Salazar, El Cabito lo urgió a calmarse y le pidió discutir en privado la situación. Salieron y en la acera, alejados de todos, Chano le exigió que le devolviera su dinero. El Cabito insistió en que desconocía que la marihuana fuera de mala calidad y se negó a devolver el dinero. (Los testimonios coincidieron en indicar que la cifra en litigio era de quince dólares.) Entonces, Chano le cruzó la cara de una bofetada tan fuerte que dejó a El Cabito extendido en la acera, le metió la mano en el bolsillo y le quitó los quince dólares, y salió caminando.[452]

El músico cubano Mandy Vizoso, quien estuvo con Chano ese día, resumió años después en una entrevista:

> [...] solía conversar mucho con él en una cafetería donde se reunían los músicos y el día que lo mataron me vi con él como a las dos de la tarde en la cafetería, estaba mostrando un par de zapatos que había comprado y estuvo hasta las cinco cuando se montó en un convertible con su amigo Pepe Becké para irse a fumar marihuana al Parque Central que le habían comprado a Eusebio Cabito Muñoz, así apodado porque había sido cabo en el ejército americano donde había aprendido a ser un experto francotirador. Chano se irritó porque la "estofa" que le había vendido Cabito era de baja calidad, lo buscó en El Barrio, lo cogió por el cuello y le metió la mano en el bolsillo para arrebatarle el dinero que había pagado.[453]

Según testimonios recogidos por Jordi Pujol, los amigos más próximos a Chano como Mario Bauzá y Marcelino Guerra Rapin-

452. Max Salazar: «Chano Pozo. Part III». Ed. cit., p. 17.

453. Mandy Vizoso. Entrevista por Jaime Jaramillo. 29 de diciembre de 2004, Santurce, Puerto Rico. Transcripción facilitada por Jaime Jaramillo.

dey le aconsejaron, infructuosamente, que buscara a El Cabito y se disculpara, pues no le convenía estar en problemas con él.[454] En el artículo que apresuradamente publicó *Bohemia*, Onar E. Llep afirmó que amigos de Chano y de El Cabito trataron de que el último le restara entidad al asunto, sugiriendo una posible broma, ¡aunque de mal gusto! Casi lo convencieron: "Si Chano viene a mí y me da explicaciones delante de la misma gente ante la cual me ofendió, no tendría inconveniente en darle de nuevo la mano... Y lo pasado, pasado está".[455] Y Llep, evidentemente, especuló: «A Chano tal vez no le llegaron estas palabras del hombre que había de ser dos días después su matador. Quizás no le encontraron a tiempo sus amigos para trabajar junto a él el acercamiento que 'Chano no hubiera –dicen sus amigos– rehusado».[456]

En la tarde noche del jueves 2 de diciembre Chano fue visto en varios bares y *cocktail lounges*, hasta que llegó al Río Café & Lounge. Luego entró El Cabito y le increpó y comenzaron los dos una acalorada discusión. Salieron del bar y, discutiendo, se encaminaron hacia un lugar vecino en la calle 116. Para el investigador Richard Blondet, el lugar donde fueron a discutir pudo ser el famoso *bakery* La Moderna, muy próximo al Río Café, donde Chano había ido a comprar sus nuevas tumbadoras.[457] "[Chano Pozo] González, sintiendo la futilidad de los argumentos, deja al hombre hasta entonces no identificado y regresa solo al Río Café. Cerca de quince minutos después, el hombre no identificado regresaría también al Río Café".[458] Desde la puerta, sin entrar, el hombre vació el cargador de su pistola sobre el cuerpo danzante del otro hombre que tenía enfrente. Cinco balas impactaron y penetraron en la carne endurecida del cuerpo de Chano Pozo, suficientes para derribarlo y matarlo la triste noche del jueves 2 de diciembre. Treinta y seis días después debía cumplir treinta y cuatro años.

Según testimonio recogido por Max Salazar, poco antes de los sucesos Machito caminaba pasando como de costumbre por el Río Café y escuchó el sonido de la victrola. Miró hacia adentro y vio a Chano bailando mientras una joven empleada del bar hacía la limpieza. Entró y habló unos minutos con él.

454. Jordi Pujol. Ob. cit., p. 86.

455. Onar E Llep. Ob. cit., p. 80.

456. Ídem.

457. Correo electrónico de Richard Blondet a la autora, 22 de mayo 2017.

458. Edward Bailey. Ob. cit., p. 5.

Diciembre 1948. El Rio Cafe en 1948. Foto: Revista Bohemia.

Es notorio que los primeros reportes de prensa que aparecieron a raíz del fatal desenlace propagaron con énfasis una imagen al interior del Río Café: Chano bailaba al sonido de «Manteca», su gran *hit* del momento, que él mismo había hecho sonar en la victrola o vellonera del local. Sin embargo, Richard Blondet afirmó que, a falta de más informaciones, tal representación casi teatral circuló a partir de una festinada invención:

> [...] ¡el Río Café ni siquiera tenía entonces una victrola o vellonera! Estuvo en el número 25 de la avenida Lenox por años y fue notorio como lugar donde no solo se podían comprar drogas, sino también conseguir mujeres. ¿Será que las dos mujeres con quien se encontraba Chano en el Río Café fueran damas de noche? Pero también es posible que hayan sido solo admiradoras. ¿O amistades de Chano?[459]

Estas interrogantes nunca han podido ser resueltas, y la relación de la muerte de Chano con su éxito «Manteca» forma ya parte de un mito inseparable de su figura y de su historia. Machito amplió sus recuerdos:

> Cerca de una hora después de haber terminado de hablar con Chano, estoy sentado en una mesa en el restaurant

459. Correo electrónico de Richard Blondet a la autora, 22 de mayo 2017.

La Palma con Brinco, otro bolitero, y entra Cabito al restaurant y va directo al baño de caballeros. Estuvo ahí como un minuto y salió. Como diez minutos después, un tipo llamado Juango entró corriendo a La Palma y gritó: "Machito, alguien ha matado a Chano en El Río". Salí corriendo, llegué al bar y vi a Chano desplomado en el piso. Su cuerpo aún estaba caliente. Luego llegó la policía y ordenó evacuar el lugar.[460]

Según sus recuerdos, a las 9:45 de aquella aciaga noche Mario Bauzá recibió la llamada de un músico conocido como Pulidor[461]: «Mario, Chano está muerto, lo han asesinado en El Río. Estoy llegando allí ahora mismo». Esto en realidad debió ser una hora más tarde, pues de acuerdo con la noticia publicada por el periódico *The New York Age* testigos aseguraron que «aproximadamente a las 10:15 de la noche Chano estaba parado en el bar acompañado de dos mujeres, que dijeron ser Bernice Best y Florence Martin,[462] cuando El Cabito entró en el lugar»,[463] y de acuerdo al certificado de defunción, emitido por el Registro del Estado Civil de la República de Cuba, Chano fue declarado muerto a las 10:15 p.m. del 2 de diciembre de 1948, lo que coincide en general con el emitido por el Departament of Health del Buro of Vital Records en la ciudad de Nueva York.

Años más tarde Bauzá desgranó sus recuerdos cuando volvió a hablar de ello con Leonardo Padura:

> La noche del 3 de diciembre [sic] Chano, Miguelito Valdés y yo estábamos citados para un debut en un bar, y yo estuve por la tarde cambiando unos cheques de viaje que tenía. Como todavía faltaba un rato, me quedé en la casa oyendo la pelota de Cuba, en un radiecito que tenía, cuando me llaman por teléfono y me dicen: "Oye, Mario,

460. Max Salazar: «Chano Pozo. Part III», ed. cit., p. 17. Traducido al español por la autora.

461. Pedro Allende Pulidor fue un músico boricua que estuvo vinculado a Machito y sus Afro-Cubans.

462. No ha sido posible encontrar datos sobre Bernice Best y Florence Martin. Esos fueron los nombres que dieron a los agentes policiales las dos mujeres que acompañaban a Chano en el momento de su asesinato. Atendiendo a las características del Río Café & Lounge y al trágico hecho que las vinculaba al finado Chano, es probable que las mujeres hayan ocultado sus verdaderas identidades.

463. *The New York Age*, Nueva York, 11 de diciembre de 1948, p. 18.

acaban de matar a Chano". En Lenox, entre la 111 y la 112. En la barra del Río Café.[464]

Según Max Salazar, Bauzá contó:

> Conduje mi auto hasta el bar Río, sabía que Chano debía estar allí esperando a que el dueño le cambiara algunos travellers checks. Testigos me dijeron que el hombre que mató a Chano entró en el bar, lo miró y salió, pero cuando volvió tenía una pistola en la mano. Eso fue bien planeado... la pistola estaba escondida cerca de allí. Fui para mi casa y llamé a Miguelito [Valdés] a dos lugares: al Chateau Madrid y a su hotel. Le dejé mensajes para que me llamara.[465]

Cerca de las 11 de la noche, Miguelito Valdés reclamó las llaves de su habitación en la carpeta del hotel Woodrow en la 61 Street y Broadway. Con ellas, el recepcionista le entregó el reporte de dos llamadas telefónicas: una de Mario Bauzá y otra de Cacha. En ambas, la insólita noticia, la única que no habría querido recibir: Chano estaba muerto, había sido ultimado a balazos. Aún sin recuperarse del asombro y el dolor, Miguelito se puso al volante de su auto y lo condujo hasta el apartamento que Chano y Cacha ocupaban en Harlem. Recogió a la bailarina y a Pepe Becké y se dirigió con ellos a la vivienda de Mario Bauzá.[466]

Los testimonios de Machito y Bauzá coincidieron en la existencia de elementos instigadores en el entorno de El Cabito y de Chano que pudieron haber llegado incluso a ubicar el arma homicida en las cercanías del Río Café, zona que Chano solía frecuentar. Chano era en ese momento la encarnación del éxito de un latino en Nueva York, donde muchos tamboreros habían probado suerte durante años, sin llegar a donde él había llegado. En ciertos ambientes, los sentimientos hacia Chano transitaban por una amplia escala que iba desde la admiración sincera hasta la envidia solapada. Los más cercanos a víctima y victimario tomaron partido, según lo que consideraron cierto: "¡Máquina, le dieron máquina! La verdad del caso es que a El Cabito le dieron 'máquina' para que

464. Leonardo Padura Fuentes: «Conversación en 'La Catedral' con Mario Bauzá», ed. cit., p. 28.

465. Max Salazar: «Chano Pozo. Part III», ed. cit., p. 17. Traducido al español por la autora.

466. Max Salazar: «Chano Pozo. Part III». Ed. cit., p. 18.

actuara como actuó", declaró la cantante y rumbera Celina, muy amiga de Chano, quien en ese momento actuaba como empresaria y artista en el teatro Tríboro en Nueva York.[467] Juan Valdés, cubano conocido como Pierre Chine y amigo de Eusebio Muñoz, dio al periodista Onar E. Llep testimonios de la vida tranquila y noble de su amigo, pero de su carácter intransigente ante la falta de respeto. Otro amigo de Chano, cuyo nombre olvidó el periodista, aseguró: "Era buen amigo. Aquí en el barrio había hecho muchos favores y son muchos los que mucho tienen que agradecerle con todo y el poco tiempo que vivió entre nosotros".[468] Mandy Vizoso explicó así su teoría: «Los 'tiradores' de droga, amigos de Cabito, le dijeron que si no tomaba represalias era mejor que se fuera del barrio, así que este buscó un revolver y localizó a Chano».[469]

Mario Bauzá dijo:

> Entonces me puse a averiguar y supe que la muerte de [Chano] fue prefabricada por otra persona, por la misma envidia que volvió a despertar aquí, por haber triunfado y tener dinero. Pero esa persona que fabricó su muerte la está pagando en vida, y el que lo mató, al que le decían El Cabito, un puertorriqueño que había venido medio desquiciado de la guerra, nada más fue el instrumento para hacerlo, pues hasta le pusieron el revólver en la mano, pero también lo pagó.[470]

A la pregunta de Padura, transcurridos ya cuarenta y cinco años, Mario Bauzá respondió que no, que no podía revelar el nombre de la persona que fabricó la muerte de Chano Pozo. Hasta donde se sabe, Bauzá murió sin decirlo.

Una deuda no saldada; el engaño en una venta de cierta mercancía de dudosa calidad; rivalidad por mujeres; castigo de Changó (algunos dicen que de Yemayá) por no haberlo coronado en su cabeza antes de cruzar el mar; utilización indebida de ciertos fondos dinerarios que su plante ñáñigo depositó bajo su custodia; envidia ante el éxito arrollador e indetenible y un estilo de vida que mortificaba a algunos hasta la sinrazón; castigo de los *ekobios* por una hipotética revelación de cantos y textos secretos... Estas son

---

467. Onar E. Llep. Ob. cit., p. 80.

468. Ídem.

469. Entrevista a Mandy Vizoso realizada por Jaime Jaramillo el 29 de diciembre de 2004, Santurce, Puerto Rico. Transcripción facilitada por Jaime Jaramillo.

470. Leonardo Padura Fuentes. «Conversación en "La Catedral" con Mario Bauzá». Ed. cit., pp. 28-29.

algunas de las hipótesis que a lo largo de los años han alimentado el mito y la falta de consenso en cuanto a la causa del crimen. Sin embargo, el incidente con El Cabito, la mercancía y la reacción de Chano para recuperar su dinero y su honor ofendido ha tomado cuerpo, ante ciertas evidencias, con el paso del tiempo.

El dictamen forense confirmó que el asesino utilizó una pistola automática calibre 38, que realizó impactos en el pecho, el corazón, el antebrazo izquierdo, hombro y antebrazo derecho. La víctima aún con vida fue llevada al Sydenham Hospital, de Harlem, a donde llegó cadáver y fue declarado muerto.[471] Frederick J. Spencer, en su libro *Jazz and Death: Medical Profiles of Jazz Greats*, indicó que la autopsia practicada al cadáver de Chano confirmó que la muerte se produjo por «múltiples heridas de bala del pecho, abdomen, corazón, pulmón izquierdo, hígado, bazo y aorta abdominal; hemorragia; homicida». Spencer agregó que «esto puede explicar la información según la cual le dispararon siete veces. La distribución anatómica de las heridas no indica si se le disparó desde atrás». Y aportó un dato curioso: el certificado de defunción de Chano Pozo, con el número 26469,[472] «fue firmado por el Dr. Milton Helpern, Asistente Médico Forense, el mismo patólogo que certificó la muerte de Charlie Parker en 1955».[473]

Medios de prensa en Nueva York y California reflejaron la tragedia del Río Café; fueron en su mayoría publicaciones dirigidas a las comunidades negra e hispana. Algunos no distinguían bien entre un bongó y una tumbadora, pero todos coincidieron en señalar el éxito de «Manteca», el *hit* más reciente de la banda de Gillespie, y la autoría de Chano Pozo.

El Diario de Nueva York, que se editaba en español en Brooklyn, situó la noticia en primera plana en su edición del sábado 4 de diciembre y repitió, como verosímil, la circunstancia de «Manteca» en la victrola:

> Según la versión de la Policía, Chano Pozo se encontraba en el citado bar y cuando se disponía a poner un disco en la victrola, el de su último hit musical, recientemente grabado intitulado "Manteca", se presentó de improviso

471. «Guillespie's Drummer Shot Dead». *The New York Age*. Nueva York, 11 de diciembre de 1948, p. 18.

472. New York Death Index (1862-1948), obtenido en <www.ancestry.com>.

473. Frederick J. Spencer: *Jazz and Death: Medical Profiles of Jazz Greats*. Oxford. University Press of Mississippi, 2002, p. 74.

Muñoz, generalmente conocido por El Cabito, y le hizo los disparos que le ocasionaron la muerte.[474]

La nota encomió el valor artístico de Chano, aunque sin evadir algunos estereotipos

> Chano Pozo era único en su arte, su bongó cantaba y una de sus más grandes admiradoras era Lena Horne, la famosa cantante de [...] raza negra que iba al lugar donde Chano tocaba con Gillespie, para observar al famoso "negrito" con su contagiosa alegría, su mímica inigualable y sus manos mágicas que harían cantar y llorar al bongó con sus ritmos de selva africana.[475]

El semanario *The New York Age* días después, el 11 de diciembre, aportó con amplitud datos sobre el hecho y la captura de El Cabito:

> Muerto a tiros el tumbador de Gillespie
>
> Chano Pozo, quien fuera bongosero de la banda de Dizzy Gillespie, recibió cinco impactos de bala y fue muerto al instante la noche del pasado jueves 2 de diciembre, cuando se encontraba en el Reo Bar and Grill [...] 25 Lenox Ave., conversando con dos mujeres que le acompañaban.
>
> El hombre que, presuntamente, realizó los disparos sobre el conocido músico de bop fue identificado por la policía como Eusebio Muñoz, de 38 años de edad, puertorriqueño residente en el 1079 de la Kelly Street, en el Bronx. Después del tiroteo, el hombre fue arrestado en la St. Nicholas Avenue entre las calles 111 y 112 cuando el teniente Martin Duffey, del Precinto no. 15, estando fuera de servicio y en ropas de civil, avistó al individuo cuando cruzaba la calle corriendo y una pistola calibre 38 en la cintura.
>
> Más tarde, Muñoz dio una declaración completa ante el Fiscal Distrital Adjunto, James Yeargin.
>
> Pozo, de 32 años, vivía en el 127 W de la 111 Street. Su nombre real era Luciano Panzo [sic] González y originariamente vivía en La Habana. Durante los pasados 18 meses había realizado apariciones con la banda de Gillespie y se había distinguido por su modo frenético de tocar el bongó. Pozo compuso e interpretó "Manteca", uno de los temas más exitosos de la orquesta.

---

474. *El Diario de Nueva York*. Brooklyn, sábado 4 de diciembre de 1948, p. 1.

475. Ídem.

La Policía reconstruyó los hechos como sigue:

[...] Pozo estaba parado en el bar alrededor de las 10:15 p.m., conversando con dos mujeres identificadas como Bernice Best y Florence Martin, cuando Muñoz apareció en la puerta del bar. En su declaración ante el fiscal, Muñoz dijo que Pozo le había arrebatado $15 antes, en la tarde, amenazándole con lesiones corporales en ese momento. Sí o no, el puertorriqueño estaba viniendo para recuperar su dinero, pero de todos modos, dijo la Policía, sacó su automática calibre 38 y disparó cinco veces directamente al cuerpo del músico cubano. Acto seguido, después del tiroteo, Muñoz abandonó la escena del suceso.

Pozo fue golpeado en el pecho, el corazón, el antebrazo izquierdo, el hombro y el antebrazo derecho. Fue declarado muerto en el Sydenham Hospital por el Dr. Mendoza.[476] Muñoz será procesado el viernes por la mañana en la Sala de lo Penal y el Gran Jurado declaró sin lugar la fianza.[477]

Eusebio Muñoz El Cabito quedó detenido sin derecho a fianza, y arraigado a presentarse el viernes siguiente en la mañana ante la Felony Court.[478] Fue recluido de inmediato en la cárcel municipal de Las Tumbas y juzgado meses después. Acusado de asesinato, el tribunal dictaminó la increíble sentencia de cinco años de prisión, de los que solo cumpliría dos, beneficiado por su condición de veterano de guerra y buena conducta anterior. Varios son los elementos que pudieron incidir en tan desigual desenlace judicial: los hechos que provocaron el incidente fatal; el carecer Chano Pozo de familiares inmediatos en Nueva York que pudieran promover un juicio justo —la única persona que podía exhibir algún vínculo cercano a lo familiar era Cáridad Martínez Cacha, como pareja, de hecho, pero en definitiva no podía probar ser su esposa, porque no lo era legalmente—; los antecedentes violentos de Chano; su condición de latino y negro, y además de músico y jazzista; todo esto pudo generar una actitud despectiva y minimizante hacia los hechos. Richard Blondet profundizó:

---

476. Según esta noticia, al parecer fue el Dr. Mendoza quien recibió el cuerpo baleado de Chano y lo declaró muerto al realizar el examen inmediato de rigor. El certificado de defunción, como se vio antes, fue firmado por el Asistente Médico Forense en funciones Dr. Milton Helpern.

477. «Guillespie's Drummer Shot Dead». Ed. cit., p. 18.

478. Ídem.

La cuestión racial, sin duda alguna, intervino en esto. Si Chano Pozo hubiese sido un cubano de raza blanca, la historia hubiese sido totalmente diferente. No solo en cuanto a la atención e importancia que le concedieron la prensa y otras publicaciones a su labor como músico mientras fue residente en Nueva York, sino también el modo en que se llevó la investigación de su asesinato, que dejó muchísimas preguntas, dudas y otros detalles que, en particular, hubieran obligado a una nueva investigación sobre su muerte. Pero Chano Pozo era negro, afrocubano, residente en Harlem, encontrado muerto dentro de un bar con fama de ser un lugar donde se conseguían drogas ilegales y mujeres de la noche. ¡Nadie iba a mover cielo y tierra para encontrar justicia para Chano Pozo![479]

Machito contó alguna vez que cuando El Cabito salió de prisión él se lo encontró en un ómnibus, y El Cabito trató de explicarle lo inexplicable sobre los motivos que tuvo para hacer lo que hizo.

En 1959, Cabito se encontraba en un ómnibus que transitaba por la Lenox Avenue y vio a Machito y lo interpeló. Le dijo que se arrepentía de haber asesinado a Chano, pero que no tuvo otra opción, porque no había podido vivir con la humillación de soportar que otras personas hubiesen visto cómo lo golpeaban en la cara y él no haber hecho nada.[480]

El Cabito tuvo que irse de Nueva York, lo mismo que algunos de los que, según se dijo, habían «encendido la candela» del odio y la venganza de El Cabito. Mario Bauzá contó a Padura:

Me acuerdo de que [El Cabito] me vio un día, un tiempo después, y me dijo que se iba de Nueva York, porque no resistía la vergüenza por lo que había hecho. Pues se fue a Miami y allá sacó una discusión y el otro le dijo: Tú no me vas a hacer igual que le hiciste a Chano, y ahí mismo le dio una puñalada.[481]

El asesinato de Chano Pozo se tiñó inmediatamente del color de la leyenda, con los más variados rumores: además de convertir a «Manteca» en su réquiem, se dijo que tenía 15 000 dólares en el

---

479. Correo electrónico de Richard Blondet a la autora, 8 de junio de 2017.

480. Max Salazar: «Chano Pozo. Part III. Ed. cit., p. 18. Traducido al español por la autora.

481. Mario Bauzá. Citado por Leonardo Padura Fuentes: «Conversación en "La Catedral" con Mario Bauzá». Ed. cit., p. 29.

banco y 1 500 encima cuando lo mataron, pero que escondía 500 en el tacón (o la suela) de uno de sus zapatos. Sus dos mujeres conocidas protagonizaron también segmentos de la leyenda: Cacha habría enviado a Laura Lazo un telegrama con el siguiente texto: «Laura Lazo, a Chano lo mataron y pienso mandarlo para Cuba. Espéralo. Cacha».

El cuerpo sin vida de Chano Pozo, el más grande tamborero de la historia, fue llevado a la morgue del Belleveu Hospital.[482] Contó Mario Bauzá a Salazar:

> Una hora después de que Miguelito Valdés recibe la fatídica noticia, Cacha, Pepe Becké y él fueron para mi apartamento para arreglar lo concerniente al funeral. La mañana siguiente –la del viernes 3– nosotros cuatro fuimos a la morgue para identificar el cuerpo. No pude mirarlo... No quise verlo así. Miguelito compró para Chano un costoso ataúd e hizo todos los arreglos para que el cuerpo fuera enviado a Cuba.[483]

Miguelito contó con dolor al rotativo *El Diablo-La Prensa:*

> En la morgue del Belleveu Hospital nos mantuvieron dentro de una oficina donde un hombre nos hizo varias preguntas a Cacha y a mí. Quería saber si Chano tenía enemigos, qué clase de persona era, si tenía un temperamento violento, si se sabía si había tenido muchas riñas y peleas, y si teníamos alguna idea de por qué lo habían asesinado. Después fuimos escoltados hacia una larga habitación donde permanecen refrigerados los cuerpos sin vida. El hombre abrió la puerta de uno de los frigoríficos y sacó hasta la mitad una camilla deslizante. Vi el rostro de Chano... un cobertor de plástico negro lo tapaba hasta el cuello. Hice los arreglos para velarlo en el Paris Funeral Home, en el número 151 West 131 Street. En los días siguientes muchos de los grandes nombres del jazz y de la música latina acudieron a rendirle tributo y respeto. Duke Ellington, Dizzy Gillespie, Count Basie, Cab Calloway, Machito, Mario Bauzá, Noro Morales, Tito Puente, Tito Rodríguez, Federico Pagani, ¡oh, todos pasaron por allí![484]

223

---

482. Frederick J Spencer. Ob. cit., p. 74.

483. Max Salazar: «Chano Pozo. Part III. Ed. cit., p. 17. Traducido al español por la autora.

484. Ibídem, p. 18. Traducido al español por la autora.

Vista actual del edificio donde se encontraba el Paris Funeral Home, donde fue velado el cadáver de Chano Pozo en Nueva York. Foto: Colección Richard Blondet.

El último día de las exequias en Nueva York cientos de personas acudieron a la capilla ardiente instalada en la casa funeraria para dar su último adiós al genial músico cubano.

En Cuba, la prensa reflejó con profusión la trágica noticia, y destacó que el occiso tenía planes de viajar en los días siguientes a La Habana para pasar allí con su familia las fiestas navideñas y de fin de año. El exclusivo *Diario de la Marina*, bajo el impacto de los primeros cablegramas recibidos desde Nueva York, publicó una nota escueta y mínima en la cual se refirieron a Chano con el nombre «Luciano Martínez».[485] El periódico *Hoy*, órgano del Partido Socialista Popular (comunista), publicó la noticia con un titular a toda página: «Se disponía a venir a Cuba Chano Pozo cuando fue muerto a tiros». Tras narrar los hechos, *Hoy* señaló:

> Luciano González [sic], el artista cubano abatido a balazos en el barrio de Harlem, conocido en nuestros círculos artísticos por el sobrenombre de Chano Pozo, era uno de los más destacados compositores de piezas populares y su trágica muerte ha causado sensación en los sectores del teatro y la radio nacional. Se le consideraba como el mago de los tambores cubanos y era una de las figuras más simpáticas y singulares del ambiente artístico doméstico.[486]

485. «Procesan al que mató a un músico cubano en Nueva York». *Diario de la Marina*. La Habana, 4 de diciembre de 1948, p. 17.

486. *Hoy*, año XI, no. 287, La Habana, 4 de diciembre de 1948, p. 7.

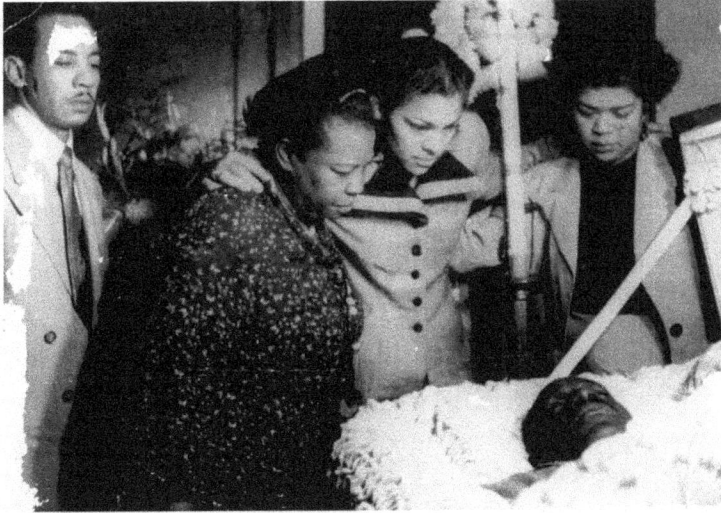

Cacha y Celina ante al féretro de Chano. Diciembre 1948. Foto: Archivo de la autora.

La nota de *Hoy* presentó imprecisiones —como que el mismo día de su muerte Chano se disponía a viajar a La Habana para cumplir contrato con una emisora radial—, e informaciones que no han podido ser verificadas —la referencia al trabajo de Pozo en Hollywood dirigiendo números afro para el celuloide—. Pero el diario enfatizó la importancia del músico y destacó que «su trágica desaparición ha sido acogida con honda pena por todos los artistas cubanos».[487]

Dando continuidad a la cobertura de la triste noticia, *Hoy* anunció al día siguiente, domingo 5 de diciembre, en titular de página: "El martes o miércoles llegará a Cuba el cadáver de Chano Pozo", y un subtitular que seguía alimentando la leyenda naciente: "Cuando ponía su último disco en una victrola fue atacado a balazos". Y continuó:

> Su viuda y Miguelito Valdés se hicieron cargo de los funerales. El matador está preso sin derecho a fianza. Hay distintas versiones sobre el móvil del crimen. Un cable procedente de Nueva York informa que el cadáver de Chano Pozo, el popular músico cubano, muerto a balazos en el barrio de Harlem, llegará a La Habana por avión el martes o miércoles próximo, de acuerdo con gestiones

487. Ídem.

que están realizando para ello su viuda, señora Caridad Martínez, y su entrañable amigo y compañero de arte, Miguelito Valdés, nuestro destacado compatriota que triunfa desde hace años en las tierras norteñas. El cadáver de Chano Pozo estuvo primeramente en el Hospital de Belleveu en New York, hasta que fue reclamado por su esposa y por Miguelito Valdés, y trasladado a la funeraria París, en el propio barrio de Harlem, por donde desfilaron cientos de amigos y admiradores del destacado compositor asesinado. Se informa también que los arreglos para el traslado del cadáver a Cuba no estaban aún terminados, y que en esas gestiones participa activamente el director de orquesta Miguelito Valdés.[488]

Y en su edición del martes 7 el mismo diario anunció mediante un despacho desde Nueva York que «el cadáver de Chano Pozo será enviado a La Habana por avión el miércoles [8] a las 2:20 a.m.».[489] En realidad, el cadáver fue transportado en la madrugada del jueves 9 de diciembre al aeropuerto de Idlewild (hoy John F. Kennedy) y colocado en una aeronave de la línea Pan American, que hizo una breve escala a las 11 a.m. en Miami, para salir de inmediato hacia su destino final, La Habana, según reporte de la agencia AP reproducido por el periódico *Hoy*.[490]

En La Habana Chano tenía a su otra viuda afectiva —que tampoco legal—, al parecer discreta y hasta relegada, viviendo como siempre en el solar El Ataúd de la calle Genios. A Laura Lazo dicen que Chano, quizás desde la nostalgia, sin importar el tórrido idilio que aún vivía con la bella Cacha, le había escrito una carta que alcanzó a poner en el correo el miércoles 1 de diciembre, un día antes de morir, anunciándole que pronto estaría de regreso en La Habana para pasar allí, con ella, el fin de año. Cuentan que Laura Lazo se enteró de la noticia a la mañana siguiente, cuando la radio comenzó a difundirla. A los veintiséis años Laura Lazo quedó desamparada en la pequeña habitación que ocupaba en el solar El Ataúd, la misma en que vivió con Chano, en pleno barrio de Colón.[491]

488. *Hoy*, año XI, no. 288, La Habana, 5 de diciembre de 1948, p. 9.

489. *Hoy*, año XI, no. 290, La Habana, 7 de diciembre de 1948, p. 6.

490. «Hacia La Habana el cadáver de Chano Pozo». *Hoy*, año XI, no. 293, La Habana, 10 de diciembre de 1948, p. 6.

491. Jordi Pujol. Ob. cit., pp. 23-24.

El diario Mañana en su edición del jueves 9 publicó:

> El Sr. Gonzalo Mesa, Presidente del Comité Estudiantil Pro Defensa de Autores, Compositores y Artistas Cubanos, invita al pueblo de Cuba en general para asistir hoy a las 12 meridiano al aeropuerto de Rancho Boyeros, a donde llegará por la vía aérea el cadáver del que fuera un gran compositor cubano, Chano Pozo. El cadáver del malogrado Chano será expuesto en la funeraria situada en Infanta y San José, desde donde partirá el cortejo fúnebre el próximo viernes hacia la Necrópolis de Colón. Paz a sus restos.[492]

Horas después llegó a La Habana el ataúd y cientos de personas formaron fila en las calles para ver pasar el cortejo. La noche antes su amigo Amado Trinidad, quien también contribuyó al traslado de los restos mortales del tamborero mayor a La Habana, rindió tributo a Chano en una transmisión radial donde dijo con voz emocionada: «El Tambor de Cuba ha muerto», y acto seguido convocó al pueblo a recibir en el aeropuerto el avión con el féretro y acompañar el cuerpo sin vida del Tambor Mayor hasta la funeraria, donde tendrían lugar las exequias en La Habana, muy cerca de las calles donde vivió, cantó, tocó y bailó, cerca del solar El África, cerca de Pueblo Nuevo y Cayo Hueso. El cuerpo fue expuesto, para que cientos de personas pudieran rendirle tributo.

Funeraria San José en La Habana, donde transcurrieron las honras fúnebres de Chano Pozo en Cuba. Foto Cortesía de Roberto Marquetti.

492. *Mañana*, año IX, no. 289, La Habana, 9 de diciembre de 1948. La funeraria se encontraba exactamente en la esquina de las calles Infanta y Carlos III. Su edificio se conserva aún, destinado a otros fines.

En el ataúd de metal, forrado de seda blanca, la tranquilidad de su rostro desterraba la idea de que la muerte era cierta. Como siempre quiso estar, lucía impecable, enfundado en un elegante traje de color oscuro a finas rayas, y corbata perfecta.

En su edición del domingo 12 el periódico *Hoy* informó que a las 4 de la tarde del sábado 11 de diciembre de 1948 se había efectuado el sepelio de Chano en la Necrópolis Cristóbal Colón, en La Habana, su Habana:

> El cortejo fúnebre partió a la hora indicada de la funeraria sita en Infanta y Carlos III, siguiendo al féretro cientos de personas amigas y admiradoras del singular artista cubano, tan trágicamente desaparecido. Además de sus familiares, figuraban entre el nutrido público numerosos artistas del teatro y de la radio, así como empresarios de estos sectores artísticos, en los que "Chano" Pozo gozaba de grandes simpatías por su carácter jovial y alegre.[493]

Los restos mortales de Luciano Pozo González fueron depositados en el Cuadro 10 de la zona suroeste del campo común y su enterramiento aparece con el número de expediente 33228, folio 261, tomo 184, número de orden 1043, de fecha 11 de diciembre de 1948, en los libros que atesora el Archivo de la Necrópolis Cristóbal Colón.

Cuando llegó a Cuba la noticia del asesinato de Chano Pozo, la radioaudiencia nacional no se había repuesto aún de la trágica muerte el 26 de noviembre de quien entonces era una de las actrices más populares de las radionovelas, la española María Valero, por su desempeño en uno de los roles protagónicos del gran suceso radial que fue *El derecho de nacer*. La prensa local dedicó durante varias semanas amplios espacios al caso de la Valero, y llegó a capitalizar las columnas dedicadas a la radio y el espectáculo y hasta a transmitir una serie radial con los detalles de su vida; todo esto coincidió con las noticias sobre la muerte y el funeral de Chano Pozo.

El reflejo de la noticia en la prensa cubana respondió a la propia filiación clasista de cada medio, y algunos, fieles a su política editorial y atendiendo a la esencia criminal de la historia, prefirieron únicamente hacer una breve mención del hecho y ninguna acerca de las exequias en tributo al finado músico y compositor. Otros,

---

493. «Fue efectuado ayer el sepelio de Chano Pozo». *Hoy*, año XI, no. 295, 12 de diciembre de 1948, p. 12. La funeraria San José estaba en la calle Infanta entre las calles San José y Carlos III.

como los diarios *Hoy* y *Mañana*, dedicaron espacios relevantes al suceso y a los recuerdos de sus reporteros sobre Pozo, como fue el caso de Sergio Piñero:

> Aquí en La Habana, Miguelito Valdés le dio la mano. Impulsó sus guarachas y compartió algunas de sus presentaciones como la marimba de tambores que entre los dos crearon. Esta noche es el propio Miguelito Valdés quien atiende a los cubanos que desfilan por la funeraria donde Chano cumple sus últimas horas antes de bajar a la tumba. [...] Miguelito Valdés fue también su protector, el mismo que en casa del compañero Lapique, en Nueva York, lo conminó a que abandonara "esa vida". "Esa vida" era Harlem. Mujeres, rumba, tragos, y los trajes, uno tras otro. Su obsesión era la ropa. Un amigo que regresó recientemente de Nueva York me dijo: "Lo de Chano es una cosa tremenda. El viernes pasado lo vi con cuatro trajes distintos durante el día. Por la noche, en el restorán La Palma, en Lenox y la 114, se me quejó de que ya nadie le hacía caso.[494]

Sin embargo, el resto del escrito de Piñero pareció ignorar lo ocurrido en la vida profesional de Chano durante 1947 y 1948, desde que se incorporó a la banda de Dizzy Gillespie, y sugirió erróneamente las dificultades de Chano para encontrar trabajo y mejorar su situación económica como posibles causas del comportamiento que lo condujo a la muerte.

Algo similar ocurrió a Ibrahim Urbino, quien confesó en su escrito a modo de obituario publicado en la revista *Bohemia*, un mes después del asesinato del tamborero cubano, no haber escuchado aún «Manteca» en ese momento y conocer de su existencia solo por referencias.[495]

En realidad es evidente que, durante el brevísimo tiempo que Chano estuvo en Estados Unidos vinculado al mundo del *jazz* —apenas veinte meses—, no abundaron las referencias sobre su quehacer musical ni en la prensa que circulaba en ese país ni tampoco en Cuba. Las noticias no llegaban con prontitud o, en el peor de los casos, lo que sucedía entre los músicos de jazz en Estados Unidos estaba muy lejos del interés y el conocimiento de cronistas

---

494. Sergio Piñero. Ob. cit., pp. 1 y 9.

495. Ibrahim Urbino. Ob. cit., p. 66.

y redactores de los medios cubanos. El investigador neoyorkino Richard Blondet razona acerca de esto:

> En los años 1946-1948, la prensa de habla hispana en Nueva York se esforzaba en enfocar su atención en todo lo que venía de México, Cuba, Puerto Rico, España, y localmente lo que se producía en los Estados Unidos. Cuando Chano llegaba a ser mencionado, esto ocurría en el contexto de un evento en teatros u otros sitios donde coincidía o participaba con otros artistas de la farándula de países de Latinoamérica, que medios prominentes de habla hispana como *La Prensa*, *El Diario*, *Revista Teatral*, etc., reconocían como artistas de mayor impacto e interés para la comunidad latina y de habla hispana.[496]

Pero, como paradoja, Blondet contextualiza la figura de Chano cuando comenzó a ser notorio en Norteamérica, y afirma:

> Chano Pozo era, para bien y para mal, un "jazzista". Los músicos latinos que se movían en los predios del jazz con mucha más frecuencia que en los ambientes o clubes nocturnos latinos –donde había un ambiente latino diariamente– muy raras veces eran focalizados o incluidos en esas publicaciones. Y la gran paradoja era que la prensa norteamericana tampoco estaba interesada en resaltar o enfocarse en alguien que, en esencia, no era más que un "sideman", un músico dentro de una orquesta a la cual contribuía con su música. No se encuentran artículos con mucha información sobre personajes importantes como René Hernández, Julio Andino o José Mangual Sr. Solo eran mencionados en el contexto de una aparición o presentación en algún lugar puntual, o cuando participan en algún disco de reciente lanzamiento. Por ejemplo, la revista *Billboard* estaba al día en cuanto a los discos publicados con Chano como líder y algunas grabaciones en las que participó, aunque siempre con mayor énfasis en el líder (Dizzy Gillespie, James Moody...). Una prueba de esta subestimación es el hecho de que Billboard, siendo una revista especializada en música, no publicó una brevísima noticia sobre la muerte de Chano hasta el 11 de diciembre.[497]

---

496. Correo electrónico de Richard Blondet a la autora, 8 de junio 2017.

497. Ídem.

Ciertamente, la revista *Billboard* reflejó la muerte violenta y repentina de Chano en una escueta nota en su edición del 11 de diciembre con el titular: «Luciano Pozo muerto a tiros».[498] Que esta revista, con notables espacios dedicados al *jazz*, sus músicos y discografía, se limitara a reseñar la muerte como un simple hecho de sangre, sin ponderar las virtudes musicales de Chano, fue a todas luces prueba de que la inmediatez de los logros del tamborero en los conciertos con Gillespie impedía que se valorara, en aquellos años, la trascendencia de su contribución al *jazz*.

Richard Blondet señala acertadamente que aún existía incomprensión en cuanto al rol de los percusionistas afrocubanos, incapacidad generalizada para ponderar en su justa medida el desempeño de estos instrumentistas.[499] La percusión afrocubana seguía siendo un elemento folclórico o pintoresco para muchos, que en aquel momento no alcanzaban a desentrañar su riqueza convertida con el tiempo en aporte definitivo a la historia del *jazz*.

---

498. «Luciano Pozo muerto a tiros». *Billboard*. Nueva York, 11 de diciembre de 1948, p. 20.

499. Correo electrónico de Richard Blondet a la autora, 8 de junio 2017.

Carátula del pack especial con la serie Ritmo Afrocubano. Chano Pozo y Vidal Bolado. NY, 1949. Foto Cortesía de Barry Cox. Voodoo Drums.

Ritmo de Tambores No. 2 - Chano Pozo. SMC 2517-B. Foto Cortesía de Colección Rigoberto Ferrer Corral.

Chano después de Chano

E l Cabito acribilló a balazos el cuerpo de Chano Pozo creyendo que, al saldar una supuesta deuda de dudoso honor, acabaría con su vida. Lo que no calculó fue que en Nueva York no hubo fantasma del finado, sino su estampa misma cabalgando multiplicada sobre el repiquetear de los tambores, en el centro del *cubop*, que los *jazzmen* se empecinaban en convertir en sonidos a lo Chano Pozo, lo mismo en el Royal Roost, en el Bop City, en el Savoy, que en el Palladium. El *cubop* continuó abriéndose paso en la escena jazzística y marcando su impacto —breve, pero contundente— también en las *big band* «blancas», para dejar como saldo positivo la incorporación de la tumbadora y la percusión afrocubana en general a los formatos de lo que se llamaría después *latin jazz*. Doce días después del asesinato de Chano Pozo, Stan Kenton y su orquesta subieron al escenario del Paramount Theater en Nueva York en la que fue la última presentación de la llamada Progressive Jazz Orchestra, una de las varias formaciones que este director armó durante su vida musical. Kenton ya había reforzado su sección rítmica con la incorporación del cubano Carlos Vidal Bolado, quien, por supuesto, conocía también a su finado compatriota.

El jueves 9 de diciembre, mientras los habaneros aún velaban a Chano Pozo, Dizzy Gillespie inauguró las ansiadas presentaciones en el afamado teatro Strand, que tanta excitación habían generado en Chano desde su anuncio. Compartiendo cartel con la cantante Maxine Sullivan, entre otros, durante catorce días el sonido de «Manteca» Dizzy estremeció el escenario del entonces principal teatro del *downtown* neoyorkino.[500] Detrás de las tumbadoras, Louis *Sabú* Martínez intentó llenar el enorme e increíble vacío dejado por Chano Pozo: fue él el sustituto inmediato.[501]

De origen boricua, nacido en Nueva York, Sabú tenía dieciocho años cuando asumió el reemplazo de Chano en la orquesta de Dizzy. Venía de tocar en orquestas latinas como la del cubano Marcelino Guerra Rapindey y también en grupos y orquestas

500. Ken Vail. Ob. cit., pp. 66-67.

501. El *line-up* de la grabación fue consultado en <www.jazzdisco.org/dizzy-gillespie/discography/#dizzy-gillespie-and-his-orchestra-481229>.

afroamericanas. Años más tarde, Sabú reconoció en Chano su inspiración y maestría.

> Me uní a los Lecuona's Cuban Boys en el verano de 1947, con los que estuve durante medio año. Nunca olvidaré cuando asesinaron a mi amigo Chano Pozo. Estábamos en Chicago con los Lecuona's. Chano había tocado con Dizzy. Me lamenté profundamente del incidente, cancelé el acuerdo [con los Lecuona's Cuban Boys] y tomé el tren a Nueva York y en el Teatro Strand le pregunté a Dizzy si me necesitaba y me dijo "Sí". Me quedé con Dizzy durante nueve meses e hice mis primeras grabaciones de jazz con él.[502]

Sin terminar el aciago mes de diciembre de 1948 Gillespie decidió grabar la tercera y última composición del cubano en la que él habría tenido alguna participación: «Guarachi guaro».[503] Esto se produjo el miércoles 29 en Nueva York, con una sección rítmica integrada por James Foreman (piano); Teddy Stewart (batería); Al McKibbon (bajo); Joe Harris (tumbadora) y Louis Sabú Martínez (bongó). Sin embargo, la obra póstuma de Chano Pozo tuvo una segunda vida cuando Cal Tjader la retomó y, en su versión, se convirtió en un tema icónico de lo que ya para entonces se conocía como *latin jazz*. Esta versión, bajo el nombre de «Soul Sauce (Guachi Guaro)» devino un estándar del *jazz latino* y ha servido de inspiración a numerosos y notables intérpretes que han hecho sus propias y creativas versiones.[504]

Dizzy estaba devastado por la tragedia, pero la vida habría de seguir. Los éxitos de los últimos meses, en particular con «Manteca», hicieron que, lejos de abandonar la inserción de los elementos rítmicos afrocubanos, Gillespie insistiera en ello. El desconcierto por la violenta desaparición del cubano, con quien había establecido ya los códigos de la comunicación musical que hacían la diferencia en la banda, lo obligó a diluir el disgusto en la búsqueda obsesiva del sustituto ideal. A poco menos de cuarenta y cinco días

---

502. Lasse Mattsson: «Entrevista a Sabú Martínez», consultada en <www.herencialatina.com/Edicion_marzo_abril_2014/Sabu_Martinez_Entre-vista/Sabu_Martinez_el_Idolo.htm>.

503. La primera grabación de «Guarachi guaro» estuvo referenciada por la RCA Victor V-20-3370. Véase anexo III de esta edición.

504. La primera grabación de «Guarachi guaro» estuvo referenciada por la RCA Victor V-20-3370. Véase anexo III de esta edición.

de la muerte de Chano, el rotativo *The Brooklyn Daily Eagle* dio fe
de ello en su edición del 16 de enero de 1949: «Para reemplazar
a Chano Pozo, muerto a balazos el mes pasado, Dizzy Gillespie
se está llevando a tres percusionistas en la gira que realizará a lo
largo del país».[505] En su interior, el patrón comparativo obsesionó
a Diz, consciente de los valores que hacían aún más dramática su
pérdida: buscaba a alguien como Chano. Y en los años siguientes
una sucesión de percusionistas —incluidos los reconocidos Cándido Camero, Carlos Vidal Bolado y Chino Pozo— pasaron por
la banda o grabaron con ella, pero ninguno consiguió hacer una
contribución trascendental a la evolución de la historia del *jazz*,
y al propio desarrollo de Dizzy, en cuanto a conceptos musicales,
como lo hizo Chano Pozo.

Al McKibbon, quien además de contrabajista hizo de tumbador ocasionalmente con la banda de Gillespie en la era post-Cha-
no, recordó cuánto, en su opinión, Dizzy dependía de Pozo en
materia de ritmo:

> Antes de que Chano partiera, [Dizzy] hizo una grabación
> de "Lover Come Back to Me" (Sigmund Romberg/Oscar
> Hammerstein II). Estaba en un patrón de 6/8. La parte
> del bajo no estaba escrita. Nadie sabía cómo hacerlo,
> entonces decidí intentarlo. Pude tocar mi propia parte
> en el tema, porque yo era el único que conocía cómo se
> podía hacer algo en 6/8.[506]

Esta versión de la orquesta de Dizzy Gillespie de «Lover come
back to me» fue grabada en Nueva York el 28 de diciembre de 1948,
veintiséis días después del asesinato de Chano. En opinión de S.
Duncan Reid, pudo ser la primera vez que una pieza norteamericana «tuvo una orquestación cubana en una grabación de *jazz*».[507]
La idea de Gillespie en este caso no era original, pues desde 1946
Machito y sus Afro-Cubans venían «cubanizando» algunos temas
del cancionero americano, solo que ellos nunca llegaron a grabarlos
sino hasta el 26 de marzo de 1949.

Gillespie probó varios tamboreros, según comentó la prensa
neoyorkina, para el importante concierto que tenía la orquesta en

---

505. *The Brooklyn Daily Eagle*, Brooklyn, 16 de enero de 1949, p. 32.

506. S. Duncan Reid. Ob. cit., p. 98.

507. Ídem.

el Carnegie Hall, la noche de navidad, junto a Sarah Vaughan y Charlie Parker. Cuando la banda ocupó su lugar en el escenario y Dizzy se dirigió al micrófono, decidió dedicar el tema «Manteca» a la memoria de Chano Pozo. En la tumbadora, Louis *Sabú* Martínez evocó de nuevo el sonido del gran tamborero cubano y logró que los presentes recordaran su excelencia inigualable en el instrumento.[508]

Sabú estuvo presente en las primeras grabaciones de Gillespie después de la muerte de Chano, aunque en las que le siguieron, con el formato de *big band*, las tumbadoras estuvieron a cargo de Vince Guerra, según los datos que aparecen en la discografía y sesiones del afamado trompetista.[509] Para finales de 1949 e inicios de 1950, Gillespie disolvió la banda y creó otra, ya sin percusión afrocubana, y continuando con otra etapa de búsquedas y experimentación dentro del *jazz*.

Entre enero y febrero de 1949 Gabriel Oller organizó sesiones de grabación con Miguelito Valdés y su orquesta, quien grabó como sentido homenaje a su amigo fallecido el tema «Chano Pozo» de la autoría de Carlos Vidal Bolado (clasificado en el disco SMC-1224 como mambo).

Mientras esto ocurría, grabaciones inéditas realizadas por Chano comenzaron a publicarse tras su muerte: la revista *Billboard*, en su edición del 19 de febrero de 1949, incluyó en su sección «Records Review», bajo la categoría de *Hot Jazz*, el disco de 78 rpm Blue Note 555 (con los temas «Tin tin deo» y «Oh, Henry»), que tenía como intérpretes a James Moody and His Bopmen. Se trataba de las grabaciones que, producidas por el sello Blue Note, habían realizado estos músicos cuatro meses atrás. El columnista de *Billboard* comentó sobre «Tin tin deo»:

> Aquí se presenta el fallecido Chano Pozo ejecutando impecable el bongó al tiempo que vocaliza cantos cubanos. Los músicos que le respaldan lo hacen con mucha energía, a lo que se añade el arreglo de Gil Fuller, para entregarnos como resultante una robusta pieza de *jazz*.[510]

Bajo el sello Sensation —con referencia 19— apareció el disco del vibrafonista Milt Jackson y su all stars con los temas «Autumn Breeze» y «Bobin' with Robin», este último con la participación de

---

508. Jordi Pujol. Ob. cit., p. 89.

509. <www.jazzdisco.org/dizzy-gillespie/discography/#481229>.

510. *Billboard*, Nueva York, 19 de febrero de 1949, p. 108.

Chano, según reseñó la revista *Billboard* en su sección «Records Review» el 26 de noviembre de 1949.

Durante finales de 1948 o inicios de 1949 fueron publicadas las grabaciones que se habían realizado a mediados de 1947, producidas por Gabriel Oller, en la colección seriada *Ritmo afro-cubano (4 vols.)*.[511] En su edición del 5 de febrero de 1949, la revista *Billboard* destacó el disco *Ritmo afro-cubano vols. 3-4* —con «Tambombararama» y «Placetas (Remedios, Camajuaní)»—, consignado como género afro, de la autoría de Chano, entre las producciones discográficas más destacadas en su distribución. En la sección de «Ratings» esta placa alcanzó, sobre un total de 100 puntos, 68 en total: 70 en referencias de los *disc jockeys* y 66 en difusión radial.

Ese mismo año, salió al mercado un *pack* de cuatro discos de 78 rpm bajo el crédio de Chano Pozo y Vidal Bolado: *Voodoo Drums (Afro-Cuban Rhythms)*, con las grabaciones de *Ritmo afro-cubano vols. 1-2 y 3-4*, protagonizadas por Chano, a las que se agregaron otras dos: *Ritmo afro-cubano 5-6 y 7-8*, con el percusionista Carlos Vidal Bolado como figura central.

El sentido y el destino de esta serie *Ritmo afro-cubano* estuvieron signados por la infausta muerte de Chano Pozo. Algunas fuentes señalaron que las grabaciones de Vidal Bolado podrían haber sido realizadas en aquellas sesiones de 1947 en el Nola Penthouse Studio, apelando a una idea de coherencia en el estilo rítmico. Sin embargo, es válido también suponer que, contando con Chano Pozo, Oller probablemente habría garantizado el rol protagónico al genial tamborero en los ocho cortes de esos discos de 78 rpm que integraron la serie, con lo cual habría prescindido de Vidal Bolado en este rol.

También existe la posibilidad de que la buena acogida en el mercado norteamericano de los dos discos que protagonizó Chano, a escasos dos meses de su asesinato, pudo haber entusiasmado a Gabriel Oller a repetir la experiencia de grabar otros cantos y toques afrocubanos, pero con Carlos Vidal Bolado. Los discos de 78 rpm que consignaron como intérprete a este relevante percusionista cubano incluyeron, como ya señalamos, cuatro cortes, que se clasificaban como guaguancó, columbia, abakuá y bembé o santo. [512]

237

---

511. Véase anexo III de esta edición.

512. A diferencia de los dos discos anteriores de esa serie, registrados por Chano Pozo, los de Vidal Bolado no han sido reeditados en formato digital.

De cualquier manera, estas conjeturas no demeritan la importancia de aquellos tempranos registros fonográficos de cantos y toques litúrgicos afrocubanos. Su relevancia e impacto no fueron ignorados por la crítica especializada y la prensa en general: la revista *Billboard*, en su edición del 26 de noviembre de 1949, recogió el siguiente comentario acerca de aquella edición en formato especial de los cuatro discos por el sello productor SMC bajo el título *Voodoo Drums (Afro-Cuban Rhythms)*:

> El empaque es el habitual, y contiene un conjunto de ocho caras con grabaciones de ritmos afro-cubanos casi primitivos. Para decirlo del modo más elegante posible, se trata de grabaciones salvajes y desinhibidas, completamente fuera de los caminos trillados. El objetivo es presentar y permitir escuchar ritmos y cantos rituales de "voodoo". Aquellos que buscan lo inusual en materia de discos, indudablemente querrán tener una entrega como esta. El extinto Chano Pozo y Vidal son dos percusionistas y cantores afrocubanos de gran prestigio. A cada uno se acreditan cuatro caras de estos discos y son ellos, básicamente, los responsables de la mayor parte de la emoción que despierta esta entrega.[513]

Aun cuando el redactor no comprendiera realmente el origen etnocultural de tales grabaciones —simplificándolo bajo el término identitario «voodoo», con el que se solía generalizar entonces todo lo afrorreligioso—, fue importante en sí mismo el hecho de que su distribución comercial no pasó inadvertida en aquel entonces para una publicación periódica especializada en música y espectáculos como *Billboard*. Más sorprendente aún es que el anuario *América*, publicado por la Organización de Estados Americanos (OEA), en su edición de 1950, recomendaba estos fonogramas en la sección «For Your Record Library» («Para su fonoteca»), con la siguiente valoración: «Música primitiva extremadamente interesante, ocho tipos diferentes de ritmos afro-cubanos, cuentan con una batería de instrumentos de percusión, con cantos. Chano Pozo y Vidal Bolado destacan por su espontaneidad y dominio del instrumento».[514]

---

513. «Album Reviews». *Billboard*, 26 de noviembre de 1949. Traducido al español por la autora.

514. «For Your Record Library». *América*, anuario de la Organización de Estados Americanos, 1950. Traducido al español por la autora.

Lo primigenio de su registro, lo genuino de su contenido y la excelencia de los intérpretes convirtió a estos discos, con el paso del tiempo, en verdaderas rarezas atesoradas por los coleccionistas en su prensaje original de 78 rpm. Tom Piazza, autor de *The Guide to Classic Recorded Jazz*, publicado por University of Iowa Press, escribió para *The New York Times* el 20 de enero de 2002:

> Especialmente valiosas son cuatro raras grabaciones realizadas en 1947 bajo la dirección del propio Pozo, con una pequeña banda de todos estrellas en la percusión, y que incluía a Carlos Vidal y José Mangual, que luego se convertirían en verdaderos pilares de la escena afrocubana de Nueva York. Estas grabaciones muestran las raíces africanas de la llamada música afrocubana, de una manera tan veraz y genuina, como probablemente nadie nunca pensó que podrían ser escuchadas. Pozo cantó en uno de estos temas, "Abasí", que sería luego tomado por Gillespie e insertado convenientemente en su interpretación de "Swing Low, Sweet Cadillac". En otros de estos temas interviene el gran compositor ciego y virtuoso tresero Arsenio Rodríguez, quien tuvo la sensibilidad de captar los patrones rítmicos que Pozo quería tomar en cuenta, y trasladar esos sonidos a un instrumento melódico.[515]

Avanzado el año 1949, los músicos de *jazz* en Estados Unidos asumían la percusión afrocubana y, a diferencia de los críticos, sí estaban seguros de que no era una moda sino una vuelta a las raíces africanas del *jazz*. El éxito de «Manteca» y la muerte de Chano vinieron a reforzar estas percepciones y elecciones al punto de que hoy es imposible explicar el desarrollo del *jazz* en Estados Unidos, y particularmente de la música en Nueva York y California, sin abordar las interrelaciones entre los músicos norteamericanos y latinos, en particular los cubanos.

Además de Kenton, otro director blanco, Charlie Barnet, se convirtió en el primero en formar una banda con músicos blancos y afroamericanos, a la que se sumó también, en cierto período de 1949, el tumbador cubano Carlos Vidal Bolado. Otros, como Jerry Wald, Gene Krupa, Nat King Cole y Woody Herman incorporaron tamboreros cubanos a sus formaciones y sesiones en diferentes momentos.[516]

515. Tom Piazza. «From a Fiery Conga Player. Jazz's Latin Tinge». *The New York Times*, Nueva York, 20 de enero de 2002.

516. Marshall W Stearns. Ob. cit., p. 218.

El tiempo neoyorkino de Chano Pozo no le alcanzó para demostrar a fondo y a todos sus cualidades como percusionista; la mirada que atraía era más de asombro ante lo desconocido, o, como mucho, de reconocimiento a lo que se consideraba manifestación de un folclor ajeno y hasta lejano, sin recordar que en África estaban también las raíces de una parte de la música de Norteamérica. Si muchos de los músicos de *jazz* con los que trabajó e interactuó supieron valorar sus cualidades, parece ser que para sus colegas latinos Chano fue uno más entre los tumbadores y bongoseros que trabajaban en Nueva York a finales de la década de los cuarenta. Un rápido análisis permite afirmar que bongoseros y tumbadores blancos como Jack Costanzo tuvieron una mayor presencia en la prensa, en comparación con los percusionistas cubanos y puertorriqueños. La discriminación y la actitud de velado desprecio marcaron a fuego el entorno en el que Chano Pozo debió insertarse en Estados Unidos.

En Cuba, muy temprano, a poco más de veinte meses del asesinato del gran tamborero, el prominente etnólogo don Fernando Ortiz supo colocar en su justa dimensión el aporte de los músicos cubanos al *jazz* en Estados Unidos, y en particular el de Chano Pozo, en lo que probablemente haya sido uno de los primeros textos teóricos sobre tales interrelaciones, y el primero en destacar el papel de Pozo en estos procesos. Ortiz fue enfático al remarcar la decisiva influencia de los músicos cubanos, en particular de Mario Bauzá y Machito, en lo que llamó «el entrecruce de ambas músicas afroides», que derivó en un estadio superior del *jazz* norteamericano de finales de los cuarenta.

En el artículo «Saba, Samba y Bop», publicado en mayo de 1950 en el *Mensuario de Arte, Literatura, Historia y Cultura* de la Dirección de Cultura del Ministerio de Educación de Cuba, Fernando Ortiz reflexionó sobre la difusión de la música cubana en el exterior, a partir de conversaciones que sostuvo con Marshall Stearns —a quien citó varias veces en el artículo— durante una visita de este a La Habana:

> Pozo fue un revolucionario ante los tamboreros de jazz: su influjo fue directo, inmediato, "eléctrico". Los más reputados músicos de batería se estremecían ante el inesperado reformador. "Él les enseñó –dice Stearns– el camino hacia nuevas e ilimitadas posibilidades". Chano Pozo contribuyó mucho a que la orquesta de

bop que dirigía Gillespie llegara a su apogeo [...] "Uno de los records fonográficos de Chano –señala Stearns– cuando se suena a mediana velocidad, se parece muy apretadamente a un ritmo que fue recogido en la tribu bini del África occidental, y ello nos demuestra dramáticamente el origen étnico de su música". Por el tambor de Chano hablaban sus abuelos, pero también hablaba toda Cuba, pues el músico Chano, que injertó en el jazz de Norteamérica una nueva y vigorizadora energía rítmica, fue cubano, "cien por cien" [...]

Claro está que Chano Pozo no fue el único cubano que hacía hablar al tambor en las orquestas de jazz. A ello contribuyó esa multitud de cubanos humildes, artistas hirviendo en su sangre los ardores de su tierra, que se encuentran en todas partes, llevando a los pueblos fríos calores de humanidad y de trópico, sandunga vital. El jazzista Stan Kenton utilizó todo el trío de tambores afrocubanos de la orquesta de Machito para el fondo rítmico en su interpretación de "El manisero" y siguió utilizando al tamborero Carlos Vidal, y varias orquestas de jazz también emplearon tamboreros afrocubanos. Por otra parte, músicos del bop participaron en conjuntos de música afrocubana, y estos tocaron en el Music Hall con orquestas norteamericanas de bop. Machito y su Conjunto tocó largo tiempo en el llamado Metropolitan Bopera House de Broadway. Antes músicos afroides se entrecruzaron. Acaso el más afortunado cruce fue cuando Machito, para el record "Mango mangüé", utilizó el solo de saxofón de Charlie Parker, el más grande de todos los boppers, según Stearns.[517]

Ortiz señaló que: «el *bop* aportaría al *jazz* una más abundante y completa entretejedura de ritmos y una profusión de armonías disonantes», y responsabilizó de tal dinamización rítmica en el *jazz* «al influjo directo de la música afrocubana. Y todo esto brotó del folklore del pueblo cubano y de su genio amorenado».[518]

---

517. Fernando Ortiz: «Saba, samba y bop». *Mensuario de Arte, Literatura, Historia y Cultura*, año I, no. 6, Dirección de Cultura, Ministerio de Educación, La Habana, mayo de 1950, en Fernando Ortiz: Estudios etnosociológicos, comp. y pról. por Isaac Barreal Fernández, Editorial Ciencias Sociales, La Habana, 1991, p. 253.

518. Ibídem, p. 254.

Y don Fernando Ortiz resumió todo esto en el reclamo de un lugar especial para el tamborero desaparecido:

> Pero nuestro negro Chano Pozo murió de un pistoletazo, hace apenas un año, en un bar de Nueva York, cuando le habrían sonreído la gloria y hasta el dinero, si hubiese crecido en otro ambiente menos desamparado. Debemos recordar su nombre para que no se pierda como el de tantos artistas anónimos que durante siglos han mantenido vivo el arte musical de su genuina cubanía.[519]

A pesar de haber vivido y creado en ese país por espacio de apenas veinte meses, la contribución de Chano Pozo al *jazz* ha sido reconocida sin equívocos por la historiografía musical de los Estados Unidos, y le ha asegurado trascendencia y legado, más allá de la leyenda.

Y aquí, avanzado ya el siglo XXI, Chano multiplicado camina La Habana de nuevo, tocando, cantando, bailando, gritando, dando de qué hablar, luciéndose para que le digan, de bronca en bronca, pero también de sonido en sonido. Son otros ritmos, son otros tiempos, pero la clave... la clave sigue ahí, inmutable... Ben blen blen, blen blen. Blen blen blen, blen blen. Blen blen blen, blen blen.

---

519. Ídem.

ANEXOS

Anexo I. Chano Pozo como compositor

Obras registradas por Chano Pozo en el registro autoral de la República de Cuba entre 1939 y 1947:[520]

08/05/1939	«San Julián María bombo»[521]
05/06/1939	«Suana boroco»
15/06/1939	«Anana baracotinde»
15/06/1939	«Blen blen»
15/06/1939	«Guagüena yambo»[522]
01/08/1939	«Pimpampun San Julián María bombo»
05/08/1939	«Boniatillo y mamey»[523]
05/08/1939	«En Guadalajara»[524]
15/01/1940	«Ariñañara»
20/03/1940	«Tu ñare»[525]
22/06/1940	«Yo son lucumí»
06/09/1940	«Pescao vivo»[526]
26/09/1940	«Muna songa timba»[527]
26/10/1940	«Timbero, la timba es mía»
26/10/1940	«Yo te dije que no»
18/12/1940	«Tuñare»

520. Fuente: Agencia Cubana de Derecho de Autor Musical (ACDAM), depositaria legal del Registro de la Propiedad Intelectual del Ministerio de Educación.

521. Aparece registrada en coautoría con Evasio Zerquera Rodríguez, de quien no se han encontrado datos ni referencias.

522. Debe ser la obra «Guaguina yerabo».

523. Aparece registrada en coautoría con Evasio Zerquera Rodríguez.

524. Ídem.

525. Aparece registrada en coautoría con Adolfo V. Rodríguez, de quien no se han encontrado datos ni referencias.

526. Aparece registrada en coautoría con Adolfo V. Rodríguez.

527. Debe ser la obra «Muna sangafimba».

21/12/1940	«Llegó el frutero»
23/07/1941	«Ma. Caridá»
28/07/1941	«Nagüe»
15/08/1941	«Baco baco»
15/08/1941	«Mira como viene Merse»[528]
15/08/1941	«Yo siento un bongo»
18/08/1941	«Rómpete»
08/09/1941	«Yo te 'ta llamá, mayorá»
19/09/1941	«Moleya olla»[529]
18/11/1941	«La mundo se 'ta 'cabá»
28/11/1941	«Bang, qué choque»
09/12/1941	«Enfermedad»
07/03/1942	«Paff»
09/03/1942	«Campana tin»[530]
16/03/1942	«Oh, Manana»
17/07/1942	«Sono el clarín»
17/07/1942	«Zarabanda»
01/08/1942	«Te voy a cantar»
10/05/1943	«Déjame cantar»
18/05/1943	«Qué sabroso tú bailas»
18/05/1943	«Ya la rumba»
22/05/1943	«Jau miau quiquiriquí»
07/06/1943	«Macua»
09/06/1943	«Otagua»
07/07/1943	«Langosta viva»
11/07/1943	«Vamos a bailar la rumba»

528. En la partitura impresa, el título de la obra es «Mersé».

529. En la publicación del sello Seeco, apareció como «Moleya».

530. Podría tratarse de la obra «Parampampín».

06/09/1943	«Gan gan»[531]
11/09/1943	«Repiquetea el tambó»
15/09/1943	«A dormir suavito, niño»
15/09/1943	«Ampárame»
22/09/1943	«Soy un pobre barrendero»
18/02/1944	«Bambita»
24/11/1944	«Llora»
02/12/1944	«Botellita»
02/12/1944	«Ita»
26/12/1944	«Soy el cartero»
12/02/1945	«Suave suavito y sabroso»
22/02/1946	«El pin pin»
24/12/1946	«El bejuco»
04/01/1947	«Coro»
17/01/1947	«Van van piro»[532]
20/01/1947	«Soy chévere»
22/04/1947	«Barín»
22/04/1947	«La Mejorana»
05/08/1947	«Caña»
05/08/1947	«Cielito»
05/08/1947	«Un cachito»

---

531. Podría tratarse de la obra «Galán».

532. Podría tratarse de la obra «Guampampiro».

Las siguientes obras, cuya autoría se adjudica a Luciano Pozo González, fueron grabadas en Cuba por Chano Pozo o por otros intérpretes, pero no aparecen inscritas en el Registro Cubano de la Propiedad:

«Estoy acabando»
«Pa' casarme»
«Tu gallo María»
«Tun tun ¿quién son?»

La autoría de las siguientes obras corresponde, según evidencias, a Chano Pozo, y fueron grabadas por él en Nueva York, o por otros intérpretes en fecha posterior a su llegada y radicación en esa ciudad:

«Abasí»
«Cubana Be, Cubana Bop»
«Cómelo to»
«Guarachi guaro»
«Placetas (Remedios, Camajuaní)»
«Por qué tú sufres»
«Serende»
«Seven Seven»
«Rumba en swing (Si no tiene swing)»
«Tambombararana»
«Tin tin deo»
«Ya no se puede rumbear»
«Vista hace fe»

Existen evidencias de otras obras compuestas por Chano Pozo, no grabadas:

En la citada entrevista para la revista *Carteles*, Chano mencionó como obras suyas de reciente creación «Choron bo etié» y «La mundo se 'ta 'cabá»; en la misma entrevista se publicó la letra de esta última. Cristóbal Díaz Ayala la incluyó en su obra ¡Oh, Cuba hermosa! El cancionero político-social en Cuba hasta 1958, y consignó que «Esta conga de Chano Pozo aparentemente nunca se grabó. Aparece en un cancionero Radiocine de 1941, como del repertorio del Trío Servando Díaz».[533]

Con el pregón «El yerbero», interpretado en vivo por Margot Alvariño, Chano Pozo obtuvo el segundo lugar en el Concurso de Pregones convocado por la radioemisora RHC Cadena Azul en noviembre de 1941. Hay evidencias de que la Alvariño lo tuvo en su repertorio, pero no de que haya sido grabado.

Rita Montaner incluyó en el repertorio de sus espectáculos las obras «Totí», «Blen blen», «Nagüe», «Zarabanda», «Boco boco», «Bejuco», «Langosta viva» y «Ampárame», según testimonios de los investigadores y musicógrafos Ramón Fajardo Estrada y Aldo Martínez Malo citados en este libro.[534]

«La conga fantasma», cuya autoría se adjudica a Chano, fue compuesta especialmente para el filme cubano *Fantasmas del Caribe*. Nunca fue inscrita en el registro autoral, ni se conservan partituras ni grabaciones. No han podido encontrarse copias de este filme.

---

533. Cristóbal Díaz Ayala: *¡Oh, Cuba hermosa! El cancionero político social en Cuba hasta 1958*, tomo II. San Juan. Fundación Musicalia, 2012, p. 262.

534. Aldo Martínez Malo. Citado por María del Carmen Mestas: ob. cit., p. 44.

Primeras grabaciones y algunas reediciones de obras de la autoría de Chano Pozo

«Abasí» (afro)[535]

Chano Pozo y su Ritmo de Tambores:[536]

SMC-2517, 78 rpm, Nueva York, 1947.

Reeditado en *box set Chano Pozo. El Tambor de Cuba* (CD 2), Almendra Music, Barcelona, 2001.

«Ampárame» (guaracha)

Orquesta Hermanos Palau, canta Reinaldo Valdés El Jabao:

Victor V23-0099, 78 rpm, grabado en La Habana, 18 de enero de 1944.

Orquesta de Belisario López:

Victor V23-0102, 78 rpm, grabado en La Habana, 26 de enero de 1944.[537]

Machito y sus Afro-Cubans:

Verne VRV-0031, 78 rpm, grabado en Nueva York, [1950-1951].

El Gran Combo de Puerto Rico cantando Andy Montañez:

LP *En acción* – Combo Records LPS-004. Grabado en 1973.

---

535. Apareció como «Abasí (Ritmo afro-cubano no. 1)» en el fonograma original, probablemente el primer registro fonográfico de cantos y toques abakuá de que se tiene noticias. Un segmento de «Abasí» fue insertado convenientemente por Gillespie en el intro de su interpretación de «Swing Low, Sweet Cadillac», llevada a disco en 1967 (referencia: Impulse!-AS-9149).

536. Según Max Salazar, los músicos que acompañaron a Chano Pozo en esta grabación fueron: Miguelito Valdés, Arsenio Rodríguez, Carlos Vidal Bolado (en trío de tumbadoras) y Bilingüi Ayala (bongó). Jordi Pujol, en cambio, sustituyó a Arsenio por Kiki Rodríguez, hermano de Arsenio, y sugirió la presencia de José Mangual en el bongó. Cfr. Max Salazar: «Chano Pozo. Part II», en *Latin Beat*, vol. 3, no. 4, San Francisco, mayo de 1993, p. 23; y Jordi Pujol: ob. cit., p. 134.

537. Esta versión apareció consignada como género danzón.

«Anana boroco tinde» (afro)

Miguelito Valdés con la Orquesta de Xavier Cugat:

Columbia CO 36096, 78 rpm, grabado en Nueva York, 23 de marzo de 1941.

Reeditada en CD por Tumbao Cuban Classics en CD *Xavier Cugat and His Orchestra* TCD-002.

Miguelito Valdés con la orquesta Havana Riverside:

Victor V83210, 78 rpm, grabado en La Habana, enero de 1940.

«Ariñáñara» (rumba)

Miguelito Valdés con la orquesta Casino de la Playa:

Victor V-83031, 78 rpm, La Habana, 25 de marzo de 1940.

Adiós África, Tumbao TCD-37, CD.

Vicentico Valdés y Alfredito Valdés con orquesta de Tito Puente:

Victor V-23-517, 78 rpm, Nueva York, 23 de marzo de 1950.

Tito Puente, Victor ACL1-0457, LP, y Victor CDRCA-3269-2RL, CD.

Cuando suenan los tambores. Tito Puente 1949-1951, RCA Victor CDRCA-3226-2RL, CD (recopilatorio de grabaciones de esos años).

Cheo Marquetti y su Conjunto:

Una noche en La Habana (vol. II), Caribe-1507, LP, La Habana. Abelardo Barroso y Orquesta Sensación: Puchito LP-599, LP, La Habana. Reeditado en Antilla 599, CD.

Joe Cuba Sextette:

Seeco SCLP-9259, LP, Nueva York, 15 de octubre de 1963.

Miguelito Valdés con orquesta dirigida por Chico O'Farrill:

Inolvidables, Verne LP V-V6-5036, LP, Nueva York.

Miguelito Valdés con orquesta de José Ma. Curro Fuentes:

Mr. Babaloo-Miguelito Valdez, Polydor LP-2404061, LP, Colombia, 1978.

«Bang, qué choque»

Grupo Marcano, canta Tito Rodríguez: Victor V-83923, 78 rpm, grabado en Nueva York, 19 de mayo de 1942.

«Bejuco [El]» (son montuno)

Chano Pozo y Conjunto Azul:

Seeco C3005, grabado en La Habana, agosto de 1946, no publicado.[538]

Marcelino Guerra y su Orquesta:

Verne VRV-0090, 78 rpm, Estados Unidos [1948].

«Blen blen» [«Blen blen blen»] (rumba afro)

Miguelito Valdés con la orquesta Casino de la Playa:[539]

Victor V-82977, 78 rpm, La Habana, 15 de enero de 1940.

Miguelito Valdés con la orquesta de Xavier Cugat:

Victor V-266525, 78 rpm, Nueva York, 27 de mayo de 1940.

Reeditado en CD por Tumbao Cuban Classics *Xavier Cugat and His Orchestra with Miguelito Valdés* TCD-023)

Grupo Marcano, canta Celina:

Decca DE-21075, 78 rpm, Nueva York, 29 de enero de 1940.

Orquesta del Hotel Nacional, canta Pepe Tenreiro (Tito Gómez):

Musicraft MFT-15007, 78 rpm, La Habana, 1941.

René Álvarez y su Conjunto:

Guaguancó en el solar, Tumbao TCD-703, CD, grabado y no publicado hasta 1987.

Machito y sus Afro-Cubans:

Continental CNT-9003, Nueva York, [1951].

Machito, Gozo GLP-16, LP, grabación radiofónica.

---

538. Cristóbal Díaz Ayala: «Chano Pozo». Consultado en <latinpop.fiu.edu/SEC-CION05PQ.pdf>.

539. Se trata de la primera grabación fonográfica comercial de una obra de Chano Pozo.

Harlequin HQCD-87, CD, Nueva York, transmisión radial en vivo desde el cabaret Birland, 10 de noviembre de 1950, publicado en 1996.

Tremendo Cumbán. Machito and his Afro-Cuban Orchestra, Tumbao TCD-04, CD, contiene grabaciones realizadas en transmisiones radiofónicas o en vivo en Nueva York entre 1949 y 1952. *Cubop City. Machito and his Afro-Cubans,* Tumbao TCD-12, CD, Nueva York, grabado en vivo el 19 de marzo de 1949 según datos consignados en esta edición.

Carambola, Tumbao TCD-24, CD, Nueva York, grabado en vivo el 17 de noviembre de 1951 en el cabaret Birdland.

Freezelandia, Tumbao TCD-85, CD, Nueva York, presumiblemente es la grabación en vivo realizada en marzo de 1949.

Tito Rodríguez:

Tico Tico 78, 78 rpm, Nueva York, grabación realizada entre 1949 y 1951.

Tito Rodríguez y los Lobos del Mambo: *Mambo Mona*, 1949-1950, Tico-10-086, LP, y Tumbao TCD-14, CD.

Tito no. 1, Musicor MM-2084, LP.

Edmundo Ros and his Rhumba Band:[540]

Coral Cor 9-60422, 78 rpm, Londres, [1940].

Coral CRL-56027, LP.

Edmundo Ros and His Rhumba Band from the Coconut Grove, London, Phillips F-1850, 78 rpm, Londres, 24 de junio de 1941.

Harlequin HQCD-15, CD.

Lobo y Melón:[541]

Rumbeando con Lobo y Melón, Victor MKL-1381, LP, México, [1960].

---

540. Edmundo Ros: Puerto España, Trinidad y Tobago, 7 de diciembre de 1910-Alicante, 21 de octubre de 2011, fue un percusionista, cantante y director orquestal que se radicó en Londres desde los años treinta.

541. Carlos Daniel Navarro, Lobo, y Luis Ángel Silva, Melón, músicos mexicanos que hicieron carrera en los años cincuenta y sesenta en México con un repertorio con destacados temas cubanos.

Orquesta Kubavana:

Congas y comparsas, Kubaney 117, LP, La Habana, [1950].

Miguelito Valdés con Machito y su Orquesta:

Reunión, Tico-1098, LP, Nueva York, 1963.

Miguelito Valdés con orquesta de José Ma. Curro Fuentes:

Mr. Babaloo-Miguelito Valdez, Polydor LP-2404061, LP, Colombia, 1978.

Carlos Embale y Los Roncos Chiquitos:

Todavía me queda voz, Areíto LP-4297, LP, La Habana, 1985.

Carlinhos Brown E A Banda do Camarote Andante con Bebo Valdés:

CD *O Milagre do Candeal* - BMG Brasil – 82876664942. Grabado en 2004.[542]

«Boco boco»

Tito Rodríguez:

Tico 10-085, 78 rpm, [1948].

Tito, Tito, Tito, UA Latino 31010, 1968.

The Best of Tito Rodríguez (vol. 2), RCA-159442, CD, editado en 1993.

«Cielito» (guaracha)

Anselmo Sacasas, cantando Rubén González:

Victor 23-0798, 78 rpm. Grabado en Nueva York el 10 de noviembre de 1947.

«Cómetelo tú» (son montuno)

Chano Pozo y su Orquesta, canta Tito Rodríguez:[543]

---

542. El disco reproduce la banda sonora del documental *El Milagro de Candeal* de Fernando Trueba (2004).

543. Según Max Salazar, la orquesta de Chano era la de Machito y sus Afro-Cubans, pero con otra etiqueta comercial, a la que se sumaron Miguelito Valdés, Arsenio Rodríguez, Tito Rodríguez, Olga Guillot, y el propio Chano. En ese momento, los músicos de Machito eran, según Jordi Pujol (ob. cit., p. 135): Machito (director, maracas); Mario Bauzá (trompetas, arreglos); Bobby Woodlen (trompeta); Frank Dávila, Gene

CODA 5053-A, 78 rpm, Nueva York, 1947.

Reeditado en *box set Chano Pozo. El Tambor de Cuba* (CD 2), Almendra Music, Barcelona.

Chano Pozo y Arsenio Rodríguez, *Legends of Afro-Cuban Music*, SMC-1152, LP, publicado en 1970 (incluye la única grabación realizada por Chano de este tema en 1947).

«Estoy acabando» (guaracha)

Chano Pozo y Conjunto Azul:

Seeco C 3006, 78 rpm, grabado en La Habana, agosto de 1946, no publicado.[544]

«Guagüina yerabo» (afro)

Miguelito Valdés con orquesta Casino de la Playa:

Victor V83441, 78 rpm, La Habana, 21 de octubre de 1940.

Miguelito Valdés y su Orquesta: SMC SMC-1243, 78 rpm, Nueva York, 1949.

Quintanar y su Clan Sonero:

Panavox – LP «Guaguina Yerabo» - PLP-1004. Grabado en Panamá, 1972.

Reeditado en Colombia por Real LSR 93-140,en 1973.

«Guarachi guaro»[545]

Dizzy Gillespie and his Orchestra:

RCA Victor 20-3370, 78 rpm, Nueva York, 1949.[546]

Johnson, Fred Skerrit (clarinetes); José Pin Madera (saxo tenor); René Hernández (piano, arreglos); Julio Andino (contrabajo); Ubaldo Nieto (timbales); José Mangual (bongó).

544. Cristóbal Díaz Ayala: Cuba canta y baila. *Enciclopedia discográfica de la música cubana*, consultado <http://latinpop.fiu.edu/SECCION¬05PQ.pdf>.

545. En grabaciones y textos ha aparecido también con los títulos «Guachi guaro» o «Wachi wara».

546. La primera fijación de esta obra, probablemente la última que Chano com-

His Master's Voice, B.9806, 78 rpm, swing music 1949 series no. 29/30, Reino Unido, 1949.

Cal Tjader Quintet:

Tjader Plays Mambo, Fantasy 3-18, vinilo 10", serie rojo translúcido, Los Ángeles, 1955.[547]

Tjader Plays Mambo, Fantasy 3-221, LP, Los Ángeles, 1955.[548]

Soul Sauce, Verve Records V-68614, LP, grabado el 20 de noviembre de 1964 en A&R Studios en Nueva York.[549]

Paquito D'Rivera, con Louis Ramírez en el vibráfono:

A Tribute to Cal Tjader, Yemayá YY9427, CD.

«Llora» (guaracha)

Cascarita con la orquesta Casino de la Playa:

Victor V23-0767, La Habana, 78 rpm, 20 de noviembre de 1946.

José Curbelo and his Orchestra:

CODA 5039, 78 rpm, Nueva York, 1946.[550]

«Manteca» (afrocuban jazz)

Dizzy Gillespie Orchestra:

Victor V-20-3023, 78 rpm, Nueva York, 30 de diciembre de 1947.

---

puso, omitió su nombre al consignarse a Gillespie como autor y a Gerald Wilson como arreglista. Gillespie reconoció después en su libro autobiográfico *To Be or Not to Bop* que él tuvo solo alguna participación en la creación del tema, que el cubano fue el autor.

547. Como tercer surco de la cara A, el tema apareció consignado erróneamente como «Wachi Waro», y su autoría adjudicada a Gillespie. El importante crítico de *jazz* norteamericano Ralph Gleason escribió las notas a este disco.

548. Como cuarto surco de la cara A recogió la grabación publicada por primera vez en 1955. También se consignó erróneamente como «Wachi Waro» y se omitió otra vez la coautoría de Chano.

549. En esta segunda versión de «Guarachi Guaro» —en el disco apareció como «Guacha Guaro»— conocida también como «Soul Sauce», Cal Tjader contó en la percusión con el conguero cubano Armando Peraza y el timbalero neoyorrican Willie Bobo. La grabación se convirtió en un éxito sin precedentes y vendió más de 150 000 copias, un verdadero récord para grabaciones de *latin jazz*. El pianista Chick Corea, el trompetista Arturo Sandoval y muchos otros han realizado sus propias versiones de este tema.

550. Esta versión apareció consignada como género son montuno.

Be-Bop enters Sweden 1947-49, Dragon DRLP-34, LP, Suecia, grabado en vivo durante el concierto en Vinterpalatset, Estocolmo, 2 de febrero de 1948.

The Dizzy Gillespie Orchestra at Salle Pleyel, Prestige LP-7818, LP, grabado en vivo durante el concierto en la Salle Pleyel, París, 28 de febrero de 1948.

Dizzy Gilespie Orchestra. Pasadena, California, GNP S-23, LP, grabado en vivo durante el concierto en Pasadena, 26 de julio de 1948.

The Big Band of Shorty Rogers:

Manteca. Afro-cuban influence, RCA CD-3449-2RL, LP y CD, Hollywood, California, 1958.

Mongo Santamaría y su Orquesta Sabrosa:

Más sabroso, Fantasy LP-8071, LP, Los Ángeles, 1961.

Mongo Santamaría:

Mongo's Greatest Hits, Fantasy LP-8373, LP, 1966.

Dawn, Vaya LP-61, Nueva York, 1977.

Clare Fischer:

Manteca!, Pacific Jazz PJ-10096, LP, Los Ángeles.
Reeditado en Blue Note 5216882, CD.

«Moleya»

Chano Pozo y Conjunto Azul:

Seeco S-635, 78 rpm, La Habana, marzo de 1946.

«Muna sangafimba» (rumba afro)

Miguelito Valdés con la orquesta Casino de la Playa:

Victor V83436, 78 rpm, La Habana, 16 de octubre de 1940.

«Nagüe» (rumba afro)

Machito y sus Afro-Cubans:

Decca DE-21285, 78 rpm, Nueva York, 10 de julio de 1942.
Reeditado en DE-50030, 78 rpm y DL-4505 y DL-5157, LP.

Harlequin HQCD-139, CD, Nueva York, grabaciones realizadas entre 1943 y 1948 por la Worlds Broadcasting Sistems, en discos de 16" de larga duración, destinadas a emisoras radiales.

Machito y sus Afro-Cubans interpretaron el tema «Nagüe» en el corto de Harry Foster: *Machito's Rhumba Band (Machito's Orchestra)*, Columbia Pictures, 1946.

Mariano Mercerón y su orquesta, canta Camilo Rodríguez:

Victor V-83969, 78 rpm, La Habana, 2 de octubre de 1942.

Barry Moral y su Orquesta de Jazz:

Argentina, 31 de enero de 1944.[551]

Raúl Planas con Kubavana de Carlos Barbería:

¿Qué tiene Titina?, Panart PLP-2063, LP.

Reeditado en CCD-505, CD.

Miguelito Valdés con orquesta dirigida por Chico O'Farrill:

Inolvidables, Verne LP V-V6-5036, LP, Nueva York.

Miguelito Valdés con orquesta de José Ma. Curro Fuentes:

Mr. Babaloo-Miguelito Valdez, Polydor LP-2404061, LP, Colombia, 1978.

«Pa' casarme»

Daniel Santos:[552]

Seeco S-580, 78 rpm, La Habana.[553]

---

551. Cristóbal Díaz Ayala: *Cuba canta y baila. Enciclopedia discográfica de la música cubana* (consultado en <http://latinpop.fiu.edu/SECCION04Mpt2.pdf>) incluyó esta grabación no publicada, e indicó que la referencia está reseñada en Ricardo Risetti: Memoria del *jazz* argentino, Editorial Corregidor, Buenos Aires, 1994, p. 226. De poder verificarse la existencia de esta grabación, sería un importante y primigenio eco de la obra autoral de Chano en Suramérica, a dos años de haber sido grabada por Machito en Nueva York.

552. No se encontraron datos sobre la formación acompañante de Daniel Santos en esta grabación.

553. Datos sobre la grabación aportados por el coleccionista e investigador colombiano Jaime Suárez, quien indica que, aunque salió referenciado en la revista *Billboard* dentro de los nuevos lanzamientos del sello Seeco, se trató en realidad del título «Pa' casarme». Con esta obra se dio la rara situación de que apareció con tres títulos, ya que se indicó además «Por mi honor». De ellos, solo

«Parampampín» (guaracha)

Cuarteto Caney de Fernando Storch, cantan Machito y Rafael Audinot:

Decca DE-21193, 78 rpm, Nueva York, 25 de abril de 1941.

Reeditado en DE-21262, 78 rpm.

Antonio *Cheché* de la Cruz con orquesta Casino de la Playa:

Victor V83522, 78 rpm, La Habana, 17 de junio de 1941.

Reeditado en V27541, 78 rpm; orquesta Casino de la Playa: *Memories of Cuba*, RCA Victor LPM-1641; y orquesta Casino de la Playa: *Memories of Cuba*, Tumbao TCD-03, CD.

Trío Servando Díaz:

Víctor V-83523, 78 rpm, La Habana, 12 de junio de 1941.

Reeditado en Trío Servando Díaz: Postales de mi tierra, Tumbao TCD-81, CD.

Miguelito Valdés con la Orquesta de Xavier Cugat:

Columbia Co-36270, 78 rpm, Nueva York, [1941].

Ethel Smith con Bando Carioca:[554]

Decca DE-23462, 78 rpm, Nueva York, 26 de junio de 1945.

Reeditado en DE-91274, 78 rpm; y DL-5016 y DL-8457, LP.

Billo's Caracas Boys (Venezuela), canta Cheo García y Felipe Pirela:

40 años con Billo. Los mejores mosaicos, LP 5000/12, Caracas, LP.

«Soy chévere», tal y como fue publicado en el primer prensaje, aparece inscrito en el registro autoral a nombre de Luciano Pozo González. Cristóbal Díaz Ayala en Cuba canta y baila. Enciclopedia discográfica de la música cubana (consultado en <http://latinpop.fiu.edu/SECCION06S.pdf>) indicó que fue grabado en La Habana el 10 de diciembre de 1946. Jaime Suárez afirmó que se grabó en Puerto Rico en 1946, con el respaldo de la orquesta del boricua Rafael González Peña, con Andrés Tellada al piano.

554 Ethel Smith: Pittsburg, 22 de noviembre de 1910-Palm Beach, Florida 10 de mayo de 1996, fue una organista famosa en la década de los cuarenta, con vocación por la música latina, donde mostraba su gran habilidad y rapidez en el instrumento. En esta grabación, unió en uno los temas «Parampampín» y «Cachita» (Rafael Hernández).

«Pin pin [El]» (guaracha)

Cascarita con la Orquesta de Julio Cueva:

Victor V-23-0469, 78 rpm, La Habana, 20 de junio de 1946.

Chano Pozo y Conjunto Azul:

Seeco Serie Hispana. 2006-A (C 3004), CD, grabado en La Habana en agosto de 1946.

Chano Pozo. El Tambor de Cuba (CD 2), Almendra Music, Barcelona, 2001.

Bienvenido Granda con La Sonora Matancera:

Panart P-1051, 78 rpm, La Habana, 1946.

Machito y sus Afro-Cubans:

Verne VRV-0099, 78 rpm, Estados Unidos, [1950-1951].

Reeditado en Guampampiro: Tumbao TCD-89, CD, 1997.

El Gran Combo de Puerto Rico cantando Andy Montañez:
LP *En Acción* – Combo Records LPS-008. Grabado en Puerto Rico en 1973.

«Placetas (Remedios, Camajuaní)» (rumba)[555]

Chano Pozo y su Ritmo de Tambores:[556]

SMC-2518, 78 rpm, Nueva York, 1947.

Reeditado en Chano Pozo. *El Tambor de Cuba* (CD 2), Almendra Music, Barcelona, 2001.

Chano Pozo-Arsenio Rodríguez: *Legends of Afro-Cuban Music*, SMC-1152, LP, publicado en 1970. Incluye la única grabación realizada por Chano de este tema (1947), aunque aparece titulada erróneamente «La teta e».

---

555. Apareció como «Placetas (Remedios, Camajuaní) (Ritmo afro-cubano no. 4)« en el fonograma original.

556. Según Max Salazar, los músicos que acompañaron a Chano Pozo en esta grabación fueron: Miguelito Valdés, Arsenio Rodríguez, Carlos Vidal Bolado (en trío de tumbadoras) y Bilingüi Ayala (bongó). Jordi Pujol, en cambio, sustituyó a Arsenio por Kiki Rodríguez, hermano de Arsenio, y sugirió la presencia de José Mangual en el bongó. Cfr. Max Salazar: "Chano Pozo. Part II", en Latin Beat, vol. 3, no. 4, San Francisco, mayo de 1993, p. 23; y Jordi Pujol: ob. cit., p. 134.

«Por qué tú sufres» (guaracha)[557]

Chano Pozo y su Orquesta, canta Tito Rodríguez:[558]

CODA 5057, 78 rpm, Nueva York, 1947.

Reeditado en *Chano Pozo. El Tambor de Cuba* (CD 2), Almendra Music, Barcelona, 2001.

Chano Pozo-Arsenio Rodríguez: *Legends of Afro-Cuban Music*, SMC-1152, LP, publicado en 1970. Incluye la única grabación realizada por Chano de este tema (1947).

«Rómpete» (guaracha)

Grupo Marcano, canta Tito Rodríguez:

Victor V83940, 78 rpm, Nueva York 19 de mayo de 1942.

«Rumba en swing (Si no tiene swing)» (guaracha-rumba)

Chano Pozo y su Orquesta, canta Tito Rodríguez:[559]

CODA 5057, 78 rpm, Nueva York, 1947.

Reeditado en *Chano Pozo. El Tambor de Cuba* (CD 2), Almendra Music, Barcelona, 2001.

Chano Pozo-Arsenio Rodríguez: *Legends of Afro-Cuban Music*, SMC-1152, LP, publicado en 1970. Incluye la única grabación realizada por Chano de este tema (1947).

Miguelito Valdés and his Orchestra:

Victor V 23-5174, 78 rpm, Nueva York, 1949.

---

557. Daniel Santos con la Sonora Boricua grabó un tema homónimo, pero no se trata del que compuso Chano Pozo. Cfr. <https://www.youtube.com/watch?-v=e_gmHBZYTwo>.

558. Según Max Salazar, la orquesta de Chano era la de Machito y sus Afro-Cubans, pero con otra etiqueta comercial, a la que se sumaron Miguelito Valdés, Arsenio Rodríguez, Tito Rodríguez, Olga Guillot, y el propio Chano. En ese momento, los músicos de Machito eran, según Jordi Pujol (ob. cit., p. 135): Machito (director, maracas); Mario Bauzá (trompetas, arreglos); Bobby Woodlen (trompeta); Frank Dávila, Gene Johnson, Fred Skerrit (clarinetes); José Pin Madera (saxo tenor); René Hernández (piano, arreglos); Julio Andino (contrabajo); Ubaldo Nieto (timbales); José Mangual (bongó).

559. Ídem.

Miguelito Valdés y la Orquesta Hermanos Castro:

Miguelito Valdés con su orquesta: *Latin American Rhythms*, LP MGM E-130 (10"). Grabado en La Habana para el sello Puchito, pero no consignó referencia alguna de su publicación en ese momento.[560]

Reeditado en *Miguelito Valdés «Mr. Babalu»* with Noro Morales Orch., Tumbao TCD-25, 1949-1950.

«Serende» (son montuno)

Chano Pozo y su Conjunto con el Mago del Tres:[561]

CODA 5059, 78 rpm, Nueva York, 1947.

Reeditado en *Chano Pozo. El Tambor de Cuba* (CD 2), Almendra Music, Barcelona, 2001.

Chano Pozo-Arsenio Rodríguez: *Legends of Afro-Cuban Music*, SMC-1152, LP, publicado en 1970. Incluye la única grabación realizada por Chano de este tema (1947).

«Seven seven» (son montuno)

Chano Pozo y su Conjunto con el Mago del Tres:[562]

CODA 5059, 78 rpm, Nueva York, 1947.

Reeditado en *Chano Pozo. El Tambor de Cuba* (CD 2), Almendra Music, Barcelona, 2001.

«Soy chévere» (guaracha)

Daniel Santos:
Seeco S-580, 78 rpm, La Habana.[563]

---

560. Cristóbal Díaz Ayala: «Miguelito Valdés» *Enciclopedia discográfica de la música cubana*. Consultado en <latinpop.fiu.edu/SECCION06V.pdf>.

561. Los músicos fueron los del Conjunto Batamú de Marcelino Guerra Rapindey, con arreglos de Joe Loco y la participación de Arsenio Rodríguez. Cfr. Max Salazar: «Chano Pozo. Part II», ed. cit., p. 23. Según Jordi Pujol (ob. cit., p. 134) los músicos que intervinieron en esta grabación fueron: Mario Cora (trompeta); Marcelino Guerra (voz, claves); Frank Gilberto Ayala (piano); Arsenio Rodríguez (tres); Panchito Riset, Jorge Alonso Candy Store (voces); Chano Pozo (tumbadora), Bilingüi Ayala (bongó).

562. Ídem.

563. Carlos Daniel Navarro, Lobo, y Luis Ángel Silva, Melón, músicos mexicanos que hicieron carrera en los años cincuenta y sesenta en México con un repertorio con destacados temas cubanos.

Trío Hermanos Rigual:

RCA Victor MBS090607, grabado en México el 2 de febrero de 1948, pero no publicado.[564]

«Tambombararana» (afro)[565]

===

Chano Pozo y su Ritmo de Tambores:[566]

SMC-2518, 78 rpm, Nueva York, 1947.

Reeditado en *Chano Pozo. El Tambor de Cuba* (CD 2), Almendra Music, Barcelona, 2001.

«Timbero, la timba es mía» (rumba)

Orquesta del Hotel Nacional de Cuba, canta Pepe Tenreiro (Tito Gómez):

Musicraft MFT-15006, 78 rpm, La Habana, 1941.

«Tin tin deo» (afrocuban jazz)[567]

===

James Moddy and his Bop Men featuring Chano Pozo:

New Sounds, Blue-Note BN-555A, 78 rpm, Nueva York, 25 de octubre de 1948.

Dizzy Gillespie:

Dee Gee 3601, 78 rpm, Detroit, 1 de marzo de 1951.

Reeditado en Jazz Selection JS-4018, 78 rpm, Suecia, febrero de 1953.

Eddie Cano, His Piano and Orchestra:

GNP Crescendo 187x, 45 rpm, Estados Unidos, [1950].

Mario Bauzá, René Hernández, Cándido Camero y otros:[568]

Latin Soul Plus Jazz. Tico 1314, LP, Estados Unidos, 1973.

---

564. Cristóbal Díaz Ayala: «Trío Hermanos Rigual». *Cuba canta y baila. Enciclopedia discográfica de la música cubana)*, consultado en <http://latinpop.fiu.edu/SECCION02H.pdf>.

565. Apareció como «Tambombararana (Ritmo afro-cubano no. 3)» en el fonograma original.

566. Max Salazar: «Chano Pozo. Part II», en Latin Beat, vol. 3, no. 4, San Francisco, mayo de 1993, p. 23; y Jordi Pujol: ob. cit., p. 134.

567. Chano Pozo comparte la autoría con Gill Fuller.

568. Solistas: Santo Russo y Don Cheatham.

Kenny Burrell:

Concord USA 1977 CD.

Reeditado en Concord Jazz CCD-4045, CD, Alemania, 1994.

«Tu gallo María» (rumba)

Chano Pozo y Conjunto Azul:

Seeco SC 3009, grabado en agosto de 1946, no publicado entonces.

Reeditado en *Chano Pozo. El Tambor de Cuba* (CD 2), Almendra Music, Barcelona, 2001.

«Tun tun ¿quién son?» (afro)

Alfredito Valdés con la orquesta Casino de la Playa:

Victor V-83223, 78 rpm, La Habana, 13 de septiembre de 1940.

«Un cachito» (son montuno)

Conjunto de René Martínez, canta Payo Flores:

Mida 1002, 78 rpm, Nueva York.

«Vista hace fe» (guaracha)

El Boy (Juan Ramón Torres):

Verne VR-V-201, 78 rpm, grabado en Estados Unidos, [1949].

«Ya no se puede rumbear» (afro)[569]

Chano Pozo y su Ritmo de Tambores:[570]

SMC-2517, 78 rpm, Nueva York, 1947.

Reeditado en *Chano Pozo. El Tambor de Cuba* (CD 2), Almendra Music, Barcelona, 2001.

«Zarabanda» (afro)

Miguelito Valdés con Machito y sus Afro-Cubans:

Decca DE-18517, 78 rpm, Nueva York, 27 de julio de 1942.

569. Apareció como «Ya no se puede rumbear (Ritmo afro-cubano no. 1)» en el fonograma original.

570. Max Salazar: «Chano Pozo. Part II», en Latin Beat, vol. 3, no. 4, San Francisco, mayo de 1993, p. 23; y Jordi Pujol: ob. cit., p. 134.

Reeditado en Decca D-28013, 78 rpm; DL-5113, LP; Cuban Rhythms, Tumbao TCD-08, CD, 1942.

Miguelito Valdés con dirección y arreglos de Chico O'Farrill:
Inolvidables, Verne V-V7-5036, LP.

Aclaraciones necesarias:

Entre las grabaciones realizadas por Chano Pozo y Conjunto Azul aparece «Ave María, morena» (Seeco S-576), fijado en marzo de 1946. La autoría de este famoso yambú se le adjudicó a Chano en los registros del sello Seeco, y a Petrona Pozo según Jordi Pujol en el *booklet* al *pack Chano Pozo. El Tambor de Cuba*. En realidad la autoría corresponde a Ignacio Piñeiro, como bien señaló Cristóbal Díaz Ayala en su obra *Cuba canta y baila. Enciclopedia discográfica de la música cubana,* y según aparece en los registros autorales de las entidades de gestión de derechos de autor SGAE y ACDAM, que representan las obras del autor.

En el LP *Eartha Kitt and her Afro-Cuban Rhythm* (Seeco SE-441), grabado en Francia el 11 de marzo de 1954, se adjudicó a Chano Pozo la autoría de la obra «Caliente» (afro). No se han podido encontrar evidencias que lo confirmen. Con idéntica referencia 4141-A el mismo sello Seeco publicó en Nueva York el mismo disco adjudicándole erróneamente a Chano Pozo la autoría del tema de la otra cara: «Tierra va temblá», y no «Caliente», cuando en realidad, el autor de este tema es el también cubano Mariano Mercerón.

El sello Verne publicó el disco de 78 rpm bajo referencia V-0012 que contiene en una de sus caras el tema «Cocó» indicando a Chano Pozo como autor. *La Enciclopedia Discográfica* de Cristóbal Díaz Ayala señala a Bienvenido Julián Gutiérrez como autor de estas obra. En la relación de obras de Chano Pozo inscriptas en el Registro de la Propiedad Intelectual y sucesivas sociedades de gestión no figura una obra con este nombre, aunque sí una bajo el nombre «Coro», registrada el 4 de enero de 1947 ante esa entidad, y que, por similitud en su escritura y fonética, podría tomarse en cuenta como posible error.

Anexo III

Discografía de Chano Pozo como intérprete principal y músico de sesión

Grabaciones en Cuba

Resulta cuando menos complicado poder establecer con exactitud cuándo comenzó la etapa fonográfica de Chano Pozo en Cuba. En artículo para la revista *Variety*, fechado el 5 de julio de 1944, y resultado evidente de una o varias entrevistas a Pozo en La Habana, el periodista norteamericano Edward Perkins expresa:

> Los viajeros americanos, latinos, europeos le conocen [a Chano] tranquilamente como el mejor *bongo-player* en todas las grabaciones realizadas para la Victor por Miguelito Valdés con la orquesta Casino de la Playa.[571]

Tal afirmación podría servir de evidencia, pero lamentablemente, no se encuentran datos fidedignos que confirmen y aclaren en qué temas se habría producido la participación de Chano en estas grabaciones, que abarcan un período entre 1937 y 1940. En los archivos del sello Victor, consultados por Cristóbal Díaz Ayala se indica en *line-up* de la Casino de la Playa en las primeras grabaciones en 1937, pero no aparece el nombre de Chano y se adjudica a Miguelito Valdés la percusión además de la voz en ellas. Si bien algunas fuentes ubican este hecho en 1940, situando a Chano en algunas de las primeras grabaciones de la Orquesta Havana Casino («Loló loló», de Leonardo Timor; «La rumba y la guerra», de Obdulio Morales; «Quinto mayor», de Rafael Ortiz; «El vendedor de aves», de Rafael Ortiz) no se han encontrado datos fidedignos sobre los músicos que participaron en esas sesiones. Cristóbal Díaz Ayala, en su *Enciclopedia discográfica...*, aportó otra fecha: el 27 de diciembre de 1939. Otros dos elementos podrían sustentar la duda sobre la presencia de Chano y su tumbadora en esos registros: el tamborero se vinculó a la Havana Casino cuando esta

---

571. Perkins, Edward. *"See New Afro-Cuban Musical Trend In Widespread Use After the War"*. Revista *Variety*. Nueva York, USA. Julio 5 de 1944, pp. 30 y 32.

ya era orquesta de planta de la RHC Cadena Azul y, apelando a la iconografía de la agrupación, Chano no apareció en ella hasta febrero de 1943 (aunque pudo haber sido invitado a participar con su tumbadora de una manera casual en esas grabaciones).[572] El segundo elemento, no menor, es la entrevista que Chano concedió a Arturo Ramírez para la revista *Carteles*, donde hizo un repaso de toda su vida hasta ese momento —junio de 1942—, deteniéndose en los hechos que consideró relevantes, como su participación en dos filmes: en ningún caso mencionó haber sido parte de una grabación fonográfica, lo que debió constituir un hecho notorio para la época, pues bandas al estilo de la Orquesta Havana Casino no solían contar con músicos negros.[573]

Guaracha *Ten Jabon. Chano Pozo y su Conjunto Casino Nacional. Seeco-2006 B.*

Algo similar ocurre con el registro de dos temas de la autoría de Chano Pozo por la Orquesta del Hotel Nacional en grabaciones para el sello Musicraft en 1941: las rumbas «Blen blen blen» y «Tim-

572. *Ecos de la RHC Cadena Azul*, año 3, La Habana, febrero de 1943.

573. Arturo Ramírez: ob. cit., pp. 6-7.

bero, la timba es mía», en las que algunas fuentes también ubican a Chano como tumbador. Esto ocurre con otras dos piezas: los temas identitarios de las comparsas Los Dandys de Belén y El Alacrán: «La conga de los Dandys» (Miguelito Valdés) y «Tumbando caña» (Santos Ramírez y Julio Blanco Leonard), respectivamente.

Las primeras grabaciones de Chano Pozo como intérprete que aparecen claramente documentadas son las diez piezas grabadas para el sello Seeco en La Habana en los meses de marzo y agosto de 1946 por Chano Pozo y el Conjunto Azul (índice consecutivo de SC 3000 a 3009).[574] Según Jordi Pujol, la formación presumible del Conjunto Azul fue: Félix Chappottín y Cecilio *El Yuco* Serviá (trompetas); Ramón Cisneros, Liviano (tres); Adolfo O'Reilly (piano); Chicho Fresneda (guitarra, voz); Jesús Díaz, Chaúcha (guitarra); Bienvenido (contrabajo); Chano Pozo (tumbadora); Antolín (bongó); Joseíto Núñez (voz).[575] De los diez temas grabados solo fueron publicados cuatro en dos discos de 78 rpm:

Chano Pozo y su Conjunto-Seeco-C3008-B-Gavilan

---

574. Cristóbal Díaz Ayala: *Cuba canta y baila. Enciclopedia discográfica de la música cubana* y Jordi Pujol: ob. cit. coinciden con estos datos.

575. No se pudieron establecer los apellidos de los músicos nombrados Bienvenido y Antolín.

- SC3001 «Tierra colorá» (guaracha, José García), Seeco S-635[576]

- SC3007 «Moleya» (Chano Pozo), Seeco S-635

- SC3002 «Gavilán» (guaracha, Chano Pozo), Seeco S-576

- SC3008 «Ave María, morena» (guaracha, Chano Pozo), Seeco S-576

Presumiblemente de estas mismas sesiones de grabación el sello Seeco en su Serie Hispana publicó, como Chano Pozo y su Conjunto Casino Nacional,[577] los siguientes temas:

- SC3004 «El pin pin» (guaracha, Chano Pozo), Seeco 2006-A

- SC3000 «Ten jabón» (Alfredo Boloña) Seeco 2006-B

Los temas grabados y no publicados entonces fueron:

- SC3003 «Pero piénsalo bien» (R. Díaz)

- SC3005 «Bejuco» (guaracha, Chano Pozo)

- SC3006 «Estoy acabando» (guaracha)

- SC3009 «Tu gallo María» (rumba, Chano Pozo). Fue publicado en el *box set Chano Pozo. El Tambor de Cuba* (CD 2), Almendra Music, Barcelona, 2001.

Jordi Pujol publicó además una grabación radial realizada por Miguelito Valdés en el estudio de la emisora Mil Diez, en La Habana, en enero de 1947, con el acompañamiento de la orquesta de la emisora, bajo la dirección de Roberto Valdés Arnau; entre los instrumentistas: Rafael Ortega (piano); Filiberto Sánchez (bongó) y Chano Pozo (tumbadora).

«Sangre son colorá» (Miguelito Valdés). Publicado en el *box set Chano Pozo. El Tambor de Cuba* (CD 2), Almendra Music, Barcelona, 2001.

---

576. El disco Seeco 635 («Moleya»-«Tierra colorá») apareció con el crédito de Chano Pozo y Conjunto en *Billboard*, vol. 59, no. 51, Nueva York, 20 de diciembre de 1947.

577. Es muy probable que se trate del mismo Conjunto Azul con el que presumiblemente en esas mismas fechas Chano cumplió contrato en el Casino Nacional, según se amplía en el texto principal de este libro.

Grabaciones en Estados Unidos

Las primeras grabaciones de que se tienen noticias de Chano Pozo en Estados Unidos corresponden a las sesiones realizadas en el Nola Penthouse Studio de Nueva York en una fecha no precisada entre mayo y diciembre de 1947, y producidas por Gabriel Oller, quien las publicó bajo los sellos de su propiedad (Coda y SMC).[578] Los detalles sobre estas sesiones aparecen en el texto principal, por lo que aquí nos limitamos a reseñar el personal participante en cada tema grabado y los datos de publicación.

Chano Pozo y su Ritmo de Tambores

Miguelito Valdés y Kike Rodríguez (tumbadora y voz); José Mangual (bongó); Carlos Vidal Bolado (tumbadora)

«Ya no se puede rumbear (Ritmo afro-cubano no. 1)» (rumba, Chano Pozo), SMC 2517-A (1084)

«Abasí (Ritmo afro-cubano no. 2)» (afro, Chano Pozo), SMC 2517-B (1085)

«Tambombararana (Ritmo afro-cubano no. 3)» (afro, Chano Pozo), SMC 2517 (1086)

«Placetas (Remedios Camaujaní) (Ritmo afro-cubano no. 4)» (afro, Chano Pozo), SMC 2517 (1087)

Orquesta Chano Pozo (o Chano Pozo y su orquesta)

Participaron músicos de la orquesta de Machito a los que se sumaron Tito Rodríguez (voz) y Arsenio Rodríguez (tres). Según Jordi Pujol, los músicos de Machito eran: Mario Bauzá y Bobby Woodlen (trompetas); Frank Dávila, Gene Johnson y Fred Skerrit (clariente, saxo alto); José Pin Madera (saxo tenor); Julio Andino

---

578. La fecha de las históricas grabaciones producidas por Gabriel Oller no parece ser la que se ha manejado profusamente, pues ya es posible verificar que las fechas de llegada a Estados Unidos de Chano Pozo (su segunda entrada al país) Arsenio Rodríguez y Olga Guillot (su primera) fueron posteriores a abril de 1947. Véase capítulo «Las legendarias sesiones de 1947 en el Nola Penthouse Studio» de esta edición.

(contrabajo); Ubaldo Nieto (timbales); José Mangual (bongó);[579] René Hernández (piano y arreglos); Machito (dirección y voz).[580]

«Rumba en swing (Si no tiene swing)» (guaracha-rumba, Chano Pozo), Coda 5057 (1095)

«Porqué tú sufres» (guaracha, Chano Pozo), Coda 5057 (1093)

«Cómetelo tó» (son montuno, Chano Pozo), Coda 5033-A (1092)[581]

«Pasó en Tampa (Wha' You Say)» (guaracha, Chano Pozo), Coda 5033-A (1094)

Estos registros integraron el LP SMC 1152 publicado posteriormente por el Spanish Music Center (SMC), el otro sello propiedad de Gabriel Oller.

Chano Pozo y su Conjunto con el Mago del Tres (Arsenio Rodríguez)

Según Jordi Pujol, los músicos fueron Mario Cora (trompeta); Marcelino Guerra Rapindey (voz y claves); Frank Gilberto Ayala (piano); Arsenio Rodríguez (tres); Panchito Riset, Jorge Alonso *Candy Store* (voces); Chano Pozo (tumbadora); Bilingüi Ayala (bongó).

«Serende» (son montuno, Chano Pozo), Coda 5059

«Seven seven« (son montuno, Chano Pozo), Coda 5059

«Sácale brillo al piso, Teresa» (son montuno, Arsenio Rodríguez), Coda 5061

«Contéstame» (son montuno, Arsenio Rodríguez), Coda 5061

«Serende» fue incluido en el LP SMC 1152 publicado posteriormente por el Spanish Music Center (SMC), el otro sello propiedad de Gabriel Oller.

Olga Guillot con Machito y su Orquesta

Olga Guillot (voz); Machito (director, maracas); Mario Bauzá (trompeta y arreglos); Bobby Woodlen (trompeta); Frank Dávila, Gene Johnson y Fred Skerrit (clarinete, saxo alto); José Pin Made-

579. Max Salazar indicó que el bongosero fue *Bilingüi* Ayala. Cfr. Max Salazar: «Chano Pozo. Part II», ed. cit., p. 23.

580. Jordi Pujol. Ob. cit., p. 134.

581. Aparece también como «Cómetelo tú»

ra (saxo tenor); René Hernández (piano y arreglos); Julio Andino (contrabajo); Ubaldo Nieto (timbales); Chano Pozo (tumbadora); José Mangual (bongó).[582]

«No sé qué tienes» (bolero rítmico, Facundo Rivero), Coda 5058

«La gloria eres tú» (bolero, José Antonio Méndez), Coda 5058

Dizzy Gillespie and His Orchestra

Referencia: Arco AL-8, grabado en directo en el Carnegie Hall, Nueva York, el 29 de septiembre de 1947.
En la discografía de Dizzy Gillespie compilada por T. Noubaki, K. Matsubayashi y M. Hatta para *Jazz Discography Project*, y también en la realizada por el investigador y musicógrafo colombiano Sergio Santana Archbold (inédita), se incluyó este oscuro soporte discográfico del sello Arco, que adicionó cinco obras a las que aparecen en todas las ediciones discográficas recogidas por el programa del concierto del Carnegie Hall el lunes 29 de septiembre de 1947, y excluyó otras cinco.

El concierto, con una duración aproximada de ciento veinte minutos, tuvo tres partes, pero las fuentes que se han referido al espectáculo no mencionan en lo absoluto la interpretación de los cinco primeros temas que se incluyen en el disco Arco AL-8: «Festival in Cuba», «Panic in Puerto Rico», «Bop Salad», «A serenade in fifths» y «To be sure». Para mayor confusión, el disco Arco AL-8 omite los cinco temas con que un quinteto de músicos de la banda de Gillespie abrió el concierto, según el programa aportado por Ken Vail:[583] «A night in Tunisia», «Dizzie Atmosphere», «Groovin High», «Confirmation», «Koko». La crítica de Michael Levin para *Down Beat* no mencionó ninguno de los cinco títulos primeros del Arco AL-8.[584] Tampoco hay referencias a ellos en *To Be or Not To Bop* (autobiografía de Dizzy Gillespie).[585] Se constatan opiniones divididas en cuanto a estos cinco temas: algunos analistas opinan que era perfectamente posible que el concierto se extendiera más allá de los tres sets o partes señaladas, cuya duración podía ser

---

582. Formación aportada por Jordi Pujol: ob. cit., p. 135.

583. Ken Vail. Ob. cit., p. 51.

584. Michel Levin. Ob. cit., p. 51.

585. Dizzy Gillespie y Al Fraser. Ob. cit.

inusual para una grabación, pero perfectamente posible y hasta normal para un concierto. Otros desconfían de las omisiones en los datos que aportó Arco en la propia gráfica de los discos: no se indicó ni autores ni duración de cada tema. Y, referenciando a Walter Bruyninckx[586] como una de las fuentes para sus análisis, hasta llegan a dudar de si el sello productor Arco no cometió errores a la hora de escribir los títulos de estas cinco piezas, las que, para mayor duda, nunca más han sido reeditadas.[587]

En todo caso, la mayoría de las fuentes consultadas señalan la participación de Chano Pozo en «Cubana Be, Cubana Bop» (que en algunos conciertos de los años 1947 y 1948 apareció como «Afro-Cuban Suite», aunque luego se denominó definitivamente «Cubana Be, Cubana Bop») como su debut en la banda de Dizzy, lo que no quiere decir, obviamente, que haya intervenido también en el resto de los temas interpretados.

Los temas «Relaxin' at Camarillo» y «Cubana Be, Cubana Bop»interpretados en ese concierto, y donde intervino Chano por primera vez con la banda de Gillespie, fueron publicados en el *box set Chano Pozo. El Tambor de Cuba* (CD 3), Almendra Music, Barcelona, 2001 (también como Tumbao TCD-306).

Dizzy Gillespie Big Band

Dizzy Gillespie, Dave Burns, Elmon Wright, Matthew McKay, Ray Orr (trompetas); Ted Kelly y Bill Shepherd (trombones); James Moody y Joe Bayles (saxos tenores); Howard Johnson y John Brown (saxos altos); Cecil Payne (saxo barítono); John Lewis (piano); Joe Harris (batería); Milt Jackson (vibráfono); Al McKibbon (contrabajo); Chano Pozo (tumbadoras); Kenny *Pancho* Hagood (voz).

Dizzy goes to College, vol. 1. Dizzy Gillespie Big Band, Jazz Showcase LP-5000, LP, vinilo, mono.

Este LP recogió la grabación realizada, al parecer con equipamiento no profesional, en el concierto realizado por Gillespie y su banda el 17 de octubre de 1947 en la Universidad de Cornell, Ithaca, estado de Nueva York, donde interpretaron:

«Cool Breeze»

586. Walter Bruyninckx: Bélgica, 27 de agosto de 1932, es un discógrafo especializado en *jazz*, musicólogo, historiador del *jazz*, periodista y escritor. Ha compilado una de las más completas discografías en la historia del *jazz*.

587. <jdisc.columbia.edu/session/dizzy-gillespie-september-29-1947>.

«I can't get started»

«Relaxin' at Camarillo» - «Solo de Chano Pozo»

«Yesterdays»

«One bass hit»

«Salt peanuts»

«A night in Tunisia»

«Time after time»

«Groovin' High»

Dizzy Gillespie and His Orchestra

Dizzy Gillespie, Benny Bailey, Dave Burns, Elmon Wright y Lamar Wright (trompetas); Dizzy Gillespie (voz en «Cool Breeze»); Ted Kelly y William Shepherd (trombones); John Brown y Howard Johnson (saxo alto); Joe Gayles, Big Nick Nicholas (saxo tenor); Cecil Payne (saxo barítono), John Lewis (piano); Al Mc Kibbon (contrabajo); Kenny Clarke (*drums*); Chano Pozo (conga, bongó, voz); Kenny Pancho Hagood (voz en «Cool Breeze»).

22 de diciembre de 1947, Nueva York:

«Algo bueno» («Woody'n You»), RCA Victor 20-3186

«Cool breeze», RCA Victor 20-3023

«Cubana be, Cubana bop", RCA Victor 20-3145

Publicados en el *box set Chano Pozo. El Tambor de Cuba* (CD 3), Almendra Music, Barcelona, 2001 (también como Tumbao TCD-306).

30 de diciembre de 1947, Nueva York:

«Manteca», RCA Victor 20-3023

«Good bait», RCA Victor 20-2878

«Ool-Ya-Koo», RCA Victor 20-2878

«Minor walk», RCA Victor 20-3186

Publicados en el *box set Chano Pozo. El Tambor de Cuba* (CD 3), Almendra Music, Barcelona, 2001 (también como Tumbao TCD-306).

Dizzy Gillespie Big Band / Chubby Jackson Sextet / James Moody Jam Session

Benny Bailey, Dave Burns, Elmon Wright, Lammar Wright (trompetas); Dizzy Gillespie (trompeta, voz); Ted Kelly y William Shepherd (trombones); John Brown y Howard Johnson (saxos altos); Joe Gales, Big Nick Nicholas (saxo tenor); Cecil Payne (saxo barítono); John Lewis (piano); Al McKibbon (contrabajo); Kenny Clarke (batería); Chano Pozo (tumbadoras); Kenny Pancho Hagood (voz).

Bebop Enters Sweden 1947- 49, Dragon Records-DRLP 34, compilación, vinilo, mono.

Los temas de la Dizzy Gillespie Big Band fueron grabados en directo en la sala Vinterpalatset, Estocolmo, durante el concierto del 2 de febrero de 1948:

«I waited for you»

«Our delight»

«I can't get started»

«Ool-Ya-Koo»

«Manteca»

«More than you know»

«Mamselle»

«Oo-Pop-A-Da»

«Ray's idea»

«I waited for you»

Dizzy Gillespie et Son Orchestre

Benny Bailey, Dave Burns, Elmon Wright, Lammar Wright (trompetas); Dizzy Gillespie (trompeta, voz); Ted Kelly y William Shepherd (trombones); John Brown y Howard Johnson (saxos altos); Joe Gales, Big Nick Nicholas (saxo tenor); Cecil Payne (saxo barítono); John Lewis (piano); Al McKibbon (contrabajo); Kenny Clarke (batería); Chano Pozo (tumbadoras); Kenny *Pancho* Hagood (voz). Grabado en directo en la Salle Pleyel, París, 28 de febrero de 1948.

«Oop-Pop-A-Da», Disques Swing (F) M-33301 y Vogue (F) LD-651-30.

«Two bass hit», Vogue (F) LD-651-30.

«Afro-Cuban Suite», Disques Swing (F) M-33301 y Vogue (F) LD-651-30. También en el *box set Chano Pozo. El Tambor de Cuba* (CD 3), Almendra Music, Barcelona, 2001 (también como Tumbao TCD-306).

Milt Jackson and His All Stars

Milt Jackson (vibráfono); John Lewis (piano); Alvin Jackson (contrabajo);[588] Kenny Clarke (batería); Chano Pozo (tumbadora, bongó). Grabado en United Sound Systems, Detroit, Michigan, en abril de 1948.[589]

«Bobbin' with Robin» (aparece como «Baggy's Blues»), Sensation 19 (78 rpm); Galaxy GXY-204, LP. También en el *box set Chano Pozo. El Tambor de Cuba* (CD 3), Almendra Music, Barcelona, 2001 (también como Tumbao TCD-306).

«Baggy eyes», Galaxy GXY-204, LP. También en el *box set Chano Pozo. El Tambor de Cuba* (CD 3), Almendra Music, Barcelona, 2001 (también como Tumbao TCD-306).

"Slits", Music Jazz MJCD-1105, Italia, 1995.

«Autumn breeze» (aparece como «In a beautiful mood»), Sensation 19, 78 rpm; y Galaxy GXY-204, LP.

The Original Dizzy Gillespie Big Band

Dave Buns, Willie Cook, Elmon Wright (trompetas); Dizzy Gillespie (trompeta, voz); Cindy Duryea, William Shepherd y Jesse Tarrant (trombones); Ernie Henry (saxo alto); John Brown (saxo alto y voz); Joe Gayles y James Moody (saxo tenor); Cecil Payne (saxo barítono); James Forman (piano); Nelson Boyd (contrabajo); Teddy Stewart (batería); Chano Pozo (tumbadoras, voz).

---

588. Jordi Pujol. Ob. cit., p. 139. Introdujo la posibilidad de que el contrabajista fuera Alvin Jackson o Al McKibbon.

589. Los datos sobre títulos, personal, lugar y fechas de grabación han sido tomados de la discografía de Milt Jackson en <www.jazzdisco.org>.

Gene Norman Presents The Original Dizzy Gillespie Big Band In Concert, GNP-23. Grabado en directo en el Civic Auditorium, Pasadena, California, 19 de julio de 1948.

«Emanon», Gene Norman Presents (vol. 4), GNP-23

«Manteca», Gene Norman Presents (vol. 4), GNP-23

«Round midnight», Gene Norman Presents, GNP-23

Dizzy Gillespie Orchestra con Charlie Parker

Charlie Parker (saxo alto); Dizzy Gilespie (trompeta y dirección); Miles Davis, Dave Burns, Willie Cook, Elmon Wright (trompeta); Jesse Tarrant, Andy Duryea (trombón); John Brown, Ernnie Henry (saxo alto); Joe Gayles, James Moody (saxo tenor); Cecil Payne (saxo barítono); James Foreman, Jr. (piano); Nelson Boyd (contrabajo); Teddy Stewart (*drums*); Chano Pozo (tumbadora).

Dizzy Gillespie, Charlie Parker y Miles Davis

Dizzy Gillespie (trompeta y dirección); Miles Davis (trompeta); Charlie Parker (saxo alto); Dave Burns, Willie Cook y Elmon Wright (trompetas); Jesse Tarrant y Andy Duryea (trombones); John Brown y Ernie Henry (saxos altos); Joe Gayles y James Moody (saxos tenores); Cecil Payne (saxo barítono); James Foreman, Jr. (piano); Nelson Boyd (contrabajo); Teddy Stewart (batería); Chano Pozo (tumbadoras).

Una grabación rudimentaria recoge el concierto en vivo de la banda de Dizzy Gillespie junto a Charlie Parker y sus músicos en el Pershing Ballroom del Pershing Hotel de Chicago, en fecha controversial, aunque las evidencias apuntan a que haya sido el 26 de septiembre de 1948. Algunos estudiosos de la obra de Miles Davis sitúan al famoso trompetista en ese concierto. En muchos temas puede escucharse a Chano Pozo.

Bird's Eyes. Last Unissued (vol. 13),[590] Philology W 843-2, CD, Italia. Notas por el Dr. Robert Bregman. Esta es la primera publicación de un fonograma con esta grabación.

Interpretadas en el concierto del Pershing Ballroom:

---

590. <www.kind-of-blue.de/seiten/disco/birds_eyes_vol_13.htm>.

«Yesterdays» (J. Kern-O. Harbach)

«Round Midnight» (B. Hanighen-C. Williams-T. Monk)

«Algo bueno» (D. Gillespie)

«Manteca» (D. Gillespie-W. G. Fuller-C. Pozo [sic])

«Ool Ya Kool» (D. Gillespie-W.G. Fuller)

«Lover man» (J. Davis-R. Ramírez-J. Sherman)

«Good bait» (T. Dameron-C. Basie)

«Good bait» (T. Dameron-C. Basie)[591]

«Unknown Ballad» (título desconocido, fragmento)

«All the things you are» (incompleto) (J. Kern-O. Hammerstein)

«Ornithology» (incompleto) (C. Parker-B. Harris)

«Groovin' High» (incompleto) (D. Gillespie-F. Paparelli)

«Ool Ya Kool» (D. Gillespie-W. G. Fuller)

«I can't get started» (V. Duke-I. Gershwin)

«Don't blame me» (D. Fields-J. McHugh)

«Cool breeze» (D. Gillespie)

«Things to come» (D. Gillespie)

«Oo Bop Sh'Bam» (D. Gillespie)

«A night in Tunisia» (D. Gillespie-F. Paparelli)

«What is this thing called love?» (C. Porter)

Dizzy Gillespie y su orquesta[592]

Entre el 2 y el 23 de octubre de 1948, Dizzy Gillespie y su banda (con la misma formación del concierto de Pasadena, que incluía a Chano Pozo), hicieron una temporada en el Royal Roost, desde donde se realizaron transmisiones radiales que quedaron grabadas. El sello francés Bop (referencia: BOP-1) publicó los siguientes temas de la transmisión realizada el 2 de octubre de 1948:

«Relaxin' at Camarillo»

«Thing to come»

591. La información contenida en el disco indica que en la primera de estas dos versiones no intervino Charlie Parker, y entró Miles Davis con su trompeta.

592. Dizzy Gillespie y Al Fraser: ob. cit., p. 511.

«Soulphony in three hearts»

«One bass hit»

«I should care»

«Guarachi guaro»

«Oop-Pop-A-Da»

Otros temas de Dizzy y su banda, esta vez con la cantante Dinah Washington, transmitidos desde el Royal Roost el 23 de octubre de 1948, fueron recogidos por el sello Bop (referencias: BOP-1 y BOP-2):

«I can't get started»

«More than you know»

«Ow»

«That old black magic»

«Manteca»

«Emanon»

«Ray's idea»

«Guarachi guaro»

«Confess»

«Stay on it»

«S'Posin»

«Cool breeze»

En 1977 el sello Durium (Italia) publicó *Dizzy Gillespie & His Orchestra: Afro Cuban Bop at the Royal Roost*, BLJ 8028. En las notas se indicó que se trataba de temas grabados los días 2, 5 y 9 de octubre de 1948, e incluía «Manteca» y «Guarachi guaro», con autoría de Chano Pozo.

James Moody and His Bop Men

Dave Burns y Elmon Wright (trompetas); Ernie Henry (saxo alto); James Moody (saxo tenor); Cecil Payne (saxo barítono); Hen Gates (piano); Nelson Boyd (contrabajo); Art Blakey (batería); Chano Pozo (percusión afrocubana y voz). Grabado en Apex Studios, Nueva York, el 25 de octubre de 1948.

«Tropicana», Blue Note 553, 78 rpm

«Cu-ba», Blue Note 554, 78 rpm

«Moody's all frantic», Blue Note 556, 78 rpm

«Tin tin deo», Blue Note 555, 78 rpm

Estos temas están incluidos en James Moody and His Modernists with Chano Pozo: Blue Note BLP 5006, LP 10, junto a otras grabaciones del afamado saxofonista y su *ensemble*.

Esta fue la última grabación de Chano Pozo.

FUENTES

ABREU, Christina D.: *Rhythms of Race. Cuba Musicians and the Making of Latino New York City and Miami, 1940-1960*, The University of North Carolina Press, North Carolina, 2015.

ACOSTA, Leonardo: *Del tambor al sintetizador*. Editorial Letras Cubanas, La Habana, 1983.

_____: «El Tambor de Cuba: Chano, rumbero y jazzista», en *Salsa Cubana*, año 4, no. 11, La Habana, 2000.

_____: *Un siglo de jazz en Cuba*, Ediciones Museo de la Música, La Habana, 2012.

_____: *Elige tú, que canto yo*. Ediciones Unión, La Habana, 2014.

AGRAMONTE, Arturo y Luciano Castillo: *Cronología del cine cubano (1937-1944)*, t. II, Ediciones ICAIC, La Habana, 2012.

_____: *Cronología del cine cubano (1945-1952)*, T. III, Ediciones ICAIC, La Habana, 2013.

ASCHENBRENNER, Joyce: Katherine Dunham. *Dancing a Life*. University of Illinois Press, Urbana, 2002.

«*Bebop: New Jazz School is led by trumpeter who is hot, cool and gone*», en *Life*, Nueva York, octubre de 1948.

BAILEY, Edward: "Dizzy Gillespie's Drummer Killed in New York Bar", en *The California Eagle*, vol. 69, no. 36, California, 9 de diciembre de 1948.

BIANCHI Ross, Ciro: «Chano Pozo, ¿quién eres tú?», consultado en <http://www.decubajazz.cult.cu/historia_285.html>.

BLANCO Aguilar, Jesús: *80 años del son y soneros en el Caribe*, Fondo Editorial Tropykos, Caracas, 1992.

BORGES, Miladys: «Redescubrimiento de Chano Pozo», consultado en <http://www.decubajazz.cult.cu/historia_285.html>.

CARPENTIER, Alejo: *La música en Cuba. Temas de la lira y del bongó*, Ediciones Museo de la Música, La Habana, 2012.

CHAILLOUX Carmona, Juan M.: *Los horrores del solar habanero*, segunda edición, Editorial Ciencias Sociales, La Habana, 2005.

Cheidiak, Nat: *Diccionario de jazz latino*, Fundación Autor, Madrid, 1998.

Cirules, Enrique: *El imperio de La Habana*, 5ta edición, Editorial Abril, La Habana, 2017.

Collazo, Bobby: *La última noche que pasé contigo. 40 años de farándula cubana,* Fundación Musicalia, Santurce, 1987.

Cook, Richard: *Blue Note Records. The Biography*, Justin, Charles & Co, Boston, MA, 2003.

D'Rivera, Paquito: *Mi vida saxual*, Seix Barral, colección «Los Tres Mundos». Barcelona, 2000.

Dalmace, Patrick: «Chano Pozo y Dizzy Gillespie. Quince meses que transformaron el mundo del jazz», consultado en <http://jazzitis.com/foro/viewtopic.php?f=9&t=951&view=previous>.

Díaz Ayala, Cristobal: *Cuba canta y baila. Enciclopedia Discográfica de la música cubana. The Díaz Ayala Cuban and Latin American Popular Music Collection.* Florida Internacional University, <http://latinpop.fiu.edu/discography.html>.

_____: *Si te quieres por el pico divertir. Historia del pregón musical latinoamericano*, Editorial Cubanacán, San Juan, 1988.

_____: *Cuando salí de La Habana. 1898-1997: cien años de música cubana por el mundo.* San Juan, 1999.

_____: Música cubana. *Del areyto al rap cubano, Fundación Musicalia.* San Juan, 2003.

_____: *¡Oh, Cuba hermosa! El cancionero político social en Cuba hasta 1958*, tomo II. Fundación Musicalia, San Juan, 2012.

Dregni, Michael: *Django: The Life and Music of a Gypsy Legend.*Oxford University Press Inc., Oxford, UK, 2003.

Estrada Betancourt, José Luis: «Chano Pozo tiene un sitio de privilegio en la música cubana», consultado en <www.decubajazz.cult.cu/historia_285.html>.

Fajardo Estrada, Ramón: *Rita Montaner. Testimonio de una época.* Ministerio de Cultura de Colombia/Casa de las Américas, La Habana, 1997.

_____: *Déjame que te cuente de Bola.* Editorial Oriente, Instituto Cubano del Libro, Santiago de Cuba, 2011.

_____: *Ernesto Lecuona. Cartas, 2 tomos.* Ediciones Boloña, Colección Raíces, La Habana, 2012.

FEATHER, Leonard: «Europe goes Dizzy. Mad management can't stop glad han extended to bop in Sweden, Denmark, Belgium, and France», en Metronome 64, no. 5, 1948.

Fernández, Raúl: *Latin Jazz. La combinación perfecta.* Cronicle Book, Smithsonian Institut, Washington D. C., 2002.

_____: Hablando de música cubana, Editores S.A., Manizales, 2008.

_____: *Ontología del son y otros ensayos.* Raúl Fernández Ediciones, San Bernardino, 2016.

GIL Carballo, Antonio: «El tráfico de drogas en Cuba». *Bohemia*, La Habana, 8 de octubre de 1944.

GILLESPIE, Dizzy y Al Fraser: *To be or not to bop. Memorias de Dizzy Gillespie*, edición en español, Global Rhythm Press, Barcelona, 2010.

GIRO, Radamé: *Diccionario Enciclopédico de la Música Cubana.*Editorial Letras Cubanas, La Habana, 2007.

GITLER, Ira: *Swing to Bop: An Oral History of the Transition in Jazz in the 1940s.* Oxford University Press, Oxford, 1985.

GLEASON, Ralph J.: «Small Crowds Grow As Diz Bops Frisco». *Down Beat*, Chicago, [s. a.].

GÓMEZ Gufi, José Manuel: *Tribulaciones de un DJ flamenco.* Raquel París Ediciones, 2015.

GONZÁLEZ Gaspar, Juan E.: «Un viaje sensacional a la gloria con Amado Trinidad y su formidable Embajada de Arte (Mis impresiones personales)». *Ecos de la RHC Cadena Azul*, año 1, no. 8, La Habana, noviembre de 1941.

GONZÁLEZ, Reynaldo: *El más humano de los autores.* Ediciones Unión, La Habana, 2009.

GRIJALBA Ruiz, Jairo: *El profeta de la música afrocubana.* Unos & Otros Ediciones, Miami, 2015.

GUTIÉRREZ Barreto, Francisco: *Libro de la farándula cubana (1900-1962)*, multimedia, Managua, 2011.

HARRIS, Steven D.: *The Kenton Kronicles. A biography of Modern America's Man of Music, Stan Kenton.* Dynaflow Publications, Pasadena, 1999.

HODEIR, André: *Jazz Hot*, no. 21, París, marzo de 1948.

Hutchinson, Marcie: *Paris Noir: Race and Jazz in Post-War Paris, Arizona State University's School of Historical, Philosophical and Religious*

Studies, for Jazz from A to Z's Educator Workshops on January 25 and 26, Tucson, 2017.

JIMÉNEZ Soler, Guillermo: *Las empresas de Cuba 1958.* Editorial Ciencias Sociales, La Habana, 2008.

_____: *Los propietarios de Cuba 1958.* Editorial Ciencias Sociales, La Habana, 2008.

KASTIN, David: *I Hear America Singing: An Introduction to Popular Music.* Prentice Hall, 2002.

LAPIQUE Becali, Zoila: *Cuba colonial. Música, compositores e intérpretes. 1570-1902.* Publicaciones de la Oficina del Historiador de la Ciudad, Ediciones Boloña, La Habana, 2007.

LECHUGA, Carlos M.: *El solar. Bohemia,* 3 de enero de 1943.

LEVIN, Michael: *Dizzy, Bird, Ella Pack Carnegie. Down Beat,* 22 de octubre de 2017.

LEYMARIE, Isabelle: *Jazz latino.* Ediciones Robinbook S. L., Barcelona, 2005.

LIENDO, Arturo: «La jornada gloriosa de la CMHI en Santa Clara». *Ecos de la RHC Cadena Azul,* año 4, La Habana, noviembre de 1944.

LINARES, María Teresa y Faustino Núñez: *La música entre Cuba y España.* Fundación Autor (SGAE), Madrid, 1998.

LLEP, Onar E.: «Ha muerto el Tambor de Cuba». *Bohemia,* La Habana, diciembre de 1948.

LÓPEZ Fernández, Oscar Luis: *La radio en Cuba.* Editorial Letras Cubanas, La Habana, 1981.

LÓPEZ-NUSSA Lekszycki, Ruy: *Ritmos de Cuba. Percusión y batería.* Fundación Autor (SGAE), Madrid, 2004.

LOWINGER, Rosa y Ofelia Fox: *Tropicana Nights. The Life and Times of The Legendary Cuban Night Club.* A Havest Book-Harcourt, Inc., 2005.

LUNDAHL, Mats: *Bebo de Cuba. Bebo Valdés y su mundo.* RBA Libros S.A., Barcelona, 2008.

LYNCH, H.: K.O. Mbadiwe. *A Nigerian Political Biography 1915-1990.* Palgrave Macmillan, 2016.

MARQUETTI Torres, Rosa: *Desmemoriados. Historias de la música cubana.* La Iguana Ciega, Barranquilla, 2016.

MARTÍNEZ Malo, Aldo: *Rita La Única.* Editorial Abril, La Habana, 1988.

MARTÍNEZ Rodríguez, Raúl: «Ignacio Piñeiro: creador de sones, rumbas y claves ñáñigas». *La Jiribilla*, año IV, no. 216, La Habana, julio de 2015.

MARTRÉ, Gonzalo: *Rumberos de ayer. Músicos cubanos en México (1930-1950)*. Instituto Veracruzano de Cultura, Veracruz, 1997.

MCCLELLAN, Lawrence: *The Later Swing Era. 1942-1955*. Greenwood Publishing Group, Westport, Connecticut, 2004.

MCRAE, Barry: *Dizzy Gillespie: His Life and Times*. Universe Books, ciudad, 1988.

MESTAS, María del Carmen: *Pasión de rumbero*. Editorial Pablo de la Torriente, La Habana, 2014.

MILLER, Ivor: «A Secret Society Goes Public: The Relationship Between Abakua and Cuba Popular Culture». *African Studies Review*, vol. 43, no. 1, Jackson, Mississippi, abril de 2000.

_____: *Voice of the Leopard: African Secret Societies and Cuba*. University Press of Mississippi, Jackson, 2010.

MONTERO Acuña, Ernesto: «Todas las manos en La Timba». *Trabajadores*, La Habana, 28 de mayo de 2015.

MOORE, Robin D.: *Nationalizing Blackness. Afrocubanismo and Artistic Revolution in Havana, 1920-1940*. University of Pittsburgh Press, Pittsburgh, 1997.

OROPESA, Ricardo R.: *La Habana tiene su son*. Ediciones Cubanas, ARTEX S.A., La Habana, 2012.

OROVIO, Helio: *El carnaval habanero. Su música y sus comparsas*. Ediciones Extramuros, La Habana, 2005.

ORTIZ, Fernando: *Estudios etnosociológicos*. Editorial Ciencias Sociales, La Habana, 1991.

OSMUNDSEN, John: «Diz Presents Milwaukee a "Clean" Band». *Down Beat*, Chicago, 20 de octubre de 1948.

PADURA Fuentes, Leonardo: «Conversación en 'La Catedral' con Mario Bauzá». *La Gaceta de Cuba*, no. 6, La Habana, noviembre-diciembre de 1993.

_____: *Chano Pozo, la cumbre y el abismo, El viaje más largo*. Ediciones Unión, La Habana, 1994.

PERCHARD, Tom: *After Django: Making Jazz in Postwar France*. University of Michigan Press, Ann Arbor, Michigan, 2015.

PERETTI, Burton W.: *Lift Every Voice. The History of African American Music*. Rowman & Littlefield Publishers, Inc., Reino Unido, 2009.

PIAZZA, Tom: «From a Fiery Conga Player. Jazz's Latin Tinge». *The New York Times*, Nueva York, 20 de enero de 2002.

PIÑERO, Sergio: «Chano Pozo, el negro rumbero que murió víctima del medio ambiente». *Mañana, época II, no. 286*, La Habana, 4 de diciembre de 1948.

PORTELL Vila, Herminio: «La vivienda popular habanera». *Bohemia*, La Habana, 30 de diciembre de 1945.

POWELL, Josephine: *Tito Puente: When the Drums Are Dreaming*. Author House, Bloomingdale, IN, 2010.

PUJOL, Jordi: «El Tambor de Cuba. Vida y música del legendario rumbero cubano», *booklet del box set Chano Pozo. El Tambor de Cuba* (3 CD). Almendra Music, Barcelona, 2001.

QUIÑONES, Serafín: *Asere Núncue Itiá. Ecobio Enyene Abacuá*, colección Fe, Editorial José Martí, La Habana, 2016.

RADZITZKY, Carles y Albert Bettonville: «Discs/Discussions». *Bulletin du Hot Club de Belgique*, Bruselas, marzo de 1948.

RAMIREZ, Arturo: «Compositores cubanos de hoy: Chano Pozo». *Carteles*, año 23, no. 24, La Habana, 14 de junio de 1942.

RAMOS, Josean: *Vengo a decirle adiós a los muchachos, cuarta edición conmemorativa del centenario de Daniel Santos*. Publicaciones Gaviota, Río Piedras, 2015.

REID, S. Duncan: *Cal Tjader: The Life and Recordings of the Man Who Revolutionized Latin Jazz, Mc. Farland & Company*, Inc. Publishers, Jefferson, North Carolina and London, 2013.

REYES Fortún, José: *Música cubana. La aguja en el surco*. Ediciones Cubanas, ARTEX S.A., La Habana, 2015.

RODRIGUEZ Cordero, Dolores: «Breve encuentro con un 'fantasma' habanero». *Música Cubana, no. 1*, UNEAC, La Habana, 1998.

ROSELL, Rosendo: *Vida y milagros de la farándula de Cuba, tomo 3*. Ediciones Universal, Miami, 1994.

SALAZAR, Max: «Chano Pozo. Part I». LATIN BEAT, vol. 3, no. 3, San Francisco, abril de 1993.

_____: «Chano Pozo. Part II». *Latin Beat*, vol. 3, no. 4, San Francisco, mayo de 1993.

_____: «Chano Pozo. Part III». *Latin Beat*, vol. 3, no. 5, San Francisco, junio-julio de 1993.

_____: «Stan Kenton's Latin Jazz Connections». *Latin Beat*, San Francisco, mayo de 1999.

_____: *Mambo Kingdom. Latin Music in New York*. Schirmer Trade Books, Nueva York, 2002.

SANTANA Archbold, Sergio: *Tito Rodríguez. En la vida hay amores...* Ediciones Santo Bassilón, Medellín, 2015.

SARGEANT, Winthrop: «Cuba's Tin Pan Alley». *LIFE,* Nueva York, octubre de 1947.

SHIPTON, Alyn: *Groovin' High: The Life of Dizzy Gillespie*. Oxford University Press, Oxford, UK, 1999.

SPENCER, Frederick J.: *Jazz and Death: Medical Profiles of Jazz Greats*. University Press of Mississippi, Oxford, 2002.

STEARNS, Marshall W.: *La historia del jazz*. Editorial Nacional de Cuba, La Habana. 1966.

STORM Roberts, John: *The Latin Tinge: The Impact of Latin American Music on The United States*. Oxford University Press, Oxford, UK, 1999.

STOWE, David W.: *Swing Changes: Big-band Jazz in New Deal America*. Harvard University Press, Cambridge, 1996.

SUÁREZ, Senén: «Las raíces del son cubano», *booklet del pack Sexteto y Septeto Habanero. Grabaciones completas 1925-1931*, Tumbao TCD-300-304, [199?].

_____: «Chano Pozo: timbero mayor», <www.cubarte.cult.cu>, consultado el 4 de diciembre de 2013.

SUBLETTE, Ned: *Cuba and Its Music. From the First Drums to the Mambo*. Chicago Review Press, Chicago, 2004.

TERCINET, Alain: *Parker's Mood*. Editions Parenthèses, Marsella, 1998.

TORRES Zayas, Ramon: *Relación barrio-juego abakuá en la ciudad de La Habana*. Fundación Fernando Ortiz, La Habana, 2010.

TRINIDAD, Amado: «Con permiso de 'La Cátedra'». *Ecos de la RHC Cadena Azul*, año 5, no. 40, La Habana, abril de 1945.

URBINO, Ibrahim: «Un cubano rítmico y sonoro». *Bohemia*, año 41, no. 1, La Habana, 2 de enero de 1949.

VALS, Edmundo Del: «Esos solares habaneros». *El Heraldo de Cuba*, La Habana, 11 de diciembre de 1919.

VAIL, Ken: *Dizzy Gillespie. The Bebop Years 1937-1952*. The Scarecrow Press, Inc., Lanham, Maryland and Oxford, 2003.

VANDE Kappelle, Robert P.: *Blue Notes: Profiles of Jazz*. Resource Publications, Eugene, Oregon, 2011.

Varela, Jesse: «Jack Costanzo. Mr. Bongó». *Latin Beat Magazine*, San Francisco, septiembre de 1998.

Woideck, Carl: *Charlie Parker: His Music and Life*. University of Michigan Press, Ann Arbor, 1998.

Audiovisuales

Burns, Ken: *Jazz: History, serie, PBS*, Estados Unidos, 2000.

Caparrós, Ernesto: *Tam tam. El origen de la rumba,* Royal News, Cuba, 1938.

Chávez, Rebeca: *Buscando a Chano Pozo*, ICAIC, Cuba, 1987.

_____: *Con todo mi amor, Rita,* ICAIC/IBERMEDIA, Cuba-México, 2000.

Foster, Harry: *Machito's Rhumba Band (Machito's Orchestra),* corto musical, Columbia Pictures, Estados Unidos, 1946.

Giroud, Pavel: «Manteca, mondongo y bacalao con pan». Serie Historias de la música cubana, España-Cuba, 2006.

López Pego, Rigoberto: *Yo soy del son a la salsa*, Cuba-Estados Unidos, 1996.

Rodríguez, Ileana: *Chano Pozo. La leyenda negra*. Producciones Colibrí, Cuba, 2006.

Valdés, Oscar: *Rita*, ICAIC, Cuba, 1980.

Documentos oficiales

Asiento de nacimiento de Luciano Pozo González, tomo 50, folio 434. Registro Civil del Sur de La Habana, Dirección Provincial de Justicia, La Habana.

Certificate of Death of Luciano Pozo González, no. 26469. Sydenham Hospital.

«Las comparsas populares del carnaval habanero, cuestión resuelta», informe de Fernando Ortiz, Presidente de la Sociedad de Estudios Afrocubanos, aprobado por junta directiva de dicha sociedad, pronunciándose a favor del resurgimiento de las comparsas populares habaneras, Municipio de La Habana, 1937. Consultado en el Departamento de Fondos Raros y Valiosos de la Biblioteca Municipal Rubén Martínez Villena, La Habana Vieja.

Entry Declaration of Aircraft Commander, aeronave CUT-45, vuelo 101, Habana-Miami, 20 de octubre de 1946, obtenido en <www.ancestry.com>.

Information Sheet (Concerning Passenger Arriving on Aircraft) de Luciano Pozo González, modelo I-466, Servicio de Inmigración y Naturalización del Departamento de Justicia de los Estados Unidos, 20 de octubre de 1946, obtenido en <www.ancestry.com>.

Information Sheet (Concerning Passenger Arriving on Aircraft) de Miguel Valdés y Valdés, modelo I-466, Servicio de Inmigración y Naturalización del Departamento de Justicia de los Estados Unidos, 28 de enero de 1947, obtenido en <www.ancestry.com>.

Information Sheet (Concerning Passenger Arriving on Aircraft) de Olga Guillot, modelo I-466, Servicio de Inmigración y Naturalización del Departamento de Justicia de los Estados Unidos, 26 de mayo de 1947, obtenido en <www.ancestry.com>.

List or Manifest of Alien Passengers for The United States Inmigrant Inspector at Port of Arrival, Buque S.S. Florida, Miami, 4 de abril de 1947, obtenido en <www.ancestry.com>.

Manifiesto del vuelo aeropostal originado en Maiquetía, Venezuela, 25 de mayo de 1947, que incluye a Olga Guillot, obtenido en <www.ancestry.com>.

Manifiesto del vuelo 61/49 de Air France, París-Nueva York, 8 de marzo de 1948, obtenido en <www.ancestry.com>.

New York Death Index (1862-1948), obtenido en <www.ancestry.com>.

Entrevistas inéditas

- Richard Blondet, correspondencia con la autora.

- Ramón Cabrera, realizada por Rodolfo de la Fuente en el programa *Sonido Cubano*, emisora Radio Habana Cuba, La Habana, [1988]. Grabación facilitada por Jaime Jaramillo.

- Cristóbal Díaz Ayala, realizada por la autora, San Juan, 30 de julio de 2017.

- Lic. Rebeca Figueredo, Historiadora del municipio Guanajay, realizada por la autora, La Habana, 19 de junio de 2017.

- Graciela, realizada por Eloy Cepero, serie *Grandes leyendas musicales.* University of Miami.

- Alberto Iznaga, realizada por Cristóbal Díaz Ayala y Jaime Jaramillo, en Bayamón, Puerto Rico, el 4 de noviembre de 1990. En casete no. 1478, Fondo Colección Cristóbal Díaz Ayala, Florida International University.

- Sabú Martínez, realizada por Lasse Mattsson, consultada en <www. herencialatina.com>.

- Gilberto Valdés Zequeira, realizada por la autora, La Habana, 15 de abril de 2017.

- Mandy Vizoso, realizada por Jaime Jaramillo, Santurce, 29 de diciembre de 2004. Transcripción facilitada por Jaime Jaramillo.

Publicaciones periódicas

Bélgica

Bulletin du Hot Club de Belgique (marzo de 1948)

Cuba

Alerta

Bohemia (de 1935 a 1949)

Carteles (de 1935 a 1949)

Diario de La Marina

Ecos de la RHC Cadena Azul

El Crisol

El País

Hoy

Mañana

Música Cubana (no. 1, 1998)

Radio-Guía

Estados Unidos

Anuario de la Organización de Estados Americanos (OEA) (edición de 1950)

Billboard (1946-1949)

The Brooklyn Daily Age

The California Eagle

Down Beat (1948)

El Diario de Nueva York

Latin Beat (abril-junio de 1993; mayo de 1999)

Life (1947, 1948)

Metronome 64 (1948)

The New York Age

New York Amsterdam News (mayo de 1947)

Time (marzo de 1946)

The Wake Weekly (2014)

Francia

Jazz Hot (febrero-marzo de 1948)

Suecia

ESTRAD (1948)

Sitios web

- \<acme-cali.jimdo.com/puerto-rico/daniel-santos/discografia-daniel-no-3/\>
- \<www.ancestry.com\>
- \<http://cancionerorumbero.blogspot.com/\>
- \<www.dcubajazz.cult.cu\>
- \<www.herencialatina.com\>
- \<www.imdb.com\>
- \<www.ibdb.com\>
- \<www.jazzdisco.org\>
- \<www.kind-of-blue.de\>
- \<http://larumbanoescomoayer.blogspot.com/\>
- \<www.pearldrummersforum.com\>
- \<www.plosin.com\>
- \<wakeforestmuseum.org\>

Rosa Marquetti Torres

Rosa Marquetti Torres (La Habana, Cuba) es licenciada en Filología por la Universidad de La Habana. Especialista en propiedad intelectual, como profesión e investigadora musical por vocación, creó y lleva desde 2014 su *blog Desmemoriados. Historias de la música cubana.* Selecciones de textos de este sitio han sido publicadas en 2016 por la editorial colombiana La Iguana Ciega y en 2019 por Ediciones Ojalá, de Cuba en sendos libros homónimos. Trabajos suyos han aparecido en otras publicaciones impresas y digitales de Cuba, Colombia, España y Estados Unidos, entre otros. Su labor asociada a la investigación musical se extiende a la producción, documentación, archivística, asesoría y supervisión musical en varios filmes (*Chico y Rita* -Fernando Trueba y Javier Mariscal; *El acompañante* -Pavel Giroud; *Santa y Andrés* -Carlos Lechuga) y documentales (*Old Man Bebo* -Carlos Carcas; *A Tuba to Cuba* -T.G. Herrington; *Buena Vista Social Club Adios* -Lucy Walker, de España, Estados Unidos y Cuba, entre otros. En 2018 se publica su libro *Chano Pozo. La vida (1915-1948)*, con ediciones en Cuba y Colombia. Actualmente es colaboradora permanente de la Colección Gladys Palmera (España).

RAY BARRETTO FUERZA GIGANTE

ROBERT TÉLLEZ MORENO

Escrito con la perspectiva de un periodista que dedicó cinco años de rigurosa investigación acerca de la vida y obra del notable músico Ray Barretto, conocido internacionalmente como Manos Duras, considerado un icono de la percusión; su autor recrea la trayectoria musical del percusionista newyorican, su comienzo a partir del *jazz* y trayectoria en la Salsa, que le valió más de diez nominaciones al premio Grammy.

Con admirable fluidez y amenidad, Robert Téllez va intercalando abundantes y sustanciosos fragmentos de entrevistas realizadas en distintas épocas con músicos y cantantes que trabajaron con Ray, así mismo con el testimonio de su viuda nos entrega la otra dimensión humana y la Fuerza de un Gigante con la que superó las adversidades que enfrentó en diferentes momentos de su carrera.

Robert Téllez Moreno, Bogotá, Colombia, 1973. Graduado en Locución y Producción de Medios Audiovisuales. Se ha desempeñado como programador de distintas estaciones radiales musicales de su país desde 1998. Fundador y director general de la revista *Sinfonía*; investigador musical incansable, que lo ha llevado a visitar varios países como: Estados Unidos, Cuba, Puerto Rico, Perú, Panamá y Venezuela. Como investigador de la música afroantillana ha participado en numerosos eventos internacionales. Sus conceptos han quedado registrados en las notas de producciones discográficas como *Para Gozar Y Bailar* publicado por Santiago All Stars; y *Dónde Están?* de Guasábara Combo.

Desde 2012 forma parte del equipo musical de la Radio Nacional de Colombia. Allí dirige y conduce el programa *Conversando La Salsa* y participa en el equipo del programa *Son de la Música*.

UNOS & OTROS EDICIONES

ROBERT TÉLLEZ MORENO · RAY BARRETTO, FUERZA GIGANTE

FRANKIE RUIZ VOLVER A NACER

ROBERT TÉLLEZ
FÉLIX FOJO

Han pasado veinte años de la muy temprana desaparición física de Frankie Ruiz, un hombre que con un genuino estilo, carisma, voz cálida y dulce, nos dejó un gran legado musical. La figura de Frankie surgió en un momento trascendental para la industria, justamente en uno de los periodos de mayor dificultad para la promoción de la música salsa. Su influencia marcó una pauta que aún perdura en muchas generaciones de artistas.

Solo contaba 40 años al morir, pero su vida y obra merecen ser contadas. Sin duda, Frankie fue el primer cantante líder del movimiento de salsa romántica y el inspirador para otras figuras que luego alcanzaron el éxito. Su particular estilo cargado de swing y su personalidad arrolladora, lo convirtieron en ese icono que representa una salsa con letras que enamoran, acopladas espléndidamente mediante arreglos musicales cadenciosos y muy bailables, una fórmula ganadora que hoy sigue dando resultados.

Los autores de este libro, Robert Téllez (colombiano) y Félix Fojo, (cubano) rememoran de una manera agradable, novelada, la vida y trayectoria musical de este ídolo del pueblo que fue Frankie Ruiz.

Es también un homenaje al Puerto Rico querido de Frankie, la bella Isla del Encanto, a sus paisajes, música y su gente. Al Papá de la salsa, su carrera, su público, *fans* en muchas partes del mundo, a los músicos, a los compositores, arreglistas y productores, a los manejadores, a su familia, en fin, a todos aquellos que hicieron posible que un talento tan natural como el de Frankie Ruiz, pudiera alcanzar el lugar en la historia de la música que merecía.

Es para Frankie, como: Volver a nacer.

UNOS & OTROS EDICIONES

VOLVER A NACER

LUIS MARQUETTI

(bloque de texto firmado) Jesús Grijalba Ruiz

(bloque de texto firmado) Gaspar Marrero

UNOS & OTROS
EDICIONES

(lomo) LUIS MARQUETTI GIGANTE DEL BOLERO

LUIS MARQUETTI
GIGANTE DEL BOLERO
EL HOMBRE SIN ROSTRO

LUIS CÉSAR NÚÑEZ GONZÁLEZ

Dulce Sotolongo conoció de forma casual a Leopoldo Ulloa, le propuso entrevistarlo para hacer un libro y surgió una inquebrantable amistad. La autora hace un recorrido por la vida del compositor a través de sus canciones e intérpretes logrando un rico testimonio de la música cubana, entre los artistas que cantaron sus composiciones están: Celia Cruz, José Tejedor, Tirso Guerrero, Celio González, Caíto, Lino Borges, Wilfredo Mendi, Moraima Secada, Roberto Sánchez, Clara y Mario, Los Papines, Pío Leyva. *En el balcón aquel* es un libro que te atrapa desde la primera línea, no permitirá que dejes de leer hasta su final.

Para los amantes de la música cubana de todos los tiempos, esta será una edición muy especial porque rinde honor a quien honor merece, a un grande del bolero: Leopoldo Ulloa.

Eduardo Rosillo Heredia

Autodidacta, creador absolutamente intuitivo, un día compuso «Como nave sin rumbo». Luego surgió una larga fila moruna: «Destino marcado», «Me equivoqué», «Perdido en la multitud», grabados por Frank Fernández; «Te me alejas», «Es triste decir adiós», «No extraño tu amor», «Adiós me dices ya»; y el representativo «Por unos ojos morunos». Esta producción sitúa a Leopoldo Ulloa, como el más sostenido y consecuente creador de la línea del bolero moruno.

Helio Orovio

UNOS & OTROS
EDICIONES

EN EL BALCÓN AQUEL

LEOPOLDO ULLOA, EL BOLERO MÁS LARGO: SU VIDA

DULCE SOTOLONGO

UNOS & OTROS
EDICIONES

Muertes Oscuras

Félix J. Fojo

La Habana, Cuba, 1946. Es médico, divulgador científico y apasionado de la historia. Exprofesor de la Cátedra de Cirugía de la Universidad de La Habana. Desde hace muchos años reside entre Florida, EE.UU. y Puerto Rico. Es editor de la revista *Galenus*, importante revista para médicos de Puerto Rico.

Ha publicado artículos de opinión y divulgación en diferentes medios periodísticos de EE UU. y Europa.

Entre sus libros publicados: *Caos, leyes raras y otras historias de la Ciencia* (Ed. Palibrio, 2013); *De médicos, poetas, locos... y los otros* (Ed. Palibrio, 2014); *De Venus a Botero* (Ed. Unos&OtrosEdiciones, 2017); *No pregunten por ellos* (Unos&OtrosEdiciones, 2017).

La muerte no siempre llega tan plácida y dignamente como nos gustaría. Tanto para las personas comunes y corrientes como para aquellos elegidos que han llevado una vida relevante: guerreros, políticos, dictadores, científicos, artistas, músicos. La muerte es siempre un evento digno de atención. Y cuando la miramos de cerca, a veces encontramos circunstancias extrañas, sospechosas, sin explicaciones clara y definidas, no concordantes o anómalas, en dos palabras, muertes oscuras. Y de esas muertes oscuras está llena la azarosa historia de la medicina que no es más que la historia de la humanidad.

El autor no intenta un estudio puramente paleopatográfico, esa especialidad forense relativamente nueva que investiga in situ, y con tecnología de avanzada, osamentas, momias y tumbas con el fin de diagnosticar, como se haría en un hospital ultramoderno, las más recónditas enfermedades y causas de muerte de los finados que yacen bajo los microscopios y aparatos de resonancia magnética. Sus expectativas son mucho más modestas, pero se alimentan del mismo entusiasmo por ir un poco más lejos en el diagnóstico, la clave médica por excelencia, y así ofrecer una nueva visión de ciertos eventos terminales, por ahondar e investigar más allá de la muerte, por encontrar en detalle o una posible explicación que se ha pasado por alto anteriormente o que pueda tentar a un investigador en ciernes a una pesquisa histórica más detallada.

UNOS&OTROS
UO
EDICIONES

MUERTES OSCURAS — FÉLIX FOJO

FÉLIX FOJO

MUERTES OSCURAS

UNA MIRADA CURIOSA
A LA HISTORIA CLÍNICA DE
FAMOSOS

UNOS&OTROS
UO
EDICIONES

Flores para una leyenda

Ochenta años después de la muerte del proxeneta Alberto Yarini, ocurrida por motivos pasionales en 1910, en el barrio de San Isidro, un joven historiador visita la tumba del legendario chulo para cumplir una promesa contraída con un amigo. Un misterioso búcaro que siempre tendrá flores frescas sobre el sepulcro del proxeneta, le estimula a emprender una investigación en la que afloran vivencias de la vida del protagonista Luis Fernandez Figueroa y su relación con el mítico personaje.

Miguel Angel Sabater Reyes (La Habana, 1960), Licenciado en Filología en la Facultad de Artes y Letras de la Universidad de La Habana. Ha publicado *Cuentos Oríchas* (Extramuros), de la Editorial Unos&Otros los títulos, *Crónicas Humorísticas cubanas* (2014), *Los últimos días de Jaime Partagás* (2013), *La Virgen de Regla y Yemayá* (2014).

Su novela es en verdad apasionante, y se estructura de forma singular.
El Nuevo Herald / Olga Connor

Escrita por un historiador e investigador sagaz, la novela nos deja una admiración contenida que alimenta la llama de un mito que el tiempo no podrá apagar, a pesar de inútiles y continuas explicaciones.
Eusebio Leal Spengler, Historiador de La Habana.

UNOS&OTROS
UO
EDICIONES

FLORES PARA UNA LEYENDA — MIGUEL SABATER REYES

FLORES PARA UNA LEYENDA, YARINI EL REY DE SAN ISIDRO

UNOS&OTROS
UO
EDICIONES

MIGUEL SABATER REYES

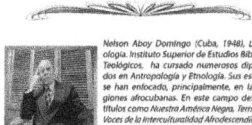

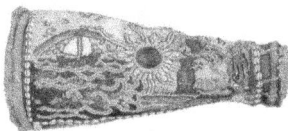

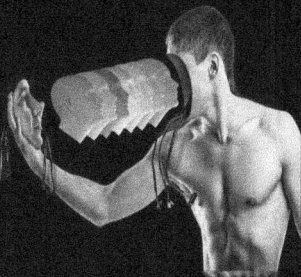

www.unosotrosculturalproject

infoeditorialunosotros@gmail.com

UNOS & OTROS

EDICIONES